十四届全国人大一次会议

《政府工作报告》

学习问答

2023

国务院研究室编写组

中国言实出版社

图书在版编目（CIP）数据

十四届全国人大一次会议《政府工作报告》学习问答 /
国务院研究室编写组著. -- 北京：中国言实出版社，2023.3

ISBN 978-7-5171-4412-0

Ⅰ.①十… Ⅱ.①国… Ⅲ.①政府工作报告 - 中国 -
2023 - 学习参考资料 Ⅳ.①D623

中国国家版本馆 CIP 数据核字（2023）第 041676 号

十四届全国人大一次会议《政府工作报告》学习问答

责任编辑：朱艳华　　史会美
责任校对：王建玲　　张国旗

出版发行：中国言实出版社
　　　　　地　　址：北京市朝阳区北苑路180号加利大厦5号楼105室
　　　　　邮　　编：100101
　　　　　编辑部：北京市海淀区花园路6号院B座6层
　　　　　邮　　编：100088
　　　　　电　　话：010-64924853（总编室）　010-64924716（发行部）
　　　　　网　　址：www.zgyscbs.cn　电子邮箱：zgyscbs@263.net

经　　销：新华书店
印　　刷：北京中科印刷有限公司
版　　次：2023年3月第1版　2023年3月第1次印刷
规　　格：850毫米×1168毫米　1/32　12.75印张
字　　数：235千字

定　　价：40.00元
书　　号：ISBN 978-7-5171-4412-0

本书编委会

主　任：黄守宏

副主任：陈祖新　向　东

　　　　孙国君　肖炎舜

编　委：（以下按姓氏笔画排序）

　　　　王汉章　王胜谦　牛发亮

　　　　冯文礼　乔尚奎　刘日红

　　　　李攀辉　宋　立　张顺喜

　　　　侯万军　姜秀谦

目　录

第二部分　对今年政府工作的建议

政 府 工 作 报 告

——2023 年 3 月 5 日在第十四届全国
人民代表大会第一次会议上

国务院总理 李 克 强

各位代表：

本届政府任期即将结束。现在，我代表国务院，向大会报告工作，请予审议，并请全国政协委员提出意见。

一、过去一年和五年工作回顾

2022 年是党和国家历史上极为重要的一年。党的二十大胜利召开，描绘了全面建设社会主义现代化国家的宏伟蓝图。面对风高浪急的国际环境和艰巨繁重的国内改革发展稳定任务，以习近平同志为核心的党中央团结带领全国各族人民迎难而上，全面落实疫情要防住、经济要稳住、发展要安全的要求，加大宏观调控力度，实现了经济平稳运行、发展质量稳步提升、社会大局保持稳定，我国发展取得来之极为不易的新成就。

过去一年，我国经济发展遇到疫情等国内外多重超预期因素冲击。在党中央坚强领导下，我们高效统筹疫情防控和经济社会发展，根据病毒变化和防疫形势，优化调整疫情防控措施。面对经济新的下行压力，果断应对、及时调控，动用近年储备的政策工具，靠前实施既定政策举措，坚定不移推进供给侧结构性改革，出台实施稳经济一揽子政策和接续措施，部署稳住经济大盘工作，加强对地方落实政策的督导服务，支持各地挖掘政策潜力，支持经济大省勇挑大梁，突出稳增长稳就业稳物价，推动经济企稳回升。全年国内生产总值增长 3%，城镇新增就业 1206 万人，年末城镇调查失业率降到 5.5%，居民消费价格上涨 2%。货物进出口总额增长 7.7%。财政赤字率控制在 2.8%，中央财政收支符合预算、支出略有结余。国际收支保持平衡，人民币汇率在全球主要货币中表现相对稳健。粮食产量 1.37 万亿斤，增产 74 亿斤。生态环境质量持续改善。在攻坚克难中稳住了经济大盘，在复杂多变的环境中基本完成全年发展主要目标任务，我国经济展现出坚强韧性。

针对企业生产经营困难加剧，加大纾困支持力度。受疫情等因素冲击，不少企业和个体工商户遇到特殊困难。全年增值税留抵退税超过 2.4 万亿元，新增减税降费超过 1 万亿元，缓税缓费 7500 多亿元。为有力支持减税降费政策落实，中央对地方转移支付大幅增加。引导金融机构增加信贷投放，降低融资成本，新发放企业贷款平均利率降至有统计以来最低水平，对受疫情影响严重的中小微企业、个体工商户和餐饮、旅游、货运等实施阶段性贷款延期还本付息，对普惠小微贷款阶段性减息。用改革办法激发市场活力。量大面广的中小微企业和个体工商户普遍受益。

针对有效需求不足的突出矛盾，多措并举扩投资促消费稳外贸。去年终端消费直接受到冲击，投资也受到影响。提前实施部分"十四五"规划重大工程项目，加快地方政府专项债券发行使用，依法盘活用好专项债务结存限额，分两期投放政策性开发性金融工具7400亿元，为重大项目建设补充资本金。运用专项再贷款、财政贴息等政策，支持重点领域设备更新改造。采取联合办公、地方承诺等办法，提高项目审批效率。全年基础设施、制造业投资分别增长9.4%、9.1%，带动固定资产投资增长5.1%，一定程度弥补了消费收缩缺口。发展消费新业态新模式，采取减免车辆购置税等措施促进汽车消费，新能源汽车销量增长93.4%，开展绿色智能家电、绿色建材下乡，社会消费品零售总额保持基本稳定。出台金融支持措施，支持刚性和改善性住房需求，扎实推进保交楼稳民生工作。帮助外贸企业解决原材料、用工、物流等难题，提升港口集疏运效率，及时回应和解决外资企业关切，货物进出口好于预期，实际使用外资稳定增长。

针对就业压力凸显，强化稳岗扩就业政策支持。

去年城镇调查失业率一度明显攀升。财税、金融、投资等政策更加注重稳就业。对困难行业企业社保费实施缓缴，大幅提高失业保险基金稳岗返还比例，增加稳岗扩岗补助。落实担保贷款、租金减免等创业支持政策。突出做好高校毕业生就业工作，开展就业困难人员专项帮扶。在重点工程建设中推广以工代赈。脱贫人口务工规模超过3200万人、实现稳中有增。就业形势总体保持稳定。

针对全球通胀高企带来的影响，以粮食和能源为重点做好保供稳价。去年全球通胀达到40多年来新高，国内价格稳定面临较大压力。有效应对洪涝、干旱等严重自然灾害，不误农时抢抓粮食播种和收获，督促和协调农机通行，保障农事活动有序开展，分三批向种粮农民发放农资补贴，保障粮食丰收和重要农产品稳定供给。发挥煤炭主体能源作用，增加煤炭先进产能，加大对发电供热企业支持力度，保障能源正常供应。在全球高通胀的背景下，我国物价保持较低水平，尤为难得。

针对部分群众生活困难增多，强化基本民生保障。阶段性扩大低保等社会保障政策覆盖面，将更多困难群体纳入保障范围。延续实施失业保险保障扩围政策，共向 1000 多万失业人员发放失业保险待遇。向更多低收入群众发放价格补贴，约 6700 万人受益。免除经济困难高校毕业生 2022 年国家助学贷款利息并允许延期还本。做好因疫因灾遇困群众临时救助工作，切实兜住民生底线。

与此同时，我们全面落实中央经济工作会议部署，按照十三届全国人大五次会议批准的政府工作报告安排，统筹推进经济社会各领域工作。经过艰苦努力，当前消费需求、市场流通、工业生产、企业预期等明显向好，经济增长正在企稳向上，我国经济有巨大潜力和发展动力。

各位代表！

过去五年极不寻常、极不平凡。在以习近平同志为核心的党中央坚强领导下，我们经受了世界变局加快演变、新冠疫情冲击、国内经济下行等多重考验，如期打赢脱贫攻坚战，如期全面建成小康社会，实现第一个百年奋斗目标，开启向第二个百年奋斗目标进军新征程。各地区各部门坚持以习近平新时代中国特色社会主义思想为指导，深刻领悟"两个确立"的决定性意义，增强"四个意识"、坚定"四个自信"、做到"两个维护"，全面贯彻党的十九大和十九届历次全会精神，深入贯彻党的二十大精神，坚持稳中求进工作总基调，完整、准确、全面贯彻新发展理念，构建新发展格局，推动高质量发展，统筹发展和安全，我国经济社会发展取得举世瞩目的重大成就。

——经济发展再上新台阶。国内生产总值增加到121万亿元，五年年均增长5.2%，十年增加近70万亿元、年均增长6.2%，在高基数基础上实现了中高速增长、迈向高质量发展。财政收入增加到20.4万亿元。粮食产量连年稳定在1.3万亿斤以上。工业增加值突破40万亿元。城镇新增就业年均1270多万人。外汇储备稳定在3万亿美元以上。我国经济实力明显提升。

——脱贫攻坚任务胜利完成。经过八年持续努力，近1亿农村贫困人口实现脱贫，全国832个贫困县全部摘帽，960多万贫困人口实现易地搬迁，历史性地解决了绝对贫困问题。

——科技创新成果丰硕。构建新型举国体制，组建国家实验室，分批推进全国重点实验室重组。一些关键核心技术攻关取得新突破，载人航天、探月探火、深海深地探测、超级计算机、卫星导航、量子信息、核电技术、大飞机制造、人工智能、生物医药等领域创新成果不断涌现。全社会研发经费投入强度从2.1%提高到2.5%以上，科技进步贡献率提高到60%以上，创新支撑发展能力不断增强。

——经济结构进一步优化。高技术制造业、装备制造业增加值年均分别增长10.6%、7.9%，数字经济不断壮大，新产业新业态新模式增加值占国内生产总值的比重达到17%以上。区域协调发展战略、区域重大战略深入实施。常住人口城镇化率从60.2%提高到65.2%，乡村振兴战略全面实施。经济发展新动能加快成长。

——基础设施更加完善。一批防汛抗旱、引水调水等重大水利工程开工建设。高速铁路运营里程从2.5万公里增加到4.2万公里，高速公路里程从13.6万公里增加到17.7万公里。新建改建农村公路125万公里。新增机场容量4亿人次。发电装机容量增长40%以上。所有地级市实现千兆光网覆盖，所有行政村实现通宽带。

——改革开放持续深化。全面深化改革开放推动构建新发展格局，供给侧结构性改革深入实施，简政放权、放管结合、优化服务改革不断深化，营商环境明显改善。共建"一带一路"扎实推进。推动区域全面经济伙伴关系协定（RCEP）生效实施，建成全球最大自由贸易区。货物进出口总额年均增长8.6%，突破40万亿元并连续多年居世界首位，吸引外资和对外投资居世界前列。

——生态环境明显改善。单位国内生产总值能耗下降8.1%、二氧化碳排放下降14.1%。地级及以上城市细颗粒物（$PM_{2.5}$）平均浓度下降27.5%，重污染天数下降超过五成，全国地表水优良水体比例由67.9%上升到87.9%。设立首批5个国家公园，建立各级各类自然保护地9000多处。美丽中国建设迈出重大步伐。

——人民生活水平不断提高。居民收入增长与经济增长基本同步，全国居民人均可支配收入年均增长 5.1%。居民消费价格年均上涨 2.1%。新增劳动力平均受教育年限从 13.5 年提高到 14 年。基本养老保险参保人数增加 1.4 亿、覆盖 10.5 亿人，基本医保水平稳步提高。多年累计改造棚户区住房 4200 多万套，上亿人出棚进楼、实现安居。

经过多年精心筹办，成功举办了简约、安全、精彩的北京冬奥会、冬残奥会，为促进群众性冰雪运动、促进奥林匹克运动发展、促进世界人民团结友谊作出重要贡献。

新冠疫情发生三年多来，以习近平同志为核心的党中央始终坚持人民至上、生命至上，强化医疗资源和物资保障，全力救治新冠患者，有效保护人民群众生命安全和身体健康，因时因势优化调整防控政策措施，全国人民坚忍不拔，取得重大决定性胜利。在极不平凡的抗疫历程中，各地区各部门各单位做了大量工作，各行各业共克时艰，广大医务人员不畏艰辛，特别是亿万人民克服多重困难，付出和奉献，都十分不易，大家共同抵御疫情重大挑战，面对尚未结束的疫情，仍在不断巩固统筹疫情防控和经济社会发展成果。

各位代表！

五年来，我们深入贯彻以习近平同志为核心的党中央决策部署，主要做了以下工作。

（一）创新宏观调控，保持经济运行在合理区间。面对贸易保护主义抬头、疫情冲击等接踵而来的严峻挑战，创新宏观调控方式，不过度依赖投资，统筹运用财政货币等政策，增强针对性有效性，直面市场变化，重点支持市场主体纾困发展，进而稳就业保民生。把年度主要预期目标作为一个有机整体来把握，加强区间调控、定向调控、相机调控、精准调控，既果断加大力度，又不搞"大水漫灌"、透支未来，持续做好"六稳"、"六保"工作，强化保居民就业、保基本民生、保市场主体、保粮食能源安全、保产业链供应链稳定、保基层运转，以改革开放办法推动经济爬坡过坎、持续前行。

坚持实施积极的财政政策。合理把握赤字规模，五年总体赤字率控制在3%以内，政府负债率控制在

50%左右。不断优化支出结构，教育科技、生态环保、基本民生等重点领域得到有力保障。实施大规模减税降费政策，制度性安排与阶段性措施相结合，疫情发生后减税降费力度进一步加大，成为应对冲击的关键举措。彻底完成营改增任务、取消营业税，将增值税收入占比最高、涉及行业广泛的税率从17%降至13%，阶段性将小规模纳税人增值税起征点从月销售额3万元提高到15万元、小微企业所得税实际最低税负率从10%降至2.5%。减税降费公平普惠、高效直达，五年累计减税5.4万亿元、降费2.8万亿元，既帮助企业渡过难关、留得青山，也放水养鱼、涵养税源，年均新增涉税企业和个体工商户等超过1100万户，各年度中央财政收入预算都顺利完成，考虑留抵退税因素，全国财政收入十年接近翻一番。推动财力下沉，中央一般公共预算支出中对地方转移支付占比提高到70%左右，建立并常态化实施中央财政资金直达机制。各级政府坚持过紧日子，严控一般性支出，中央部门带头压减支出，盘活存量资金和闲置资产，腾出的资金千方百计惠企裕民，全国财政支出70%以上用于民生。

坚持实施稳健的货币政策。根据形势变化灵活把握政策力度，保持流动性合理充裕，用好降准、再贷款等政策工具，加大对实体经济的有效支持，缓解中小微企业融资难融资贵等问题。制造业贷款余额从16.3万亿元增加到27.4万亿元。普惠小微贷款余额从8.2万亿元增加到23.8万亿元、年均增长24%，贷款平均利率较五年前下降1.5个百分点。加大清理拖欠中小企业账款力度。人民币汇率在合理均衡水平上弹性增强、保持基本稳定。完全化解了历史上承担的国有商业银行和农村信用社等14486亿元金融改革成本。运用市场化法治化方式，精准处置一批大型企业集团风险，平稳化解高风险中小金融机构风险，大型金融机构健康发展，金融体系稳健运行，守住了不发生系统性风险的底线。

强化就业优先政策导向。把稳就业作为经济运行在合理区间的关键指标。着力促进市场化社会化就业，加大对企业稳岗扩岗支持力度。将养老保险单位缴费比例从20%降至16%，同时充实全国社保基金，储备规模从 1.8 万亿元增加到 2.5 万亿元以上。实施失业保险基金稳岗返还、留工培训补助等政策。持续推进大众创业万众创新，连续举办 8 届全国双创活动周、超过 5.2 亿人次参与，鼓励以创业带动就业，加强劳动者权益保护，新就业形态和灵活就业成为就业增收的重要渠道。做好高校毕业生、退役军人、农民工等群体就业工作。使用失业保险基金等资金支持技能培训。实施高职扩招和职业技能提升三年行动，累计扩招 413 万人、培训 8300 多万人次。就业是民生之基、财富之源。14 亿多人口大国保持就业稳定，难能可贵，蕴含着巨大创造力。

保持物价总体平稳。在应对冲击中没有持续大幅增加赤字规模，也没有超发货币，为物价稳定创造了宏观条件。下大气力抓农业生产，强化产销衔接和储备调节，确保粮食和生猪、蔬菜等稳定供应，及时解决煤炭电力供应紧张问题，满足民生和生产用能需求，保障交通物流畅通。加强市场监管，维护正常价格秩序。十年来我国居民消费价格涨幅稳定在 2% 左右的较低水平，成如容易却艰辛，既维护了市场经济秩序、为宏观政策实施提供了空间，又有利于更好保障基本民生。

（二）如期打赢脱贫攻坚战，巩固拓展脱贫攻坚成果。全面建成小康社会最艰巨最繁重的任务在农村特别是在贫困地区。坚持精准扶贫，聚焦"三区三州"等深度贫困地区，强化政策倾斜支持，优先保障脱贫攻坚资金投入，对脱贫难度大的县和村挂牌督战。深入实施产业、就业、生态、教育、健康、社会保障等帮扶，加强易地搬迁后续扶持，重点解决"两不愁三保障"问题，脱贫群众不愁吃、不愁穿，义务教育、基本医疗、住房安全有保障，饮水安全也有了保障。贫困地区农村居民收入明显增加，生产生活条件显著改善。

推动巩固拓展脱贫攻坚成果同乡村振兴有效衔接。保持过渡期内主要帮扶政策总体稳定，严格落实"四个不摘"要求，建立健全防止返贫动态监测和帮扶机制，有力应对疫情、灾情等不利影响，确保不发生规模性返贫。确定并集中支持160个国家乡村振兴重点帮扶县，加大对易地搬迁集中安置区等重点区域支持力度，坚持并完善东西部协作、对口支援、定点帮扶等机制，选派用好医疗、教育"组团式"帮扶干部人才和科技特派员，推动脱贫地区加快发展和群众稳定增收。

（三）聚焦重点领域和关键环节深化改革，更大激发市场活力和社会创造力。坚持社会主义市场经济改革方向，处理好政府和市场的关系，使市场在资源配置中起决定性作用，更好发挥政府作用，推动有效市场和有为政府更好结合。

持续推进政府职能转变。完成国务院及地方政府机构改革。加快建设全国统一大市场，建设高标准市场体系，营造市场化法治化国际化营商环境。大道至简，政简易行。持之以恒推进触动政府自身利益的改革。进一步简政放权，放宽市场准入，全面实施市场准入负面清单制度，清单管理措施比制度建立之初压减64%，将行政许可事项全部纳入清单管理。多年来取消和下放行政许可事项1000多项，中央政府层面核准投资项目压减90%以上，工业产品生产许可证从60类减少到10类，工程建设项目全流程审批时间压缩到不超过 120 个工作日。改革商事制度，推行"证照分离"改革，企业开办时间从一个月以上压缩到目前的平均 4 个工作日以内，实行中小微企业简易注销制度。坚持放管结合，加强事中事后监管，严格落实监管责任，防止监管缺位、重放轻管，强化食品药品等重点领域质量和安全监管，推行"双随机、一公开"等方式加强公正监管，规范行使行政裁量权。加强反垄断和反不正当竞争，全面落实公平竞争审查制度，改革反垄断执法体制。依法规范和引导资本健康发展，依法坚决管控资本无序扩张。不断优化服务，推进政务服务集成办理，压减各类证明事项，加快数字政府建设，90% 以上的政务服务实现网上可办，户籍证明、社保转接等 200 多项群众经常办理事项实现跨省通办。取消所有省界高速公路收费站。制定实施优化营商环境、市场主体登记管理、促进个体工商户发展、保障中小企业款项支付等条例。改革给人们经商办企业更多便利和空间，去年底企业数量超过 5200 万户、个体工商户超过 1.1 亿户，市场主体总量超过 1.6 亿户、是十年前的 3 倍，发展内生动力明显增强。

促进多种所有制经济共同发展。坚持和完善社会主义基本经济制度，坚持"两个毫不动摇"。完成国企改革三年行动任务，健全现代企业制度，推动国企聚焦主责主业优化重组、提质增效。促进民营企业健康发展，破除各种隐性壁垒，一视同仁给予政策支持，提振民间投资信心。完善产权保护制度，保护企业家合法权益，弘扬企业家精神。

推进财税金融体制改革。深化预算管理体制改革，加大预算公开力度，推进中央与地方财政事权和支出责任划分改革，完善地方政府债务管理体系，构建综合与分类相结合的个人所得税制，进一步深化税收征管改革。推动金融监管体制改革，统筹推进中小银行补充资本和改革化险，推进股票发行注册制改革，完善资本市场基础制度，加强金融稳定法治建设。

（四）深入实施创新驱动发展战略，推动产业结构优化升级。深化供给侧结构性改革，完善国家和地方创新体系，推进科技自立自强，紧紧依靠创新提升实体经济发展水平，不断培育壮大发展新动能，有效应对外部打压遏制。

增强科技创新引领作用。强化国家战略科技力量，实施一批科技创新重大项目，加强关键核心技术攻关。发挥好高校、科研院所作用，支持新型研发机构发展。推进国际和区域科技创新中心建设，布局建设综合性国家科学中心。支持基础研究和应用基础研究，全国基础研究经费五年增长1倍。改革科研项目和经费管理制度，赋予科研单位和科研人员更大自主权，努力将广大科技人员从繁杂的行政事务中解脱出来。加强知识产权保护，激发创新动力。促进国际科技交流合作。通过市场化机制激励企业创新，不断提高企业研发费用加计扣除比例，将制造业企业、科技型中小企业分别从50%、75%提高至100%，并阶段性扩大到所有适用行业，对企业投入基础研究、购置设备给予政策支持，各类支持创新的税收优惠政策年度规模已超过万亿元。创设支持创新的金融政策工具，引导创业投资等发展。企业研发投入保持两位数增长，一大批创新企业脱颖而出。

推动产业向中高端迈进。把制造业作为发展实体经济的重点，促进工业经济平稳运行，保持制造业比重基本稳定。严格执行环保、质量、安全等法规标准，淘汰落后产能。开展重点产业强链补链行动。启动一批产业基础再造工程。鼓励企业加快设备更新和技术改造，将固定资产加速折旧优惠政策扩大至全部制造业。推动高端装备、生物医药、光电子信息、新能源汽车、光伏、风电等新兴产业加快发展。促进数字经济和实体经济深度融合。持续推进网络提速降费，发展"互联网+"。移动互联网用户数增加到14.5亿户。支持工业互联网发展，有力促进了制造业数字化智能化。专精特新中小企业达7万多家。促进平台经济健康持续发展，发挥其带动就业创业、拓展消费市场、创新生产模式等作用。发展研发设计、现代物流、检验检测认证等生产性服务业。加强全面质量管理和质量基础设施建设。中国制造的品质和竞争力不断提升。

（五）扩大国内有效需求，推进区域协调发展和新型城镇化。围绕构建新发展格局，立足超大规模市场优势，坚持实施扩大内需战略，培育更多经济增长动力源。

着力扩大消费和有效投资。疫情发生前，消费已经成为我国经济增长的主要拉动力。面对需求不足甚至出现收缩，推动消费尽快恢复。多渠道促进居民增收，提高中低收入群体收入。支持汽车、家电等大宗消费，汽车保有量突破 3 亿辆、增长 46.7%。推动线上线下消费深度融合，实物商品网上零售额占社会消费品零售总额的比重从 15.8% 提高到 27.2%。发展城市社区便民商业，完善农村快递物流配送体系。帮扶旅游业发展。围绕补短板、调结构、增后劲扩大有效投资。创新投融资体制机制，预算内投资引导和撬动社会投资成倍增加，增加地方政府专项债券额度，重点支持交通、水利、能源、信息等基础设施和民生工程建设，鼓励社会资本参与建设运营，调动民间投资积极性。

增强区域发展平衡性协调性。统筹推进西部大开发、东北全面振兴、中部地区崛起、东部率先发展，中西部地区经济增速总体高于东部地区。加大对革命老区、民族地区、边疆地区的支持力度，中央财政对相关地区转移支付资金比五年前增长 66.8%。推进京津冀协同发展、长江经济带发展、长三角一体化发展，推动黄河流域生态保护和高质量发展。高标准高质量建设雄安新区。发展海洋经济。支持经济困难地区发展，促进资源型地区转型发展，鼓励有条件地区更大发挥带动作用，推动形成更多新的增长极增长带。

持续推进以人为核心的新型城镇化。我国仍处于城镇化进程中，每年有上千万农村人口转移到城镇。完善城市特别是县城功能，增强综合承载能力。分类放宽或取消城镇落户限制，十年 1.4 亿农村人口在城镇落户。有序发展城市群和都市圈，促进大中小城市协调发展。推动成渝地区双城经济圈建设。坚持房子是用来住的、不是用来炒的定位，建立实施房地产长效机制，扩大保障性住房供给，推进长租房市场建设，稳地价、稳房价、稳预期，因城施策促进房地产市场健康发展。加强城市基础设施建设，轨道交通运营里程从 4500 多公里增加到近 1 万公里，排水管道从 63 万公里增加到 89 万公里。改造城镇老旧小区16.7 万个，惠及 2900 多万家庭。

（六）保障国家粮食安全，大力实施乡村振兴战略。完善强农惠农政策，持续抓紧抓好农业生产，加快推进农业农村现代化。

提升农业综合生产能力。稳定和扩大粮食播种面积，扩种大豆油料，优化生产结构布局，提高单产和品质。完善粮食生产支持政策，稳定种粮农民补贴，合理确定稻谷、小麦最低收购价，加大对产粮大县奖励力度，健全政策性农业保险制度。加强耕地保护，实施黑土地保护工程，完善水利设施，新建高标准农田 4.56 亿亩。推进国家粮食安全产业带建设。加快种业、农机等科技创新和推广应用，农作物耕种收综合机械化率从 67% 提高到 73%。全面落实粮食安全党政同责，强化粮食和重要农产品稳产保供，始终不懈地把 14 亿多中国人的饭碗牢牢端在自己手中。

扎实推进农村改革发展。巩固和完善农村基本经营制度，完成承包地确权登记颁证和农村集体产权制度改革阶段性任务，稳步推进多种形式适度规模经营，抓好家庭农场和农民合作社发展，加快发展农业社会化服务。启动乡村建设行动，持续整治提升农村人居环境，加强水电路气信邮等基础设施建设，实现符合条件的乡镇和建制村通硬化路、通客车，农村自来水普及率从 80% 提高到 87%，多年累计改造农村危房 2400 多万户。深化供销合作社、集体林权、农垦等改革。立足特色资源发展乡村产业，促进农民就业创业增收。为保障农民工及时拿到应得报酬，持续强化农民工工资拖欠治理，出台实施保障农民工工资支付条例，严厉打击恶意拖欠行为。

（七）坚定扩大对外开放，深化互利共赢的国际经贸合作。面对外部环境变化，实行更加积极主动的开放战略，以高水平开放更有力促改革促发展。

推动进出口稳中提质。加大出口退税、信保、信贷等政策支持力度，企业出口退税办理时间压缩至 6 个工作日以内。优化外汇服务。发展外贸新业态，新设 152 个跨境电商综试区，支持建设一批海外仓。发挥进博会、广交会、服贸会、消博会等重大展会作用。推进通关便利化，进口、出口通关时间分别压减 67% 和 92%，进出口环节合规成本明显下降。关税总水平从 9.8% 降至 7.4%。全面深化服务贸易创新发展试点，推出跨境服务贸易负面清单。进出口稳定增长有力支撑了经济发展。

积极有效利用外资。出台外商投资法实施条例，不断优化外商投资环境。持续放宽外资市场准入，全国和自由贸易试验区负面清单条数分别压减51%、72%，制造业领域基本全面放开，金融等服务业开放水平不断提升。已设21个自由贸易试验区，海南自由贸易港建设稳步推进。各地创新方式加强外资促进服务，加大招商引资和项目对接力度。一批外资大项目落地，我国持续成为外商投资兴业的热土。

推动高质量共建"一带一路"。坚持共商共建共享，遵循市场原则和国际通行规则，实施一批互联互通和产能合作项目，对沿线国家货物进出口额年均增长13.4%，各领域交流合作不断深化。推进西部陆海新通道建设。引导对外投资健康有序发展，加强境外风险防控。新签和升级6个自贸协定，与自贸伙伴货物进出口额占比从26%提升至35%左右。坚定维护多边贸易体制，反对贸易保护主义，稳妥应对经贸摩擦，促进贸易和投资自由化便利化。

（八）加强生态环境保护，促进绿色低碳发展。坚持绿水青山就是金山银山的理念，健全生态文明制度体系，处理好发展和保护的关系，不断提升可持续发展能力。

加强污染治理和生态建设。坚持精准治污、科学治污、依法治污，深入推进污染防治攻坚。注重多污染物协同治理和区域联防联控，地级及以上城市空气质量优良天数比例达86.5%、上升4个百分点。基本消除地级及以上城市黑臭水体，推进重要河湖、近岸海域污染防治。加大土壤污染风险防控和修复力度，强化固体废物和新污染物治理。全面划定耕地和永久基本农田保护红线、生态保护红线和城镇开发边界。坚持山水林田湖草沙一体化保护和系统治理，实施一批重大生态工程，全面推行河湖长制、林长制。推动共抓长江大保护，深入实施长江流域重点水域十年禁渔。加强生物多样性保护。完善生态保护补偿制度。森林覆盖率达到24%，草原综合植被盖度和湿地保护率均达50%以上，水土流失、荒漠化、沙化土地面积分别净减少10.6万、3.8万、3.3万平方公里。人民群众越来越多享受到蓝天白云、绿水青山。

稳步推进节能降碳。统筹能源安全稳定供应和绿色低碳发展，科学有序推进碳达峰碳中和。优化能源结构，实现超低排放的煤电机组超过10.5亿千瓦，可再生能源装机规模由6.5亿千瓦增至12亿千瓦以上，清洁能源消费占比由20.8%上升到25%以上。全面加强资源节约工作，发展绿色产业和循环经济，促进节能环保技术和产品研发应用。提升生态系统碳汇能力。加强绿色发展金融支持。完善能耗考核方式。积极参与应对气候变化国际合作，为推动全球气候治理作出了中国贡献。

（九）切实保障和改善民生，加快社会事业发展。贯彻以人民为中心的发展思想，持续增加民生投入，着力保基本、兜底线、促公平，提升公共服务水平，推进基本公共服务均等化，在发展中不断增进民生福祉。

促进教育公平和质量提升。百年大计，教育为本。财政性教育经费占国内生产总值比例每年都保持在4%以上，学生人均经费投入大幅增加。持续加强农村义务教育薄弱环节建设，基本消除城镇大班额，推动解决进城务工人员子女入学问题，义务教育巩固率由 93.8% 提高到 95.5%。坚持义务教育由国家统一实施，引导规范民办教育发展。减轻义务教育阶段学生负担。提升青少年健康水平。持续实施营养改善计划，每年惠及 3700 多万学生。保障教师特别是乡村教师工资待遇。多渠道增加幼儿园供给。高中阶段教育毛入学率提高到 90% 以上。职业教育适应性增强，职业院校办学条件持续改善。积极稳妥推进高考综合改革，高等教育毛入学率从 45.7% 提高到 59.6%，高校招生持续加大对中西部地区和农村地区倾斜力度。大幅提高经济困难高校学生国家助学贷款额度。深入实施"强基计划"和基础学科拔尖人才培养计划，建设 288 个基础学科拔尖学生培养基地，接续推进世界一流大学和一流学科建设，不断夯实发展的人才基础。

提升医疗卫生服务能力。深入推进和努力普及健康中国行动，深化医药卫生体制改革，把基本医疗卫生制度作为公共产品向全民提供，进一步缓解群众看病难、看病贵问题。持续提高基本医保和大病保险水平，城乡居民医保人均财政补助标准从 450 元提高到

610元。将更多群众急需药品纳入医保报销范围。住院和门诊费用实现跨省直接结算，惠及5700多万人次。推行药品和医用耗材集中带量采购，降低费用负担超过4000亿元。设置13个国家医学中心，布局建设76个国家区域医疗中心。全面推开公立医院综合改革，持续提升县域医疗卫生服务能力，完善分级诊疗体系。优化老年人等群体就医服务。促进中医药传承创新发展、惠及民生。基本公共卫生服务经费人均财政补助标准从50元提高到84元。坚持预防为主，加强重大慢性病健康管理。改革完善疾病预防控制体系，组建国家疾病预防控制局，健全重大疫情防控救治和应急物资保障体系，努力保障人民健康。

加强社会保障和服务。建立基本养老保险基金中央调剂制度，连续上调退休人员基本养老金，提高城乡居民基础养老金最低标准，稳步提升城乡低保、优待抚恤、失业和工伤保障等标准。积极应对人口老龄化，推动老龄事业和养老产业发展。发展社区和居家养老服务，加强配套设施和无障碍设施建设，在税费、用房、水电气价格等方面给予政策支持。推进医养结合，稳步推进长期护理保险制度试点。实施三孩生育政策及配套支持措施。完善退役军人管理保障制度，提高保障水平。加强妇女、儿童权益保障。完善未成年人保护制度。健全残疾人保障和关爱服务体系。健全社会救助体系，加强低收入人口动态监测，对遇困人员及时给予帮扶，年均临时救助1100万人次，坚决兜住了困难群众基本生活保障网。

丰富人民群众精神文化生活。培育和践行社会主义核心价值观。深化群众性精神文明创建。发展新闻出版、广播影视、文学艺术、哲学社会科学和档案等事业，加强智库建设。扎实推进媒体深度融合。提升国际传播效能。加强和创新互联网内容建设。弘扬中华优秀传统文化，加强文物和文化遗产保护传承。实施文化惠民工程，公共图书馆、博物馆、美术馆、文化馆站向社会免费开放。深入推进全民阅读。支持文化产业发展。加强国家科普能力建设。体育健儿勇创佳绩，全民健身广泛开展。

（十）推进政府依法履职和社会治理创新，保持社会大局稳定。加强法治政府建设，使经济社会活动更好在法治轨道上运行。坚持依法行政、大道为公，严格规范公正文明执法，政府的权力来自人民，有权不可任性，用权必受监督。推动完善法律法规和规章制度，提请全国人大常委会审议法律议案50件，制定修订行政法规180件次。依法接受同级人大及其常委会的监督，自觉接受人民政协的民主监督，主动接受社会和舆论监督。认真办理人大代表建议和政协委员提案。加强审计、统计监督。持续深化政务公开。开展国务院大督查。支持工会、共青团、妇联等群团组织更好发挥作用。

加强和创新社会治理。推动市域社会治理现代化，完善基层治理，优化社区服务。支持社会组织、人道救助、社会工作、志愿服务、公益慈善等健康发展。深入推进信访积案化解。推进社会信用体系建设。完善公共法律服务体系。严格食品、药品尤其是疫苗监管。开展安全生产专项整治。改革和加强应急管理，提高防灾减灾救灾能力，做好洪涝干旱、森林草原火灾、地质灾害、地震等防御和气象服务。深入推进国家安全体系和能力建设。加强网络、数据安全和个人信息保护。持续加强社会治安综合治理，严厉打击各类违法犯罪，开展扫黑除恶专项斗争，依法严惩黑恶势力及其"保护伞"，平安中国、法治中国建设取得新进展。

各位代表！

五年来，各级政府认真贯彻落实党中央全面从严治党战略部署，扎实开展"不忘初心、牢记使命"主题教育和党史学习教育，弘扬伟大建党精神，严格落实中央八项规定精神，持之以恒纠治"四风"，重点纠治形式主义、官僚主义，"三公"经费大幅压减。严厉惩处违规建设楼堂馆所和偷税逃税等行为。加强廉洁政府建设。政府工作人员自觉接受法律监督、监察监督和人民监督。

做好经济社会发展工作，没有捷径，实干为要。五年来，坚持以习近平新时代中国特色社会主义思想为指导，全面贯彻党的基本理论、基本路线、基本方略。坚持以经济建设为中心，着力推动高质量发展，事不畏难、行不避艰，要求以实干践行承诺，凝心聚力抓发展；以民之所望为施政所向，始终把人民放在心中最高位置，一切以人民利益为重，仔细倾听群众呼声，深入了解群众冷暖，着力解决人民群众急难愁盼问题；坚持实事求是，尊重客观规律，坚决反对空谈浮夸、做表面文章、搞形象工程甚至盲目蛮干；以改革的办法、锲而不舍的精神解难题、激活力，激励敢于担当，对庸政懒政者问责。尊重人民群众首创精神，充分调动各方面积极性，进而汇聚起推动发展的强大力量。

各位代表！

过去五年，民族、宗教、侨务等工作创新完善。巩固和发展平等团结互助和谐的社会主义民族关系，民族团结进步呈现新气象。贯彻党的宗教工作基本方针，推进我国宗教中国化逐步深入。持续做好侨务工作，充分发挥海外侨胞在参与祖国现代化建设中的独特优势和重要作用。

坚持党对人民军队的绝对领导，国防和军队建设取得一系列新的重大成就、发生一系列重大变革。人民军队深入推进政治建军、改革强军、科技强军、人才强军、依法治军，深入推进练兵备战，现代化水平和实战能力显著提升。坚定灵活开展军事斗争，有效遂行边防斗争、海上维权、反恐维稳、抢险救灾、抗击疫情、维和护航等重大任务，提升国防动员能力，有力维护了国家主权、安全、发展利益。

港澳台工作取得新进展。依照宪法和基本法有效实施对特别行政区的全面管治权，制定实施香港特别行政区维护国家安全法，落实"爱国者治港"、"爱国者治澳"原则，推动香港进入由乱到治走向由治及兴的新阶段。深入推进粤港澳大湾区建设，支持港澳发展经济、改善民生、防控疫情、保持稳定。贯彻新时代党解决台湾问题的总体方略，坚决开展反分裂、反干涉重大斗争，持续推动两岸关系和平发展。

中国特色大国外交全面推进。习近平主席等党和国家领导人出访多国，通过线上和线下方式出席二十国集团领导人峰会、亚太经合组织领导人非正式会议、联合国成立75周年系列高级别会议、东亚合作领导人系列会议、中欧领导人会晤等一系列重大外交活动。成功举办上合组织青岛峰会、金砖国家领导人会晤、全球发展高层对话会、"一带一路"国际合作高峰论坛、中非合作论坛北京峰会等多场重大主场外交活动。坚持敢于斗争、善于斗争，坚决维护我国主权、安全、发展利益。积极拓展全球伙伴关系，致力于建设开放型世界经济，维护多边主义，推动构建人类命运共同体。中国作为负责任大国，在推进国际抗疫合作、解决全球性挑战和地区热点问题上发挥了重要建设性作用，为促进世界和平与发展作出重要贡献。

各位代表！

这些年我国发展取得的成就，是以习近平同志为核心的党中央坚强领导的结果，是习近平新时代中国特色社会主义思想科学指引的结果，是全党全军全国各族人民团结奋斗的结果。我代表国务院，向全国各族人民，向各民主党派、各人民团体和各界人士，表示诚挚感谢！向香港特别行政区同胞、澳门特别行政区同胞、台湾同胞和海外侨胞，表示诚挚感谢！向关心和支持中国现代化建设的各国政府、国际组织和各国朋友，表示诚挚感谢！

在看到发展成就的同时，我们也清醒认识到，我国是一个发展中大国，仍处于社会主义初级阶段，发展不平衡不充分问题仍然突出。当前发展面临诸多困难挑战。外部环境不确定性加大，全球通胀仍处于高位，世界经济和贸易增长动能减弱，外部打压遏制不断上升。国内经济增长企稳向上基础尚需巩固，需求不足仍是突出矛盾，民间投资和民营企业预期不稳，不少中小微企业和个体工商户困难较大，稳就业任务艰巨，一些基层财政收支矛盾较大。房地产市场风险隐患较多，一些中小金融机构风险暴露。发展仍有不少体制机制障碍。科技创新能力还不强。生态环境保护任重道远。防灾减灾等城乡基础设施仍有明显薄弱环节。一些民生领域存在不少短板。形式主义、官僚主义现象仍较突出，有的地方政策执行"一刀切"、层层加码，有的干部不作为、乱作为、简单化，存在脱离实际、违背群众意愿、漠视群众合法权益等问题。一些领域、行业、地方腐败现象时有发生。人民群众对政府工作还有一些意见和建议应予重视。要直面问题挑战，尽心竭力改进政府工作，不负人民重托。

二、对今年政府工作的建议

今年是全面贯彻党的二十大精神的开局之年。做好政府工作，要在以习近平同志为核心的党中央坚强领导下，以习近平新时代中国特色社会主义思想为指导，全面贯彻落实党的二十大精神，按照中央经济工作会议部署，扎实推进中国式现代化，坚持稳中求进工作总基调，完整、准确、全面贯彻新发展理念，加快构建新发展格局，着力推动高质量发展，更好统筹国内国际两个大局，更好统筹疫情防控和经济社会发展，更好统筹发展和安全，全面深化改革开放，大力提振市场信心，把实施扩大内需战略同深化供给侧结构性改革有机结合起来，突出做好稳增长、稳就业、稳物价工作，有效防范化解重大风险，推动经济运行整体好转，实现质的有效提升和量的合理增长，持续改善民生，保持社会大局稳定，为全面建设社会主义现代化国家开好局起好步。

今年发展主要预期目标是：国内生产总值增长5%

左右；城镇新增就业 1200 万人左右，城镇调查失业率 5.5% 左右；居民消费价格涨幅 3% 左右；居民收入增长与经济增长基本同步；进出口促稳提质，国际收支基本平衡；粮食产量保持在 1.3 万亿斤以上；单位国内生产总值能耗和主要污染物排放量继续下降，重点控制化石能源消费，生态环境质量稳定改善。

要坚持稳字当头、稳中求进，面对战略机遇和风险挑战并存、不确定难预料因素增多，保持政策连续性稳定性针对性，加强各类政策协调配合，形成共促高质量发展合力。积极的财政政策要加力提效。赤字率拟按 3% 安排。完善税费优惠政策，对现行减税降费、退税缓税等措施，该延续的延续，该优化的优化。做好基层"三保"工作。稳健的货币政策要精准有力。保持广义货币供应量和社会融资规模增速同名义经济增速基本匹配，支持实体经济发展。保持人民币汇率在合理均衡水平上的基本稳定。产业政策要发展和安全并举。促进传统产业改造升级，培育壮大战略性新兴产业，着力补强产业链薄弱环节。科技政策要聚焦自立自强，也要坚持国际合作。完善新型举国体制，发挥好政府在关键核心技术攻关中的组织作用，支持和突出企业科技创新主体地位，加大科技人才及团队培养支持力度。社会政策要兜牢民生底线。落实落细就业优先政策，把促进青年特别是高校毕业生就业工作摆在更加突出的位置，切实保障好基本民生。

当前我国新冠疫情防控已进入"乙类乙管"常态化防控阶段，要在对疫情防控工作进行全面科学总结的基础上，更加科学、精准、高效做好防控工作，围绕保健康、防重症，重点做好老年人、儿童、患基础性疾病群体的疫情防控和医疗救治，提升疫情监测水平，推进疫苗迭代升级和新药研制，切实保障群众就医用药需求，守护好人民生命安全和身体健康。

今年是政府换届之年，前面报告的经济社会发展多领域、各方面工作，今后还需不懈努力，下面简述几项重点。

（一）**着力扩大国内需求**。把恢复和扩大消费摆在优先位置。多渠道增加城乡居民收入。稳定汽车等大宗消费，推动餐饮、文化、旅游、体育等生活服务消费恢复。政府投资和政策激励要有效带动全社会投资，今年拟安排地方政府专项债券3.8万亿元，加快实施"十四五"重大工程，实施城市更新行动，促进区域优势互补、各展其长，继续加大对受疫情冲击较严重地区经济社会发展的支持力度，鼓励和吸引更多民间资本参与国家重大工程和补短板项目建设，激发民间投资活力。

（二）**加快建设现代化产业体系**。强化科技创新对产业发展的支撑。持续开展产业强链补链行动，围绕制造业重点产业链，集中优质资源合力推进关键核心技术攻关，充分激发创新活力。加强重要能源、矿产资源国内勘探开发和增储上产。加快传统产业和中小企业数字化转型，着力提升高端化、智能化、绿色化水平。加快前沿技术研发和应用推广，促进科技成果转化。建设高效顺畅的物流体系。大力发展数字经济，提升常态化监管水平，支持平台经济发展。

（三）**切实落实"两个毫不动摇"**。深化国资国企改革，提高国企核心竞争力。坚持分类改革方向，处理好国企经济责任和社会责任关系，完善中国特色国有企业现代公司治理。依法保护民营企业产权和企业家权益，完善相关政策，鼓励支持民营经济和民营企业发展壮大，支持中小微企业和个体工商户发展，构建亲清政商关系，为各类所有制企业创造公平竞争、竞相发展的环境，用真招实策稳定市场预期和提振市场信心。

（四）更大力度吸引和利用外资。扩大市场准入，加大现代服务业领域开放力度。落实好外资企业国民待遇。积极推动加入全面与进步跨太平洋伙伴关系协定（CPTPP）等高标准经贸协议，主动对照相关规则、规制、管理、标准，稳步扩大制度型开放。优化区域开放布局，实施自由贸易试验区提升战略，发挥好海南自由贸易港、各类开发区等开放平台的先行先试作用。继续发挥进出口对经济的支撑作用。做好外资企业服务工作，推动外资标志性项目落地建设。开放的中国大市场，一定能为各国企业在华发展提供更多机遇。

（五）有效防范化解重大经济金融风险。深化金融体制改革，完善金融监管，压实各方责任，防止形成区域性、系统性金融风险。有效防范化解优质头部房企风险，改善资产负债状况，防止无序扩张，促进房地产业平稳发展。防范化解地方政府债务风险，优化债务期限结构，降低利息负担，遏制增量、化解存量。

（六）稳定粮食生产和推进乡村振兴。一体推进农业现代化和农村现代化。稳定粮食播种面积，抓好油料生产，实施新一轮千亿斤粮食产能提升行动。完善农资保供稳价应对机制。加强耕地保护，加强农田水利和高标准农田等基础设施建设。深入实施种业振兴行动。强化农业科技和装备支撑。健全种粮农民收益保障机制和主产区利益补偿机制。树立大食物观，构建多元化食物供给体系。发展乡村特色产业，拓宽农民增收致富渠道。巩固拓展脱贫攻坚成果，坚决防止出现规模性返贫。推进乡村建设行动。国家关于土地承包期再延长 30 年的政策，务必通过细致工作扎实落实到位。

（七）推动发展方式绿色转型。深入推进环境污染防治。加强流域综合治理，加强城乡环境基础设施建设，持续实施重要生态系统保护和修复重大工程。推进能源清洁高效利用和技术研发，加快建设新型能源体系，提升可再生能源占比。完善支持绿色发展的政策和金融工具，发展循环经济，推进资源节约集约利用，推动重点领域节能降碳减污，持续打好蓝天、碧水、净土保卫战。

（八）保障基本民生和发展社会事业。加强住房保障体系建设，支持刚性和改善性住房需求，解决好新市民、青年人等住房问题，加快推进老旧小区和危旧房改造。加快建设高质量教育体系，推进义务教育优质均衡发展和城乡一体化，推进学前教育、特殊教育普惠发展，大力发展职业教育，推进高等教育创新，支持中西部地区高校发展，深化体教融合。深化医药卫生体制改革，促进医保、医疗、医药协同发展和治理。推动优质医疗资源扩容下沉和区域均衡布局。实施中医药振兴发展重大工程。重视心理健康和精神卫生。实施积极应对人口老龄化国家战略，加强养老服务保障，完善生育支持政策体系。保障妇女、儿童、老年人、残疾人合法权益。做好军人军属、退役军人和其他优抚对象优待抚恤工作。繁荣发展文化事业和产业。提升社会治理效能。强化安全生产监管和防灾减灾救灾。全面贯彻总体国家安全观，建设更高水平的平安中国。

进一步加强政府自身建设，持续转变政府职能，搞好机构改革，扎实推进法治政府、创新政府、廉洁政府和服务型政府建设，发扬实干精神，大兴调查研究之风，提高行政效率和公信力。

各位代表！

我们要以铸牢中华民族共同体意识为主线，坚持和完善民族区域自治制度，促进各民族共同团结奋斗、共同繁荣发展。坚持党的宗教工作基本方针，坚持我国宗教中国化方向，积极引导宗教与社会主义社会相适应。加强和改进侨务工作，汇聚起海内外中华儿女同心奋斗、共创辉煌的强大力量。

我们要深入贯彻习近平强军思想，贯彻新时代军事战略方针，围绕实现建军一百年奋斗目标，边斗争、边备战、边建设，完成好党和人民赋予的各项任务。全面加强练兵备战，创新军事战略指导，大抓实战化军事训练，统筹抓好各方向各领域军事斗争。全面加强军事治理，巩固拓展国防和军队改革成果，加强重大任务战建备统筹，加快实施国防发展重大工程。巩固提高一体化国家战略体系和能力，加强国防科技工业能力建设。深化全民国防教育。各级政府要大力支持国防和军队建设，深入开展"双拥"活动，合力谱写军政军民团结新篇章。

我们要全面准确、坚定不移贯彻"一国两制"、"港人治港"、"澳人治澳"、高度自治的方针，坚持依法治港治澳，维护宪法和基本法确定的特别行政区宪制秩序，落实"爱国者治港"、"爱国者治澳"原则。支持港澳发展经济、改善民生，保持香港、澳门长期繁荣稳定。

我们要坚持贯彻新时代党解决台湾问题的总体方略，坚持一个中国原则和"九二共识"，坚定反"独"促统，推动两岸关系和平发展，推进祖国和平统一进程。两岸同胞血脉相连，要促进两岸经济文化交流合作，完善增进台湾同胞福祉的制度和政策，推动两岸共同弘扬中华文化，同心共创复兴伟业。

我们要坚定奉行独立自主的和平外交政策，坚定不移走和平发展道路，坚持在和平共处五项原则基础上同各国发展友好合作，坚定奉行互利共赢的开放战略，始终做世界和平的建设者、全球发展的贡献者、国际秩序的维护者。中国愿同国际社会一道落实全球发展倡议、全球安全倡议，弘扬全人类共同价值，携手推动构建人类命运共同体，维护世界和平和地区稳定。

各位代表！

奋斗铸就辉煌，实干赢得未来。我们要更加紧密地团结在以习近平同志为核心的党中央周围，高举中国特色社会主义伟大旗帜，以习近平新时代中国特色社会主义思想为指导，全面贯彻党的二十大精神，砥砺前行，推动经济社会持续健康发展，为全面建设社会主义现代化国家、全面推进中华民族伟大复兴，为把我国建设成为富强民主文明和谐美丽的社会主义现代化强国不懈奋斗！

第一部分

过去一年和五年
工作回顾

1. 2022 年我国发展取得哪些来之不易的新成就？

2022 年是党和国家历史上极为重要的一年。党的二十大胜利召开，描绘了全面建设社会主义现代化国家的宏伟蓝图。面对风高浪急的国际环境和艰巨繁重的国内改革发展稳定任务，在以习近平同志为核心的党中央坚强领导下，全国上下共同努力，在攻坚克难中稳住了经济大盘，在复杂多变的环境中基本完成全年发展主要目标任务，我国发展取得来之极为不易的新成就。

（一）从经济增长看。 全年经济顶住了新的下行压力，实现 3.0% 的增长，在世界经济体量排名靠前的主要经济体中增速领先。经济总量持续扩大，初步核算，国内生产总值为 1210207 亿元，继 2020 年、2021 年连续突破 100 万亿元、110 万亿元之后，再次跃上新台阶。其中，第一产业增加值占比为 7.3%，第二产业增加值占比为 39.9%，第三产业增加值占比为 52.8%。人均国内生产总值 85698 元，按年平均汇率折算达 12741 美元，继续保持在 1.2 万美元以上。全员劳动生产率为 152977 元 / 人、比上年提高 4.2%。

（二）从就业形势看。 年末全国就业人员 73351 万人，其

3

中城镇就业人员 45931 万人，占全国就业人员比重为 62.6%。全国城镇新增就业 1206 万人，超额完成 1100 万人的年度目标任务。受疫情等因素影响，4 月份全国城镇调查失业率升至 6.1%，随着稳就业举措逐步落实，年末全国城镇调查失业率降低至 5.5%。农民工等重点群体就业得到有效保障，农民工总量达 29562 万人、比上年增长 1.1%，其中外出农民工 17190 万人、增长 0.1%，本地农民工 12372 万人、增长 2.4%。

（三）**从物价水平看。**全年居民消费价格指数（CPI）月度涨幅始终低于 3%，全年仅上涨 2.0%，大幅低于美国 8.0%、欧元区 8.4%、英国 9.1% 等发达经济体的涨幅，也明显低于印度、巴西、南非等新兴经济体 6%—10% 的涨幅。工业生产者出厂价格上涨 4.1%。工业生产者购进价格上涨 6.1%。农产品生产者价格上涨 0.4%。在全球高通胀的背景下，我国物价保持较低水平，尤为难得。

（四）**从产业结构看。**全年粮食产量 13731 亿斤，比上年增产 0.5%，创历史新高，连续 8 年稳定在 1.3 万亿斤以上。全国大豆、油料产量分别增长 23.7%、1.1%，畜牧业生产稳定增长，猪牛羊禽肉产量增长 3.8%。全部工业增加值 401644 亿元，首次超过 40 万亿元，其中制造业增加值达 33.5 万亿元，我国继续保持世界第一制造大国地位。原煤产量 45.6 亿吨，增长 10.5%；原油产量 20472 万吨，2016 年以来首次回升至 2 亿吨以上；天然气产量增长 6.0%，连续 6 年增产超 100 亿立方米。

（五）从创新发展看。创新投入快速增加，一批重大科技成果持续涌现。全社会研究与试验发展（R&D）经费投入达 3.1 万亿元，首次突破 3 万亿元，比上年增长 10.4%，连续 7 年保持两位数增长。R&D 经费与国内生产总值的比值为 2.55%，提高 0.12 个百分点。规模以上高技术制造业增加值增长 7.4%，快于全部规模以上工业增加值 3.8 个百分点。高技术产业投资增长 18.9%，快于全部投资 13.8 个百分点。新能源汽车、太阳能电池、工业机器人等产品产量分别增长 90.5%、46.8%、21.0%。蜂窝物联网用户连接数达 18.45 亿户，增加 4.47 亿户，占全球总数的 70%。

（六）从外贸外资看。货物进出口总额首次突破 40 万亿元，达到 42.1 万亿元，比上年增长 7.7%，在高基数上实现新突破。服务进出口总额增长 12.9%，其中知识密集型服务进出口增长 7.8%。跨境电商进出口 2.1 万亿元，增长 9.8%。实际使用外商直接投资金额 12327 亿元、增长 6.3%，折 1891 亿美元、增长 8.0%，引资规模再创新高。其中高技术产业实际使用外资增长 28.3%，占全部使用外资比重为 36.1%，提高 7.1 个百分点。2022 年我国对"一带一路"沿线国家进出口额创历史新高，达 13.8 万亿元，增长 19.4%；

我国企业在"一带一路"沿线国家非金融类直接投资额增长7.7%。2022年末，外汇储备余额31277亿美元，保持在3万亿美元以上。

（七）从生态环境看。全国万元国内生产总值能耗比上年下降0.1%，万元国内生产总值二氧化碳排放下降0.8%。水电、核电、风电、太阳能发电等清洁能源发电量增长8.5%；非化石能源消费量占能源消费总量的比重为17.5%，提高0.8个百分点。城市空气质量总体提升，全国339个地级及以上城市细颗粒物（$PM_{2.5}$）年平均浓度下降3.3%。地表水环境继续改善，3641个国家地表水考核断面中，水质优良（Ⅰ—Ⅲ类）断面比例为87.9%，上升3.0个百分点。完成造林面积383万公顷，其中人工造林面积120万公顷；种草改良面积321万公顷，新增水土流失治理面积6.3万平方公里。

（八）从人民生活看。全国居民人均可支配收入36883元，比上年名义增长5.0%，扣除价格因素实际增长2.9%，与经济增长基本同步。其中，城镇居民人均可支配收入49283元，实际增长1.9%；农村居民人均可支配收入20133元，实际增长4.2%。脱贫县农村居民人均可支配收入实际增长5.4%，快于全国农村居民收入增速。全国基本养老、失业、工伤保险参保人数分别增加2430万人、849万人、825万人。年末全国享受城市、农村最低生活保障人数分别为

683 万人、3349 万人，全年临时救助达 1083 万人次，全国居民人均社会救济和补助收入增长 3.8%。九年义务教育巩固率、高中阶段毛入学率分别提高至 95.5%、91.6%，其他各项社会事业稳步发展。

（孙国君）

2. 过去一年在保持经济社会大局
稳定方面做了哪些工作？

2022 年，我国经济发展遇到疫情等国内外多重超预期因素冲击。以习近平同志为核心的党中央团结带领全国各族人民迎难而上，全面落实疫情要防住、经济要稳住、发展要安全的要求，加大宏观调控力度，实现了经济平稳运行、发展质量稳步提升、社会大局保持稳定。

（一）高效统筹疫情防控和经济社会发展。根据病毒变化和防疫形势，优化调整疫情防控措施。实施重点产业链供应链企业"白名单"管理，严格落实疫情防控"九不准"要求，保障生产生活物资供应和产业链供应链循环畅通。2022 年 11 月以来，围绕"保健康、防重症"，不断优化调整防控措施，出台进一步优化疫情防控二十条措施和新十条措施，较短时间实现了疫情防控平稳转段，取得疫情防控重大决定性胜利。面对尚未结束的疫情，仍在不断巩固统筹疫情防控和经济社会发展成果。

（二）着力保持经济运行在合理区间。面对经济新的下行压力，果断应对、及时调控，靠前实施既定政策举措，出台实施稳经济一揽子政策和接续措施，推动经济企稳回升。积极的财政政策提升效能，全年增值税留抵退税超过 2.4 万亿元，新增减税降费超过 1 万亿元，缓税缓费超过 7500 亿元。中央对地方转移支付规模 9.7 万亿元，增长 17.1%。稳健的货币政策灵活适度，年末广义货币供应量（M_2）余额和社会融资规模存量分别增长 11.8% 和 9.6%，全年新增人民币贷款比上年多增 1.4 万亿元，人民币汇率在全球主要货币中表现相对稳健。就业优先政策提质加力，财税、金融、投资等政策更加注重稳就业，突出做好高校毕业生就业工作，开展就业困难人员专项帮扶。全年经济运行总体保持在合理区间，我国经济展现出坚强韧性。

（三）**聚焦重点领域和关键环节深化改革。**出台实施加快建设全国统一大市场的意见，完成国企改革三年行动任务，持续为民营企业改革发展营造良好环境。深化简政放权、放管结合、优化服务改革，持续完善市场准入负面清单制度，落实落细优化营商环境、促进个体工商户发展等条例，统筹推进市场监管、质量监管、安全监管、金融监管，提高监管效能。深入开展"互联网＋政务服务"，90% 以上的政务服务实现网上可办，户籍证明、社保转接等 200 多项群众经常办理事项实现跨省通办。

（四）**扩大有效投资和促进消费恢复。**安排新增地方政府专项债券 36500 亿元，加快专项债券发行使用。分两期投放政策性开发性金融工具 7400 亿元，通过专项再贷款与财政贴息配套支持重点领域设备更新改造。全年固定资产投资（不含农户）57.2 万亿元，增长 5.1%，一定程度弥补了消费收缩、房地产投资下降缺口。阶段性对符合条件的乘用车减半征收车辆购置税，延续实施免征新能源汽车购置税政策。推进线上线下消费有机融合。全年社会消费品零售总额 44.0 万亿元，与上年基本持平。

（五）依靠创新提升产业发展水平。完善新型举国体制，建设国家实验室体系，加大关键核心技术攻关力度。更好运用税收优惠等政策激励企业创新，将科技型中小企业研发费用加计扣除比例提高至 100% 并阶段性扩大到所有适用行业。促进工业经济平稳增长，扎实推进产业基础再造工程、重大技术装备攻关工程、国家战略性新兴产业集群发展工程。加快推动重点行业转型升级，推动大中小企业融通发展。

（六）切实抓好农业生产和推进乡村振兴战略实施。不误农时抢抓粮食播种和收获，分三批共向种粮农民发放农资补贴 400 亿元。支持新增高标准农田建设 1 亿亩。扩种大豆油料。统筹支持现代种业提升、动植物保护等项目建设。推动巩固拓展脱贫攻坚成果同乡村振兴有效衔接，接续推进脱贫地区发展。推动落实对 160 个国家乡村振兴重点帮扶县帮扶政策。脱贫人口务工规模达 3278 万人,比上年增加 133 万人。稳步推进乡村建设和农村人居环境整治。

（七）优化区域经济布局和推进新型城镇化。统筹推进西部大开发、东北全面振兴、中部地区崛起、东部率先发展。加大对革命老区、民族地区、边疆地区的支持力度。推进京津冀协同发展、长江经济带发展、粤港澳大湾区建设、长三角一体化发展,推动黄河流域生态保护和高质量发展。高标准高质量建设雄安新区。推进以县城为重要载体的城镇化建设,推动城镇基础设施和公共服务持续向乡村延伸覆盖。

（八）加大稳外贸稳外资力度。强化出口退税、信保、信贷等政策支持,企业出口退税办理时间压缩至 6 个工作日以内,提升港口集疏运效率。增设一批跨境电商综合试验区,支持跨境电商海外仓发展。修订发布新版鼓励外商投资产业目录,及时回应和解决外资企业关切。推动高质量共建"一带一路",已与 151 个国家、32 个国际组织签署 200 多份合作文件。指导企业防范化解境外投资风险。

（九）扎实推进绿色循环低碳发展。深入打好蓝天、碧水、净土保卫战。开展固体废物和新污染物治理。启动实施一批重要生态系统保护和修复重大工程。制定出台重点领域碳达峰实施方案和配套保障措施,大力推进重点行业节能降碳。优化节能目标考核。坚决遏制高耗能、高排放、低水平项目盲目发展。

（十）切实保障和改善民生。促进县域内义务教育优质均衡发展，加强普通高中建设，普通高等教育本专科招生和研究生招生超过1130万人，持续提升职业教育办学质量，启动第二轮"双一流"建设。促进优质医疗资源扩容下沉和区域均衡布局，扩大药品和高值医用耗材集中带量采购范围，完善异地就医直接结算服务，加强疫情防控救治体系建设。阶段性扩大低保等社会保障政策覆盖面，将更多困难群体纳入保障范围。做好因疫因灾遇困群众临时救助工作，切实兜住民生底线。

（孙国君）

3. 2022 年帮助企业纾困采取的措施有哪些？

受疫情等持续反复冲击，不少企业特别是中小微企业和个体工商户遇到特殊困难、生产经营难以为继。宏观调控延续疫情发生以来行之有效的思路做法，财政、货币等政策继续围绕困难行业和企业出招发力，重点是减负和增加流动性支持。

财政政策方面，延续实施扶持制造业、小微企业和个体工商户的减税降费政策，对小规模纳税人阶段性免征增值税，对小微企业年应纳税所得额 100 万元至 300 万元部分再减半征收企业所得税，各类措施累加起来新增减税降费超过 1 万亿元。对制造业中小微企业和个体工商户延续实施缓缴所得税等"五税两费"（"五税"是指企业所得税、个人所得税、国内增值税、国内消费税及其附征的城市维护建设税；"两费"是指教育费附加、地方教育附加）、对特殊困难行业实施缓缴社保费，并允许企业缓缴部分行政事业性收费、各类工程项目质量保证金等，全年缓税缓费总额达到 7500 多亿元。

实施大规模增值税留抵退税是组合式税费支持政策的"重头戏"，在对小微企业（含登记为一般纳税人的个体工商户）和制造业等 6 个行业企业实行按月全额退还增量留抵税额、一次性全额退还存量留抵税额的基础上，针对部分行业经营困难增多的情况，加力实施退税政策，将"批发和零售业"、"农、林、牧、渔业"、"住宿和餐饮业"、"居民服务、修理和其他服务业"、"教育"、"卫生和社会工作"、"文化、体育和娱乐业"等 7 个行业新纳入政策范围，确保最需要资金支持的小微企业和行业基本都能享受到政策，退税总额超过 2.4 万亿元。为支持地方落实减税降费等惠企利民政策，大幅增加中央对地方转移支付规模，总额达到 9.7 万亿元、同比增长 17.1%，资金下达更多采用直达机制，直达资金规模 4.1 万亿元，超过中央对地方转移支付的四成。具体到退税资金分担方面，中央财政在按现行税制负担 50% 退税资金的基础上，再通过安排 1.2 万亿元转移支付资金充实地方财力。其中，对新增留抵退税中的地方负担部分，中央财政补助平均超过 82%、并向中西部倾斜。不少企业反映，增值税留抵退税直接为企业提供了一笔现金流，为支持企业应对疫情影响、减轻成本负担、尽快恢复发展发挥了积极作用，同时也相当部分解决了有增值税以来就存在的留抵问题，有利于完善增值税税制。

货币政策方面，保持流动性合理充裕，运用存款准备金率、再贷款等政策工具，引导金融机构增加信贷投放，加大对实体经济的有效支持。其中两次降准各 0.25 个百分点，合计释放长期流动性约 1 万亿元。支持商业银行按市场化原则，与受疫情影响严重的中小微企业、个体工商户和餐饮、旅游、货运等行业群体，自主协商延期还本付息，努力做到"应延尽延"，延期还本付息日期原则上不超过 2022 年底。对延期贷款坚持实质性风险判断，不单独因疫情因素下调贷款风险分类，不影响征信记录，并免收罚息。及时接续转换两项直达实体经济的货币政策工具，将普惠小微贷款支持工具的激励资金支持比例由 1% 提高至 2%，对普惠小微贷款在第四季度的利息减 1 个百分点，实施煤炭清洁高效利用、科技创新、普惠养老、交通物流、设备更新改造专项再贷款。年末制造业中长期贷款余额同比增长 36.7%，比全部贷款增速高 25.6 个百分点。普惠小微贷款余额增长 23.8%，比全部贷款增速高 12.7 个百分点，普惠小微授信户数 5652 万户，同比增长 26.8%。推动降低企业融资成本，发挥贷款市场报价利率（LPR）改革效能，引导 1 年期和 5 年期以上 LPR 较上年末下行 0.15 个和 0.35 个百分点。2022 年，新发放企业贷款加权平均利率为 4.17%，为有统计以来最低。同时，用改革的办法提升宏观政策实施效能，对退税减税、贷款减息等政策，简化办理手续，尽可能做到"直达快享"、"免申即享"，确保广大企业及时享受到政策优惠。

（刘日红）

4. 2022 年扩投资促消费稳外贸做了哪些工作？

疫情对生活服务等终端消费直接造成冲击，投资也受到影响，导致部分企业库存高企、产能利用率下降和效益下滑，经济循环受阻，有效需求不足成为制约经济平稳运行的突出矛盾。

（一）创新方式方法扩大有效投资。我国是发展中国家，基础设施、社会民生等领域还有很多短板弱项，把那些条件具备、迟早要干的项目干起来，利当前惠长远，不会造成重复建设和浪费。2022 年在投资方面加大了支持力度。在投资领域上，主要是围绕基础设施和制造业，提前实施部分"十四五"规划重大工程项目，加大交通、水利、能源等领域补短板力度，支持制造业企业改造升级。为了年内能够形成更多实物工作量，加快了地方政府专项债券发行使用进度，2022 年 3 月底前用于项目建设的 3.45 万亿元额度全部下达完毕，6 月底前地方基本完成发行，8 月底前基本使用到位。适当扩大专项债券支持领域，在前期确定的交通基础设施、能源、保障性安居工程等 9 大领域基础上，将新型基础设施、新能源项目等纳入支持范围。依法盘活地方 2019

年以来结存的 5000 多亿元专项债务限额，70% 各地留用，30% 中央财政统筹分配，优先支持在建项目。

为进一步扩大有效投资，新推出两项政策工具。一个是政策性开发性金融工具，通过发行金融债券等方式筹资，用于补充重大项目资本金，或为专项债项目资本金搭桥。财政和货币政策联动，中央财政按实际股权投资额予以适当贴息，引导金融机构加大配套融资支持，吸引民间资本参与。在具体投向上，强化激励导向、不搞地方切块，成熟项目越多的地方得到的支持越大；支持项目要符合规划，主要投向交通、能源、物流、农业农村等基础设施和新型基础设施，不用于土地储备和弥补地方财政收支缺口等，竞争性产业完全靠市场化发展。全年分两批投放金融工具 7400 亿元，支持的 2700 多个项目已经全部开工。

另一个是运用专项再贷款、财政贴息等政策，支持制造业、服务业、社会服务领域和中小微企业、个体工商户等设备更新改造，以提升经济社会发展薄弱领域技术装备水平，增加制造业和服务业现实需求。具体操作办法是：支持全国性商业银行以不高于 3.2% 的利率投放中长期贷款，人民银行按贷款本金的 100% 对商业银行予以专项再贷款支持，中央财政为贷款主体贴息 2.5%，使更新改造设备的贷款主体实际贷款成本不高于 0.7%。截至 2022 年 12 月底，21 家全国性银行签约超过 3000 亿元。

为了确保政策、资金和项目加快落地,向地方派出督导和服务工作组,建立了推进有效投资重要项目协调机制,采取联合办公、并联审批、地方承诺等创新办法,提高办事效率。同时,注重调动民间投资积极性,支持民间投资参与重大工程项目建设。全年基础设施、制造业投资分别增长 9.4%、9.1%,一定程度上弥补了房地产投资下滑、消费增速回落造成的需求缺口。

(二)推动居民消费恢复。消费是最终需求,扩消费既有利于改善群众生活,又能带动就业、投资和经济增长。指导各地在做好疫情防控的同时,尽可能减少对居民生活服务消费等的影响。发展消费新业态新模式,积极拓展线上消费,完善城市物流配送网络,扩大农村电商覆盖面。全年网上零售额 13.8 万亿元,比上年增长 4%。考虑到大宗消费还有回补空间,采取减免车辆购置税等措施促进汽车消费,开展家电下乡和以旧换新。汽车、家电等消费潜力有效释放,全年新能源汽车销售 688.7 万辆,比上年增长 93.4%,市场渗透率达到 25.6%,产销量连续多年保持全球第一。房地产与投资、消费直接相关,也关系金融稳定。维护房地产市场平稳运行,出台"金融 16 条",调整差别化住房信贷政策,降低首套个贷利率,支持刚性和改善性住房需求;支持房企债券融资和并购重组,恢复上市房企再融资,化解房地产市场风险。为了防止大面积烂尾楼问题,设立了 3500 亿元保交楼专项借款和 2000 亿元保交楼贷款支持计划，扎实推进保交楼稳民生工作。

（三）通过扩大开放稳外贸稳外资。去年全球贸易投资增长放缓，我国对外贸易、利用外资持续承压。积极采取措施支持外贸企业稳生产稳订单拓市场。针对疫情等导致的原材料供应、物流难题，提升主要港口集疏运效率，明确要求不得对进口产品设置不合理静置期，用好航空货运运力，推进通关业务全流程网上办理，确保进出口货物快转快运。加快发展外贸新业态，新设 60 个跨境电商综合试验区，更大力度支持海外仓建设。加大对中小微外贸企业信贷投放，扩大出口信保短期险规模，将企业退税办理时间压缩至 6 个工作日以内，运用外经贸发展专项资金支持企业出境参展。加强外商投资促进服务，通过设立工作专班等方式，及时回应和解决外资企业关切，保障企业正常生产经营，一批外资大项目加快落地。去年外贸发展好于预期，全年货物进出口总额达 42.1 万亿元，比上年增长 7.7%。其中出口 24 万亿元，增长 10.5%；进口 18.1 万亿元，增长 4.3%。实际使用外资保持较快增长，外商直接投资金额 1.2 万亿元，比上年增长6.3%。

（刘日红）

5. 2022 年在稳就业稳物价保障基本
民生方面采取了哪些措施?

（一）强化稳岗扩就业政策支持。去年就业面临企业稳岗压力明显上升、新成长劳动力大幅增加等困难，全国城镇调查失业率最高上升到 6.1%，31 个大城市调查失业率达到 6.9%，青年人失业率一度达到多年以来最高值。着力强化稳就业举措，财政、金融、投资等政策实施都坚持就业优先导向，通过保企业来稳就业。生活服务业、中小微企业和个体工商户吸纳了大量就业。对餐饮、零售、旅游、民航、公路水路铁路运输等特困行业以及受疫情影响经营困难的所有中小微企业、个体工商户阶段性缓缴养老、失业、工伤保险费。大幅提高失业保险基金返还比例，将大型企业稳岗返还比例由 30% 提至 50%，中小微企业从 60% 提至最高 90%。加大企业稳岗扩岗补助力度，向困难参保企业发放一次性留工培训补助，对中小微企业吸纳高校毕业生的加大扩岗补助等支持。支持创业带动就业，推动落实担保贷款、场地租金减免、财政补贴等政策。突出做好高校毕业生就业工作，推进高校毕业生等青年"百万就业见习"，对吸纳见习的单位

21

给予补贴，优化毕业生报到入职、档案转递、落户办理等服务。以工代赈可以为群众特别是农民工、脱贫人口等提供务工岗位，是稳就业保民生的重要举措。政府投资重点工程在确保质量安全等前提下，能用尽用以工代赈。还实施了一批以工代赈中央预算内投资项目，将劳务报酬占中央资金比例由原规定的 15% 以上提高到 30% 以上。开展就业困难人员专项帮扶，脱贫人口务工规模超过 3200 万人、比上年略有增加。在经济下行压力较大的情况下，就业形势总体保持了稳定。

（二）以粮食和能源为重点做好保供稳价。去年全球通胀达到 40 多年来新高，国内价格稳定面临较大压力。民以食为天，粮价是百价之基。稳定粮食等重要农产品生产供应，对稳定物价、保障民生具有压舱石作用。有效应对洪涝、干旱等严重自然灾害，不误农时抢抓粮食播种和收获，科学做好组织和引导，保障外出农民回乡务农、农资入店进村、农机通行、农技人员下沉服务，保障农资企业的生产和原料、能源等供应。针对农资价格高企，分三批向种粮农民发放农资补贴 400 亿元，弥补成本上涨带来的种粮收益下降。发挥粮食最低收购价政策托底作用，适当提高稻谷、小麦最低收购价。落实鲜活农产品运输绿色通道政策，促进蔬菜等农产品顺畅流通。加强生猪市场调控、缓解生猪猪肉价格大幅波动。各项措施保障了粮食丰收和重要农产品稳定供给，全年粮食产量 1.37 万亿斤，增产 74 亿斤。

能源是经济社会发展的基础支撑。加快推进条件成熟、发展需要的能源项目开工建设，促进能源结构持续优化，既有利于保障国家能源安全，也能扩大有效投资。煤炭是我国主体能源，占到能源消费总量的近 60%。优化煤炭企业生产、项目建设等核准审批政策，落实地方稳产保供责任，通过核增产能、扩产、新投产等，全年新增煤炭先进产能 3 亿吨。推进石油、天然气增储上产，加大国内油气勘探开发力度，投产达产进度加快。加大对发电供热企业支持力度，在前期向中央发电企业拨付可再生能源补贴 500 亿元、通过国有资本经营预算注资 200 亿元基础上，再拨付 500 亿元补贴资金、注资 100 亿元，支持煤电企业纾困和多发电，保障电力正常供应。在全球高通胀的背景下，我国物价保持较低水平，尤为难得。

（三）强化基本民生保障。经济下行叠加部分群体失业率升高、收入减少等因素，基本民生保障特别是兜底压力明显加大。政策重点是在既有框架内进一步扩大覆盖面，将更多困难群体纳入保障范围。延续实施失业保险保障扩围政策，继续向参保失业人员发放失业补助金，向参保失业农民工发放临时生活补助，全年共向 1000 多万失业人员发放失业保险待遇。向更多低收入群众发放价格补贴，在现行覆盖低保对象、孤儿等 7 类群体基础上，将领取失业补助金人员、低保边缘人口新增纳入保障，同时降低价格补贴机制启动条件，从之前的居民消费价格单月同比涨幅 3.5% 调整为 3%，约 6700 万人受益。推进低保和临时救助适度扩围，将专项救助延伸至低保边缘人口、支出型困难人口，全年为 4500 多万困难群众增发一次性生活补贴。国家助学贷款是保障经济困难家庭学生公平接受高等教育的一项重要制度，为帮扶困难学生减负和就业，免除了 2022 年及以前年度毕业生 2022 年应偿还的国家助学贷款利息，本金可申请延期 1 年偿还，惠及 400 多万毕业生。及时做好防汛抗旱等应对自然灾害工作，做好因疫因灾遇困群众临时救助，有力保障了困难群众基本生活，保持了社会大局稳定。

（刘日红）

6. 过去五年我国经济发展取得哪些重大成就？

过去五年，面对世界变局加快演变、新冠疫情冲击、国内经济下行等多重考验，以习近平同志为核心的党中央团结带领全国各族人民坚持稳中求进工作总基调，完整、准确、全面贯彻新发展理念，主动构建新发展格局，着力推动高质量发展，蹄疾步稳推进改革，我国经济实力、科技实力、综合国力大幅跃升，既保持了经济发展量的合理增长，也实现了质的有效提升。

（一）**经济发展再上新台阶**。五年来，经济实力明显提升。国内生产总值从 2017 年的 83.2 万亿元增加到 2022 年的 121 万亿元，连续突破 90 万亿、100 万亿、110 万亿、120 万亿元，占世界经济比重达 18% 左右，稳居世界第二位。五年经济年均增长 5.2%，明显高于同期全球 2.3% 左右的平均增速，在世界主要经济体中位居前列。人均国内生产总值从 59592 元增加到 85698 元、折合 12741 美元，超过全球平均水平。2022 年末外汇储备余额达到 31277 亿美元，连续多年保持在 3 万亿美元以上，稳居世界首位。

财政实力进一步增强。全国一般公共预算收入从 17.3 万亿元增加到 20.4 万亿元，年均增长 3.4%。全国一般公共预算支出从 20.3 万亿元增加到 26.1 万亿元，年均增长 5.1%，重点支持教育科技、农业农村、生态环保、基本民生等领域，有力促进了经济社会各项事业发展。

粮食生产连年丰收。2022 年我国粮食产量 13731 亿斤，比 2017 年增产近 500 亿斤，连续八年稳定在 1.3 万亿斤以上。谷物总产量保持在 6 亿吨以上，居世界首位。人均粮食占有量达到 480 公斤以上，高于国际公认的 400 公斤粮食安全线，做到了谷物基本自给、口粮绝对安全。

工业经济稳定增长。工业增加值从 27.5 万亿元增加到 40.2 万亿元，年均增长 5.4%。其中，制造业增加值规模达到 33.5 万亿元，年均增长 5.7%，占全球比重提高到近 30%。500 种主要工业产品中有四成以上产量位居世界第一，拥有 41 个工业大类、207 个工业中类、666 个工业小类，产业体系完整优势持续巩固。

就业大局总体稳定。城镇就业规模稳步扩大，就业结构进一步优化。城镇就业人员从 43208 万人增加到 45931 万人，占全国就业人员比重从 56.8% 提高到 62.6%。第三产业就业人员占比稳步提高。过去五年，城镇新增就业年均 1275 万人，每年都超额完成年度目标任务，城镇调查失业率总体低于预期调控目标。重点群体就业平稳，高校毕业生在人数连年增长情况下，实现了就业水平总体稳定。农民工总量从28652万人增加到29562万人。

（二）科技创新成果丰硕。五年来，扎实推进科技自立自强，深入实施创新驱动发展战略，国家创新体系整体效能明显提升，我国进入创新型国家行列。

健全新型举国体制，国家战略科技力量加快壮大。以国家战略性需求为导向，成功组建国家实验室，分批推进全国重点实验室重组。截至2022年末，正在运行的国家重点实验室533个，纳入新序列管理的国家工程研究中心191个，国家企业技术中心1601家，各类创新基地布局不断优化。

加强基础研究和原始创新，一些关键核心技术攻关取得新突破。"神舟号"系列任务相继实施，中国空间站全面建成，"祝融号"火星车驶上火星表面，"羲和号"实现太阳探测零的突破，嫦娥五号发现月球新矿物"嫦娥石"，"奋斗者"号全海深载人潜水器完成万米海试，北斗卫星导航系统全面开通，超导量子计算原型机"祖冲之号"成功问世，"国和一号"和"华龙一号"三代核电技术取得新突破，首架C919大飞机正式交付。

持续加大研发投入，创新支撑发展能力不断增强。全社会研究与试验发展经费支出从17606万亿元增加到30870万亿元，规模稳居世界第二位，连续七年保持两位数增长，与国内生产总值之比从 2.12% 提高到 2.55%。科技进步贡献率提高到 60% 以上。在世界知识产权组织等发布的全球创新指数排名中，我国从第 17 位上升至第 11 位，位居 36 个中高收入经济体首位。

（三）经济结构进一步优化。 产业结构方面，三次产业增加值之比从 7.5∶39.9∶52.7 调整为 7.3∶39.9∶52.8。第一产业平稳增长，增加值年均增长 4.1%；第二产业转型升级步伐加快，高技术制造业、装备制造业增加值年均分别增长 10.6%、7.9%，快于全部制造业增速；第三产业规模持续扩大，占国内生产总值比重保持在 50% 以上，稳居国民经济第一大产业。云计算、大数据、区块链、人工智能等数字技术与传统产业深度融合，数字经济不断壮大。新产业、新业态、新模式蓬勃发展，2021 年"三新"经济增加值占国内生产总值比重达 17.3%。

需求结构方面，超大规模市场优势显现，社会消费品零售总额从 34.7 万亿元增加到 44 万亿元，除受疫情影响较大年份外，最终消费支出对经济增长的贡献率均在 50% 以上，继续成为经济增长主要拉动力。新型消费快速发展，消费升级步伐加快，2022 年实物商品网上零售额达到 12 万亿元，占社会消费品零售总额的比重为 27.2%，比 2017 年提高 11.4

个百分点。投资结构持续优化,制造业投资年均增长6.5%,快于整体固定资产投资增速。

城乡区域结构方面,区域协调发展战略、区域重大战略深入实施,中西部地区经济增速总体快于东部,中部和西部地区生产总值占全国比重分别从21.7%、20.4%提高到22.1%、21.4%,区域发展相对差距进一步缩小。以人为核心的新型城镇化扎实推进,乡村振兴战略全面实施,城镇常住人口从84343万人增加到92071万人,常住人口城镇化率从60.24%提高到65.22%,年均提高约1个百分点。分类放宽或取消城镇落户限制,每年有上千万农村人口在城镇落户。

(四)改革开放持续深化。供给侧结构性改革深入实施。去产能去库存稳杠杆扎实推进。2022年煤炭开采和洗选业、黑色金属冶炼和压延加工业产能利用率分别为74.9%、76.3%,比2017年分别提高6.7、0.5个百分点。2022年末商品房待售面积56366万平方米,比2017年末下降4.5%。2022年末规模以上工业企业资产负债率为56.6%,近五年总体保持稳定。降成本补短板取得积极成效。实施大规模减税降费政策,推动降低企业生产经营成本,2022年规模以上工业企业每百元营业收入中的成本为84.7元,比2017年下降0.2元。教育、卫生、生态等领域补短板投资力度持续加大。

重点领域关键环节改革取得新突破。完成国企改革三年行动任务，国有经济布局优化和结构调整有序推进。优化民营企业发展环境。加快建设全国统一大市场，推进要素市场化配置综合改革试点。完善产权保护、市场准入、公平竞争、社会信用等制度，营商环境明显改善。深化预算管理体制改革，推进中央与地方财政事权和支出责任划分改革，构建综合与分类相结合的个人所得税制。推动金融监管体制改革，统筹推进中小银行补充资本和改革化险，深化股票发行注册制改革。科技创新、农业农村、生态环保、社会事业等领域改革持续深化。

实行更加积极主动开放战略。2022 年货物进出口总额达到 42.1 万亿元，比 2017 年增长 51.3%，规模连续多年位居世界首位；实际使用外商直接投资 1891 亿美元，增长44.3%，规模位居世界前列。共建"一带一路"扎实推进。2022 年对"一带一路"沿线国家进出口总额、非金融类直接投资额分别达到 13.8 万亿元、210 亿美元，比 2017 年分别增长 87.6%、45.8%，共建"一带一路"成为深受欢迎的国际公共产品和国际合作平台。推动区域全面经济伙伴关系协定（RCEP）生效实施，建成全球最大自由贸易区，2022 年对 RCEP 其他成员国进出口额 13 万亿元。我国成为 140 多个国家和地区的主要贸易伙伴，与 26 个国家和地区签署 19 个自贸协定。

（张凯竣）

7. 过去五年在保障基本民生和发展社会事业方面取得哪些积极成效？

过去五年，以习近平同志为核心的党中央深入贯彻以人民为中心的发展思想，持续增加民生投入，提升公共服务水平，大力发展社会事业，在发展中不断增进民生福祉。城乡居民生活持续改善，人民群众获得感、幸福感、安全感更加充实、更有保障、更可持续。

（一）**脱贫攻坚任务胜利完成**。经过持续努力，到 2020 年底，脱贫攻坚战取得全面胜利。全国 9899 万农村贫困人口全部脱贫，832 个贫困县全部摘帽，12.8 万个贫困村全部出列，历史性地解决了绝对贫困问题。脱贫人口收入水平显著提高，收入增速明显高于全国农村居民增速，实现吃穿不愁，义务教育、基本医疗、住房和饮水安全得到有效保障。960 多万贫困人口实现易地搬迁。贫困地区农村基础设施显著改善，文化教育卫生资源逐渐丰富。"三区三州"等深度贫困地区的最后堡垒被全部攻克，28 个人口较少民族全部实现整族脱贫。按照世界银行标准，改革开放以来我国减贫人口占同期全球减贫人口 70% 以上。脱贫攻坚战的全面胜利，标志着我国提前 10 年实现《联合国 2030 年可持续发展议程》减贫目标，赢得了国际社会的广泛赞誉。

（二）人民生活水平不断提高。居民收入稳步增长。过去五年，全国居民人均可支配收入年均实际增长 5.1%，与经济增长基本同步。农村居民人均可支配收入从 13432 元增加到 20133 元，城镇居民人均可支配收入从 36396 元增加到 49283 元，城乡居民收入比由 2.71 减少到 2.45，差距趋于缩小。我国中等收入人数快速增加，形成世界上规模最大的中等收入群体。

物价总水平保持稳定。五年来，居民消费价格年均上涨 2.1%，每年涨幅都低于 3% 或 3.5% 左右的预期目标。2022 年，在全球通胀达到 40 多年来新高情况下，我国物价平稳运行，居民消费价格全年上涨 2%，其中食品价格指数上涨 2.8%，明显低于美欧等主要经济体 10% 左右的涨幅，人民群众基本生活消费需要得到较好保障。

基本民生保障不断加强。建成世界上规模最大的社会保障体系，2022 年末基本养老、失业、工伤保险参保人数分别达到 10.5 亿人、2.4 亿人、2.9 亿人，比 2017 年末分别增加 1.4 亿人、5000 万人、6400 万人。2022 年末基本医疗保险参保人数 13.5 亿人，参保率稳定在 95% 以上。保障性住房建设持续推进，多年来累计改造棚户区住房 4200 多万套，改造农村危房 2400 多万户，上亿住房困难群众喜迁新居。基本生活救助、专项救助和临时救助等各项社会救助制度不断完善，保障标准稳步提高，年均实施临时救助超过 1100 万人次。

（三）社会事业加快发展。 教育普及水平稳步提高，义务教育巩固率从 93.8% 提高到 95.5%，高中阶段教育毛入学率从 88.3% 提高到 91.6%，高等教育毛入学率从 45.7% 提高到 59.6%，学前教育实现基本普及，新增劳动力平均受教育年限从 13.5 年提高到 14 年。建成世界上规模最大的医疗卫生体系，主要健康指标居于中高收入国家前列，人民健康得到全方位保障。健全现代公共文化服务体系，实施文化惠民工程，公共图书馆、博物馆、美术馆、文化馆站向社会免费开放。

经过多年精心筹办，北京冬奥会、冬残奥会成功举办，向世界奉献了一届简约、安全、精彩的奥运盛会，为促进群众性冰雪运动、促进奥林匹克运动发展、促进世界人民团结友谊作出重要贡献，北京成为全球首个"双奥之城"。中国体育代表团首次全项参赛，勇夺冬奥会 9 枚金牌、15 枚奖牌和冬残奥会 18 枚金牌、61 枚奖牌，创造了我国参加冬奥会、冬残奥会的历史最好成绩。2015 年北京成功申办冬奥会以来，截至 2021 年 10 月，全国居民冰雪运动参与人数超过 3.4 亿人，冰雪运动参与率超过 24%，实现了"带动三亿人参与冰雪运动"的总体目标。广大参与者在冬奥申办、筹办、举办过程中，创造了胸怀大局、自信开放、迎难而上、追求卓越、共创未来的北京冬奥精神。

（四）生态环境明显改善。良好的生态环境是最公平的公共产品，最普惠的民生福祉。五年来，大力推进生态文明建设，全方位、全地域、全过程加强生态环境保护，美丽中国建设迈出重大步伐。

污染防治取得积极成效。加强多污染物协同治理和区域联防联控，2022年全国地级及以上城市细颗粒物（$PM_{2.5}$）年均浓度为29微克/立方米、首次降到30微克/立方米以内，比2017年下降27.5%；重污染天数比例为0.9%、首次降至1%以内，下降超过五成。持续改善水生态环境质量，2022年全国水质优良（Ⅰ—Ⅲ类）断面比例为87.9%，比2017年提高20个百分点；劣Ⅴ类断面比例为0.7%，下降7.6个百分点。实施土壤污染防治行动计划，加强固体废弃物综合利用和新污染物治理，推进"无废城市"建设。

绿色低碳发展水平持续提升。推进以国家公园为主体的自然保护地体系建设，建立各级各类自然保护地9000多处，三江源、大熊猫、东北虎豹、海南热带雨林、武夷山等首批5个国家公园正式设立。在青藏高原等重要生态区部署实施一批山水林田湖草沙一体化保护和修复工程。科学有序推进碳达峰碳中和，推进重点行业、领域低碳技术工艺革新和节能低碳改造升级。2018—2022 年，单位国内生产总值能耗下降 8.1%、二氧化碳排放下降 14.1%。

（张凯竣）

8.统筹疫情防控和经济社会发展取得哪些重大积极成果?

我国抗疫斗争已经持续了三年多,面对这场百年罕见疫情,以习近平同志为核心的党中央始终坚持人民至上、生命至上,团结带领全党全国各族人民同心抗疫,以强烈的历史担当和强大的战略定力,因时因势优化调整防控政策措施,高效统筹疫情防控和经济社会发展,走过了极不平凡的历程、取得了极不平凡的成就。

(一)取得了应急性超常规防控阶段的重大战略性成果。新冠疫情暴发后,以习近平同志为核心的党中央统揽全局、果断决策,第一时间加强集中统一领导,习近平总书记亲自指挥、亲自部署,果断关闭离汉离鄂通道,实施史无前例的严格管控。同时,依法将新冠病毒肺炎纳入乙类传染病并采取甲类管理措施,提出坚定信心、同舟共济、科学防治、精准施策的总要求,明确坚决遏制疫情蔓延、坚决打赢疫情防控阻击战的总目标,周密部署武汉保卫战、湖北保卫战,举国之力予以支援,4.26万名医务人员驰援湖北。经过全国上下艰苦卓绝的不懈努力,用一个多月的时间初步遏制了疫情蔓延势头,用两个月左右的时间将本土每日新增病例控制在个位数以内，用三个月左右的时间打赢了武汉保卫战、湖北保卫战，有效阻断了疫情本土传播，扭转了疾病传播的危险进程，全国疫情防控阻击战取得重大战略成果，也为全球抗疫作出了重要贡献。

（二）取得了常态化防控阶段高效统筹疫情防控和经济社会发展的重大积极成果。 2020 年 5 月，全国疫情得到有效控制，同时面对严峻复杂的国际疫情，以习近平同志为核心的党中央果断决策统筹疫情防控和经济社会发展，坚持"外防输入、内防反弹"总策略和"动态清零"总方针，坚持科学防控、精准施策，强调"疫情要防住、经济要稳住、发展要安全"，积极构建疫情防控和经济社会发展工作中长期协调机制。各地区各部门坚决贯彻落实党中央、国务院决策部署，把外防输入作为常态化防控工作的重中之重，完善口岸和边境地区管控政策措施，强化入境人员的闭环管理，严防境外疫情输入；加强重点人群、重点机构场所监测，优化核酸检测策略，创新完善流调方式，不断提升处置水平。2020 年 5 月至 2021 年 5 月，针对原始株、阿尔法株等先后流行，探索形成常态化疫情防控的政策框架，多数疫情在 2 个最长潜伏期（28 天）内得到控制。2021 年 5 月至 2021 年 12 月，针对德尔塔株在全球广泛流行，进一步提速升级常态化疫情防控措施，疫情基本在 1 个最长潜伏期（14 天）内得到控制。2021 年 12 月至 2022 年 11 月，奥密克戎株在全球成为优势株，及时印发第九版防控方案，常态化疫情防控的制度体系和工作机制更加完善，成功遏制疫情广泛快速传播，有力有效处置了百余起聚集性疫情，打赢了大上海保卫战，有效抵御境外多轮疫情输入冲击，同时也赢来了病毒致病力的大幅下降，赢来了疫苗和药物研发使用的大幅进步，赢来了各地防控体系不断健全和能力不断提升，为打赢疫情防控阻击战赢得了宝贵时间。

（三）取得了疫情防控过渡转段的重大决定性胜利。2022 年 11 月，党中央综合评估疫情防控面临的新形势，作出疫情防控进入新阶段的重大判断，决定将新冠病毒感染由"乙类甲管"调整为"乙类乙管"，并于 2023 年 1 月 8 日开始实施。围绕"保健康、防重症"，先后制定优化防控措施"二十条"和"新十条"、实施"乙类乙管"总体方案和配套文件、制定实施十版诊疗和十版防控方案等政策措施。针对新冠病毒感染短期内集中暴发，全面加强医疗救治，1400 万医务人员全力以赴，全国 5.9 万家发热门诊（诊室）应开尽开，重症床位迅速扩建到 40.4 万张，有效避免医疗资源挤兑。千方百计保障群众用药需求，支持药品企业扩大生产规模，短时间内解热镇痛药、多种中成药等产能产量大幅提升，迅速缓解药品供需矛盾。实施五级书记抓农村地区疫情防控，组织 1454 家城市二级以上医院对口帮扶 2267 个县区，对全国 1.9 亿 65 岁以上老年人做好风险分类和健康服务，加快推进老年人疫苗接种，周密做好校园、养老机构等重点场所防控，确保了安全和稳定。大力宣传解读我国疫情防控工作的成效和经验，建立全国疫情信息发布机制，加强防控知识的宣传普及，引导公众特别是高风险人群自觉加强并做好个人防护，加强对外宣传和国际交流，争取国际社会对我国疫情防控的理解与支持。经过全社会共同努力，我们用一个多月时间渡过了重症救治高峰，不到两个月时间实现了平稳转段，2亿多人得到诊治，近80万重症患者得到有效救治，取得了疫情防控过渡转段的重大决定性胜利。

总之，我国抗疫斗争持续了三年多，取得了重大成效，最大程度保护了人民群众生命安全和身体健康，最大限度减少了疫情对经济社会发展的影响。我国的防控成效是全世界最好的，三年抗疫，新冠死亡率为0.74/万、保持在全球最低水平，经济增长保持在年均4.5%水平、高于世界平均水平，创造了人类文明史上人口大国成功走出疫情大流行的奇迹。实践证明，以习近平同志为核心的党中央对疫情形势的重大判断、对防控工作的重大决策、对防控策略的重大调整是完全正确的，措施是有力的，群众是认可的，成效是巨大的。

（王汉章）

9. 近五年财政政策在宏观调控和优化支出结构方面如何体现积极取向？

　　财政是国家治理的基础和重要支柱，财政政策是政府实施宏观调控的重要手段。五年来，在以习近平同志为核心的党中央坚强领导下，积极的财政政策持续实施，有力服务保障了构建新发展格局、推动高质量发展。

　　（一）强化跨周期和逆周期调节，合理调整赤字和地方政府专项债券规模。过去五年，面对中美经贸摩擦和新冠疫情冲击的严峻形势，积极的财政政策加大跨周期和逆周期调节力度，在区间调控的基础上加强定向调控、相机调控、精准调控，适时适度预调微调，有效降低了经济周期波动影响，支持经济社会高质量发展。根据经济形势变化，每年积极财政政策的侧重点有所不同，但都体现了跨周期和逆周期调节的需要。同时，在制定政策、安排支出、举借债务时，统筹需要和可能，统筹当前和长远，保持必要力度又不透支未来，确保财政安全和可持续。

　　一方面，合理把握赤字率和赤字规模。五年来，我国对财政赤字率作出了明显调整。2018 年和 2019 年，赤字率分别为

2.6%、2.8%，都没有超过3%。2020年为应对突发疫情的严重冲击，将赤字率提高到3.6%以上（实际执行数为3.7%），赤字规模由上年的2.76万亿元增加至3.76万亿元，并发行了1万亿元抗疫特别国债，为恢复经济赢得了主动，我国成为当年全球唯一实现正增长的主要经济体。2021年经济企稳回升后，就将赤字率回调到3.2%左右（实际执行数为3.1%），2022年进一步下调到2.8%，赤字规模也分别降至3.57万亿、3.37万亿元。整体看，我国五年总体赤字率控制在3%以内，既适应了宏观调控的需要，也为将来应对困难挑战留下了充足的政策空间。

另一方面，发挥好地方政府专项债券作用。地方政府专项债券是积极财政政策的重要工具，是带动扩大有效投资、稳定宏观经济的重要手段。五年来，我国累计安排新增地方政府专项债券14.6万亿元，按照"资金跟着项目走"的原则，有力支持了补短板、增后劲、惠民生项目建设。分年度看，2018、2019年依次安排新增地方政府专项债券1.35万亿、2.15万亿元。2020年为对冲疫情冲击影响，将新增专项债规模提高至3.75万亿元，并明确可使用部分专项债资金用作符合条件的项目资本金和补充中小银行资本金。2021、2022年根据形势变化将预算安排的专项债规模分别回调至3.65万亿元。此外，去年面对经济遇到的超预期因素冲击，在3月底前将用于项目建设的3.45万亿元全部下达完毕、6月底前地方基本完成发行的基础上，还依法盘活用好专项债务结存限额 5029 亿元，年内地方已经基本完成发行，推动固定资产投资保持稳定增长，对稳住经济大盘发挥了重要支撑作用。与此同时，围绕专项债券"借、用、管、还"各环节不断加强管理，加快专项债券发行使用，优化额度分配和投向领域，推动提高项目储备质量。还制定了地方政府专项债券资金投向领域负面清单，建立违规使用专项债券处理处罚机制，推动债券资金合规使用。

尽管近年来地方政府专项债券规模增长较快，但我国政府债务风险仍然总体可控。截至 2022 年末，地方政府法定债务余额 35.07 万亿元，控制在全国人大批准的限额 37.65 万亿元之内。以法定债务余额与国内生产总值的比值计算，五年来我国的政府负债率控制在 50% 左右，2022 年末约为 50.4%，低于国际通行的 60% 警戒线，也低于主要市场经济国家和新兴市场国家水平。我国以相对较少的债务增量支持经济较快恢复增长，为应对风险挑战奠定坚实基础、留出足够空间。

（二）**不断优化支出结构，提高财政资金使用效益。**五年来，我国持续加大财政资源统筹力度，全国一般公共预算支出从 20.3 万亿元增加至 26.1 万亿元，年均增长 5.1%。在保持较大财政支出规模的基础上，支出结构也在持续优化，教育科技、生态环保、基本民生等重点领域得到了有力保障。

一是促进教育科技发展进步。教育优先发展是党和国家的重大战略，教育支出是我国公共财政第一大支出。我国财政性教育经费与国内生产总值之比连续保持在4%以上，五年累计投入21万亿元，生均财政保障水平大幅提高。普惠性学前教育、义务教育、职业教育、高等教育等取得长足进展，学生资助实现所有学段、所有公办民办学校、所有家庭经济困难学生全覆盖。支持好高水平科技自立自强，近五年一般公共预算科学技术支出共计4.7万亿元，年均增长7.4%。改革完善财政科技资金投入与管理，中央本级基础研究支出增长52.6%，持续加强对国家战略科技力量、关键核心技术攻关等方面支持。通过市场化机制激励企业创新，支持各类创新的税收优惠政策年度规模已超过万亿元。

二是加大生态环保支持力度。全力保障打好污染防治攻坚战，近五年大气、水、土壤污染防治资金年均增长12.4%，重点支持北方地区冬季清洁取暖项目，强化重要流域污染整治，加强土壤污染源头防控和修复治理。全面加强生态补偿机制建设，完善生态保护补偿制度，五年来重点生态功能区转移支付累计达到4200亿元、年均增长9.6%，基本覆盖生态功能重要地区。出台流域上下游横向生态补偿机制建设支持政策，推动长江、黄河全流域建立横向生态补偿机制。建立健全促进资源高效利用和绿色低碳发展的财税政策体系，支持做好碳达峰碳中和工作。完善可再生能源发电补贴政策，大力发展清洁能源。支持开展国土绿化和森林、草原、湿地生态保护，加快构建以国家公园为主体的自然保护地体系，增强生态系统碳汇能力。

三是强化基本民生保障。坚持以人民为中心的发展思想，在财力紧张的情况下，持续加大民生投入，全国财政支出70%以上用于民生。全力支持如期打赢脱贫攻坚战，2018—2020年中央财政专项扶贫资金每年递增200亿元，全国832个贫困县累计整合涉农资金约9400亿元。打赢脱贫攻坚战后，中央财政专项补助资金继续增加，推动巩固拓展脱贫攻坚成果同乡村振兴有效衔接。大力支持疫情防控，全力保障患者救治、疫苗研发、疫情防控物资和救治体系建设，提高防治人员待遇。对受疫情影响的困难行业、困难企业、困难群体给予帮扶。出台实施创业担保贷款贴息、失业保险稳岗返还等政策，多措并举推进创业带动就业和市场主体稳岗扩岗，着力保障重点群体就业。建立企业职工基本养老保险基金中央调剂制度、将调剂比例逐步提高到4.5%，在此基础上实施企业职工基本养老保险全国统筹，提高退休人员基本养老金水平和城乡居民基础养老金最低标准。划转国有资本充实社保基金，储备规模从1.8万亿元增加到2.5万亿元以上。基本医疗保险、大病保险和医疗救助三重保障体系更加完善，城乡居民医保人均财政补助标准从450元提高到610元，基本公共卫生服务经费人均财政补助标准从50

元提高到84元。最低生活保障标准、优抚对象等人员抚恤和生活补助标准逐年提高，全国城市、农村低保平均标准分别增长39.2%、62.4%；烈属定期抚恤金年人均标准年均增长10%左右。

四是落实好政府过紧日子要求。为切实保障好急需支出、刚性支出、重点支出，各级政府坚持过紧日子，从严控制一般性支出，加强"三公"经费预算管理，努力降低行政运行成本。同时，持续健全财政支出约束机制，积极盘活财政存量资金和闲置资产，不断完善过紧日子的制度体系。2020年和2021年，中央本级支出安排连续两年负增长，其中2020年非急需、非刚性支出压减50%以上；2020年以来，中央部门支出已连续三年负增长。通过政府行政开支的"减法"，换来了经济社会发展和民生福祉的"加法"，把更多财政资源腾出来，用于支持企业发展和改善基本民生，千方百计惠企裕民。

（杜浩然）

10. 近五年实施大规模减税降费有哪些主要措施和成效？

税费是积极财政政策的主要工具之一。减税降费既能适度扩大总需求，又能促进经济结构优化升级。五年来，我国实施了大规模减税降费政策，坚持制度性安排和阶段性措施并举、普惠可及与精准发力并重，有效减轻了各类企业负担，激发了发展活力。总体看，这五年我国实施的减税降费政策，大体上可以分为两个阶段。

（一）2018—2019年为应对中美经贸摩擦冲击，并举实施制度性与政策性减税降费措施。在彻底完成营改增任务、取消营业税的基础上，持续深化增值税改革，先是将四档税率简并为三档，后来又两次降低增值税税率，其中2018年先是将制造业等行业17%的税率降至16%，将交通运输业、建筑业等行业11%的税率降至10%；2019年又将制造业等行业的税率进一步降至13%，将交通运输业、建筑业等行业的税率进一步降至9%。建立了期末留抵退税制度，不断健全增值税抵扣链条。将小规模纳税人增值税起征点从月销售额3万元提高到10万元，更多小微企业和个体工商户不再缴纳增值税。加大小微企业所得税优惠力度，对年应纳税所得额不超过 100 万元的部分，减按 25% 计入应纳税所得额，并按 20% 的税率缴纳企业所得税，也就是将小微企业所得税实际最低税负率从之前的 10% 降至 5%。有序推动个人所得税制度向综合与分类相结合转型，提高减除费用标准，设立专项附加扣除，超过 1 亿人不再缴纳工薪所得个人所得税。将企业养老保险单位缴费比例从 20% 降至 16%，实现全国费率基本一致，并降低缴费基数，推动企业社保缴费负担实质性下降。

（二）2020—2022 年为应对疫情冲击和经济下行压力，实施"减、免、缓、扣、退"等组合式税费支持政策。2020年，为支持疫情防控和促进复工复产，实施了对疫情防控重点保障物资生产供应给予税费优惠、对受疫情影响较大的行业企业给予税费减免、加大个体工商户和小微企业税费优惠力度等 7 批 28 项支持疫情防控和经济社会发展的优惠政策。2021 年，围绕进一步提振国内经济、助力企业复工复产，打出包括将制造业企业加计扣除比例从 75% 提高至 100%、对煤电供热企业以及制造业中小微企业缓缴部分税费、取消港口建设费等措施的税费政策"组合拳"。其中在 2019 年优惠政策的基础上，进一步阶段性将小规模纳税人增值税起征点从月销售额 10 万元提高到 15 万元、小微企业所得税实际最低税负率从 5% 降至 2.5%。2022 年，实施新的组合式税费支持政策，特别是出台大规模增值税留抵退税政策，既解决部分历史遗留问题，也有利于完善增值税税制。4月将所有符合条件的小微企业以及制造业、科研和技术服务、生态环保、电力燃气、交通运输等6个行业纳入政策实施范围，后来根据经济形势变化和市场主体诉求，进一步扩大到批发和零售业、农林牧渔业、住宿和餐饮业等7个行业，存量留抵税额一次性全额退还，增量留抵税额按月全额退还，全面解决这些行业的留抵退税问题。同时，加快留抵退税进度，优先安排小微企业退税，将大中型企业存量留抵税额的退还时间，从下半年大幅提前至6月底前，使政策效应在上半年集中释放，让企业得到了"真金白银"的实惠，充分享受了政策红利。为让企业尽快拿到退税资金，还通过深化改革的方式，努力将制造业增量留抵退税到账平均时间压缩至2个工作日内。2022年，累计退到纳税人账户的增值税留抵退税款2.46万亿元，超过2021年办理留抵退税规模的3.8倍。此外，2022年还出台实施小规模纳税人阶段性免征增值税、扩大"六税两费"减免适用范围、阶段性缓缴社会保险费、缓缴部分行政事业性收费和保证金等税费支持政策，并开展了涉企违规收费专项整治，切实支持企业渡过难关。税务总局对10万户重点税源企业调查显示，2022年企业每百元营业收入税费负担下降2.7%，其中受疫情影响较大的交通运输业、住宿餐饮业分别下降15.4%和14.2%，负担显著减轻。

总的来看，这五年我国实施减税降费政策公平普惠、高效直达，对于帮助企业和个体工商户减负纾困、助力经济平稳运行和结构优化、促进高质量发展等方面都发挥了重要作用。与此同时，减税降费政策还充分发挥了涵养税源的作用，各年度中央财政收入预算都顺利完成，全国财政收入规模明显增加。近年来实施的减税降费政策中，有相当一部分都是制度性安排，今后还会继续实施，政策叠加效应将持续释放。

（杜浩然）

11. 近五年如何为基层落实惠企利民政策
提供更有力的财力保障?

保障基层财政平稳运行是实现国泰民安的必然要求。为此,我们大力推动财力下沉,既强化了财力保障,也调动了发展的积极性,使基层落实惠企利民政策更有能力、更有动力。总体看,县区基层财政运行平稳,为经济社会大局稳定奠定了坚实基础。

(一)持续加大转移支付力度。财政转移支付是上级政府为解决地区财政不平衡问题,对下级政府进行的无偿资金拨付,包括一般性转移支付、共同财政事权转移支付、专项转移支付。经过多年的调整完善,转移支付已经成为我国均衡地区间财力、推进基本公共服务均等化和引导重大决策部署落实的重要政策工具。

五年来,中央财政压减本级支出,集中财力加大对地方的转移支付力度,并向困难地区和欠发达地区倾斜,切实增强基层财政的可持续能力。中央对地方转移支付规模由 6.5 万亿元增长到 9.7 万亿元,近五年累计规模达 40.66 万亿元,年均增长 8.4%,高于中央本级支出增幅 4.8 个百分点,中央一般公共预算支出中对地方转移支付占比提高到 70% 左右，使地方可用财力明显增加，落实中央政策的能力明显提升。同时，省级财政也加大了对市县的支持，强化市县基层财力保障，进一步调动基层落实惠企利民政策的积极性。

（二）建立实施中央财政资金直达机制。 新冠疫情发生后，一些地方财政收支矛盾加剧，大量企业经营遭遇严重困难，各方面都急切盼望有关财政资金能够尽早拨付到位、尽快发挥作用。为保障资金"一竿子插到底"，2020 年，党中央、国务院决定对新增财政赤字和抗疫特别国债 2 万亿元建立特殊转移支付机制，使资金快速直达市县基层、精准用于惠企利民。2021 年，在总结 2020 年工作经验的基础上，建立了常态化财政资金直达机制，进一步发挥好直达资金作用。作为实施积极财政政策的重要抓手，直达机制相关工作扎实有序、平稳高效、成果显著，促进了宏观调控与微观落实有效结合，降低了交易成本和制度成本，为开展疫情防控、纾解企业困难、保障基本民生提供了重要支撑。

一是资金规模有较大幅度增加。2020 年直达资金为 1.7 万亿元，2021 年增加至 2.8 万亿元，2022 年将"支持基层落实减税降费和重点民生等专项转移支付"、中央财政衔接推进乡村振兴补助资金等纳入直达范围，规模进一步增加至约 4.1 万亿元，超过中央对地方转移支付的四成。地方根据实际增加直达项目，放大政策效果。二是聚焦惠企利民扩大范围。逐步由一次性新增财政资金为主扩大到存量资金为主，基本实现中央财政民生补助资金全覆盖。其中，社会保障和就业、卫生健康、教育、农林水、交通运输等支出占比超过 80%，体现了直达资金惠企利民的政策导向。三是预算资金快速下达分配。资金下达到基层平均用时由之前的超过 120 天，大幅缩短至 30 天左右、最快仅用 7 天。此外，坚持现行财政管理体制、地方保障主体责任和资金分配权限不变，省级财政部门既当好"过路财神"，又不做"甩手掌柜"，提高资金分配使用的科学性和精准性。

（三）兜牢兜实基层"三保"底线。基层"三保"（即保基本民生、保工资、保运转）是保障人民群众切身利益的基本要求，是推动政府履职和稳住经济基本盘、维护社会大局稳定的基础条件，历年都是政府工作和财政管理的重要任务。五年来，按照"县级为主、市级帮扶、省级兜底、中央激励"的原则，各级政府扎实做好"三保"工作。中央财政在加大对财力薄弱地区支持力度的基础上，依托预算管理一体化系统完善"三保"支出预算编制和审核，对地方"三保"支出预算安排执行、债务还本付息、暂付款、国库库款等开展联动监测和动态预警，对问题早发现、早介入、早处置，坚决兜住基层"三保"底线。地方各级政府坚持将"三保"作为预算安排的重点，坚持"三保"支出在财政支出中的优先顺序，坚持国家标准"三保"支出在"三保"支出中的优先顺序，强化预算编制审核，确保县区足额编制"三保"支出预算；重点关注财政收支矛盾突出、债务风险高、暂付款规模大、库款保障水平长期偏低的县区，加强库款调度，有效保障"三保"方面的资金需求，确保基层"三保"不出风险。同时，切实采取有效措施确保教师等重点群体工资、养老金等按时发放，杜绝出现拖欠等问题。对审计监督和日常监测中发现的个别县区未及时足额保障的问题，及时督促整改到位。

（杜浩然）

12. 实施稳健的货币政策做了哪些工作?

过去五年，面对复杂严峻的国内外经济金融形势和风险挑战明显上升的复杂局面，我们坚持实施稳健的货币政策，注重货币政策和宏观审慎政策的协同引导作用，有效发挥货币政策的总量和结构双重功能，综合运用多种货币政策工具，保持银行体系流动性合理充裕，保持货币信贷和社会融资规模合理增长，有力促进了我国经济运行保持在合理区间。总的看，五年来稳健的货币政策主要做了以下工作。

（一）保持流动性合理充裕。 针对经济金融运行中的不确定不稳定因素，特别是风高浪急的国际环境和不断加大的经济下行压力，及时采取有力措施，根据形势变化适时适度调整，灵活运用降准、再贷款再贴现、中期借贷便利、常备借贷便利和公开市场操作等多种货币政策工具，保持流动性总量合理充裕、长中短期供求平衡。五年 14 次下调金融机构存款准备金率，释放长期资金超过 11 万亿元。2018—2022年，广义货币 M_2 平均增速 9.5%，与名义 GDP 平均增速基本匹配。宏观杠杆率从 249% 上升到 280.9%，增幅低于发达经济体同期水平。

（二）持续降低企业融资成本。这几年，货币政策和金融调控把降低融资成本作为重中之重。2019年，改革原有的商业银行贷款基础利率，建立新的市场报价利率（LPR）形成机制，通过公开市场操作前瞻性引导贷款市场报价利率（LPR）下行，打破贷款利率隐性下限，从制度机制上为降低融资成本创造条件。2020年，推动实现金融系统向实体经济让利1.5万亿元目标。2022年，建立存款利率市场化调整机制，多措并举推动降低企业融资成本。同时，督促银行落实金融领域各项减费政策。五年来，引导1年期贷款市场报价利率下行60个基点，三次下调支农、支小再贷款利率共计0.75个百分点。2022年，企业贷款平均利率4.17%，较五年前下降1.4个百分点，企业实际贷款利率降至有此统计以来最低水平。

（三）着力解决小微企业融资难题。在引导各大银行设立普惠金融事业部、发展政府性融资担保体系、设立国家融资担保基金等基础上，着力健全金融机构"敢贷能贷愿贷"长效机制，完善普惠金融服务体系。首先，持续探索并完善小微企业贷款量化考核。2019年提出国有大型商业银行小微企业贷款增长30%以上的量化目标，经过不断调整完善，提出了更有针对性的考核目标，推出普惠小微贷款明显增长、信用贷款和首贷户比重继续提升的多目标要求。其次，探索新的小微企业融资支持工具。推出民营企业债券融资支持工具，加大小微企业应收账款融资支持力度，创新改进小微企业征信服务，增加普惠性再贷款再贴现额度、增加支小再贷款额度，提高普惠小微贷款支持工具激励资金支持比例。再次，完善小微企业融资环境，完善涉企信息共享机制、推动地方政府性融资担保体系转型，小微企业融资呈现"量增、面扩、价降"趋势。五年来，普惠小微贷款余额从8.2万亿元增加到23.8万亿元、年均增长24%，占各项贷款增量比重由7.7%提升至20.7%。2022年末，普惠小微贷款余额为2017年末的3倍；支持小微经营主体5652万户，为2017年末的4倍。普惠小微企业贷款平均利率累计下降2.09个百分点，利率水平处于改革开放以来最低水平。

（四）推出直达型货币政策工具支持疫情防控和复工复产。2020年以来，面对突发新冠疫情的巨大冲击，货币政策推出了一系列直达性的政策工具，设立3000亿元抗疫保供专项再贷款、5000亿元复工复产再贷款再贴现，增加1万亿元普惠性再贷款再贴现，出台普惠小微企业贷款延期支持工具和普惠小微企业信用贷款支持计划两项直达实体经济的货币政策工具。不少做法是以前没有过的创新，特别是创设两项直达工具并及时接续转换，鼓励金融机构扩大普惠小微贷款和信用贷款，引导金融机构降低企业实际贷款利率。累计支持中小微企业20.5万亿元贷款延期还本付息。

（五）设立专项再贷款支持扶贫、科技创新和绿色发展等。五年来，先后推出扶贫再贷款，碳减排支持工具及支持煤炭清洁高效利用专项再贷款，科技创新、交通物流、普惠养老专项再贷款等一系列政策工具，加大对经济社会发展薄弱环节和重点领域支持。五年来，涉农贷款增长1.65倍，累计发放扶贫再贷款6688亿元。科研技术、信息软件贷款年均增速分别达20%、28.6%，高技术制造业中长期贷款年均增速38%，都明显高于各项贷款平均增速，制造业贷款余额从16.3万亿元增加到27.4万亿元。绿色贷款和绿色债券规模居世界前列。

（六）保持人民币汇率在合理均衡水平上的基本稳定。面对错综复杂的国际环境和金融市场变化，人民币汇率面临的双向调整压力增大。我们坚持市场在人民币汇率形成中起决定性作用，增强人民币汇率弹性，有效引导市场预期，维护外汇市场平稳运行，避免了单边过快升值和贬值，人民币汇率在国际主要币种中相对稳健。国际收支保持基本平衡，我国外汇储备保持在3万亿美元以上，与我国经济和外贸规模基本适应。人民币国际化水平不断提升，在特别提款权（SDR）货币篮子中的权重升至12.28%。在国际形势风高浪急的复杂国际环境下，保持人民币汇率在合理均衡水平上基本稳定是极为不易的。

（宋　立）

13.缓解中小微企业融资难融资贵问题有哪些新进展？

小微企业是实体经济融资的薄弱环节和金融体系长期面临的突出难题。五年来，我们把解决小微企业融资难融资贵作为改进实体经济金融服务的重中之重，久久为功，特别注重用改革的办法疏通货币政策传导机制，破解中小微企业融资难题，打通金融服务实体经济的最后一公里，补上金融服务实现量的扩大和质的提升方面最突出的短板，取得了明显的新进展。

（一）进一步完善普惠金融服务体系。过去五年，致力于进一步健全普惠金融服务体系。引导各大银行进一步完善普惠金融事业部制度，健全"五专"经营机制，即专门的综合服务、统计核算、风险管理、资源配置和考核评价机制，推动大型银行下沉重心，贴近基层，发挥好引领和示范作用。鼓励中小银行扎根当地，聚焦小微企业和"三农"领域，转变商业发展模式，创新小微企业金融服务方式。大力发展政府性融资担保体系。完善国家融资担保基金运作，发挥好引导和放大作用。推动地方政府性融资担保体系转型发展，扩大政府性融资担保对小微企业的覆盖面，降低担保费率，提高担保放大倍数。截至 2022 年末，政府性融资担保机构对小微企业贷款的直保余额达到 1.37 万亿元，同比增长 45.4%，显著高于各项担保业务余额增速，也高于小微企业贷款增速。年化综合费率 0.76%，同比下降 0.07 个百分点。五年来，中国特色的普惠金融体系进一步完善，基本金融服务覆盖面扩大，小微企业融资呈现"量增、面扩、价降"趋势。

（二）完善金融机构"敢贷能贷愿贷"长效机制。在大型商业银行层面，持续探索并完善小微企业贷款量化考核。2019 年，首次提出国有大型商业银行小微企业贷款增长 30% 以上的量化目标，经过努力当年超额完成政策目标。2020 年，根据疫情冲击下小微企业的迫切需要，考虑商业银行服务小微企业的积极性高涨的现实，提出了大型商业银行普惠型小微企业贷款增长 40% 以上的量化目标。2021 年，根据大型商业银行小微贷款增长潜力基本释放的实际情况，回到了普惠型小微企业贷款增长 30% 以上的量化目标。2022 年，提出了更有针对性的推动普惠小微贷款明显增长、信用贷款和首贷户比重继续提升的多目标定性考核要求。在小微企业信贷业务操作层面，引导商业银行进一步完善尽职免责条款，解除基层分支机构和信贷人员的后顾之忧，让他们真正敢贷、愿贷、能贷。五年来，普惠型小微企业贷款年均增长 25.1%。2022 年末，普惠小微贷款余额为 2017 年末的 3 倍；

支持小微经营主体 5652 万户，为 2017 年末的 4 倍。

（三）创新小微企业融资支持工具。2018 年，创新推出民营企业债券融资支持工具，缓解民营企业债券融资难题。2019 年，加大小微企业应收账款融资支持，创新改进小微企业征信服务。2020 年，增加普惠性再贷款再贴现额度，出台两项直达实体经济的货币政策工具。2021 年，增加支小再贷款额度。2022 年，提高普惠小微贷款支持工具激励资金支持比例。小微企业融资支持工具的创新，较好地促进和带动了商业银行小微企业融资业务发展。五年来，普惠小微贷款余额从 8.2 万亿元增加到 23.8 万亿元，占各项贷款增量比重由 7.7% 提升至 20.7%。

（四）推出直达实体经济的货币政策工具，精准支持疫情防控和企业复工复产。2020 年以来，面对突发新冠疫情的冲击，中小微企业和个体工商户面临生死存亡考验，为此，货币政策有针对性地推出了新的工具，设立 3000 亿元抗疫保供专项再贷款、5000 亿元复工复产再贷款再贴现，增加 1 万亿元普惠性再贷款再贴现，出台普惠小微企业贷款延期支持工具和普惠小微企业信用贷款支持计划两项直达性的政策工具。不少做法和工具是以前没有过的创新。特别是创设两项直达工具并及时接续转换，鼓励金融机构扩大普惠小微贷款和信用贷款，引导金融机构降低企业实际贷款利率，累计支持中小微企业 20.5 万亿元贷款延期还本付息。

（五）持续降低企业融资成本。改革原有的商业银行贷款基础利率，建立新的市场报价利率（LPR）形成机制，并通过公开市场操作，前瞻性引导贷款市场报价利率（LPR）下行，打破贷款利率隐性下限，从制度机制上为降低融资成本创造条件。推动实现金融系统向实体经济让利1.5万亿元目标。建立存款利率市场化调整机制，多措并举推动降低企业融资成本。同时，督促银行落实金融领域各项减费政策。五年来，三次下调支农支小再贷款利率共计0.75个百分点。普惠型小微企业贷款平均利率从6.39%下降到了4.3%，累计下降2.09个百分点，处于改革开放以来最低水平。

（六）加快推动涉企信用信息共享。涉企信用信息共享体系进入全面建设的快车道，制定出台了《加强信用信息共享应用促进中小微企业融资实施方案》，构建了全国一体化融资信用服务平台网络，分散在各相关部门的企业信用信息逐步实现整合共享，为推动解决小微企业融资信息不对称难题提供了有力保障。在信用信息体系的支持下，2022年末，小微企业信用贷款余额达21.1万亿元，同比增长26.3%，较全部小微企业贷款平均增速高10.2个百分点。

（宋　立）

14. 五年来是如何多措并举支持稳岗扩就业的?

五年来，紧紧围绕支持就业容量大的行业企业发展，不断增强市场吸纳就业能力，做大就业的"蓄水池"。适应就业结构变化和劳动者多样化就业选择，支持拓宽就业创业渠道，促进灵活就业和新就业形态发展，推动城镇就业规模从 4.3 亿人增加到 4.6 亿人，实现了量的稳步有效增长。

（一）**强化企业减负稳岗支持**。企业是创造岗位、增加就业的主渠道。针对近几年企业稳岗拓岗受到的巨大冲击，采取强有力的支持举措。持续降低和减轻企业社保缴费负担，在阶段性降低养老保险单位缴费比例基础上，2019 年起将地方城镇职工基本养老保险单位缴费比例高于 16% 的统一降到 16%，稳定征缴方式不变，同时下调社保缴费基数标准。2020 年对大中小型各类企业，实施养老、失业、工伤三项社保费减征或免征措施，全年共减负 1.54 万亿元。2022 年，对各类困难企业实施阶段性缓缴社保费，为企业减负超过 2000 亿元。对企业失业、工伤保险费，连续多年执行阶段性降费率政策。在稳岗拓岗政策支持方面，主要是调用失业保险基金等资金，对不裁员、少裁员的企业按一定比例返还缴纳的失业保险费，2022年将中小微企业稳岗返还比例从60%提高到90%，大型企业从30%提高到50%，全年为787万户企业返还资金497亿元；对通过培训方式稳岗的，发放留工培训补贴，共向530万户企业发放补助资金303亿元。对吸纳高校毕业生等重点群体就业的中小微企业，阶段性给予一次性吸纳就业补贴，或通过失业保险基金给予一次性扩岗补助。在减轻企业社保缴费负担同时，不断充实壮大社保基金战略储备，储备规模从五年前的1.8万亿元增加到2022年底的2.5万多亿元，确保了社保制度可持续，加强了对稳就业的支持。

（二）鼓励以创业带动就业。把创业作为拓宽就业空间、带动扩大就业的重要渠道，切实加大支持力度。从政策支持看，主要是加大创业担保贷款、一次性创业补贴和税收减免等支持力度。对重点群体自主创业的，给予最高20万元创业担保贷款，并建立信用乡村、信用园区、创业孵化示范载体推荐免担保机制。截至2022年末，创业担保贷款余额2679亿元，同比增长14%，连续几年快速增长。对符合条件的自主创业人员，按每年12000元扣减相关税费，减免有关行政事业性收费，首次创业的还可享受一次性创业补贴。从平台带动看，依托全国212家双创示范基地，深入实施创业带动就业示范行动，开展社会服务领域双创带动就业、精益创业带动就业等专项行动，仅2022年就带动就业近200万人。连续 8 年举办全国双创活动周，同步举办中国创翼、创青春、挑战杯等创新创业赛事活动，不断扩大创业带动就业成效。

（三）加大对灵活就业和新就业形态支持。近年来，灵活就业和新就业形态不断增加，成为城镇就业的重要方式。对从事个体经营、非全日制就业、零工等灵活就业和网约车驾驶员、网约配送员等新就业形态人员，给予针对性帮扶。在优化就业服务方面，鼓励市场机构开展零工服务，在公共就业服务机构开设零工服务专区，全国零工市场达 3200 多家，就业对接效率明显提高。同时建立完善新职业信息发布制度，分批发布新职业，增强灵活就业人员社会认同度。在减轻就业负担方面，开展涉企违规收费专项整治行动，减免小微企业和个体工商户房租，免除涉及灵活就业的行政事业性收费。在便利社保参保方面，放开灵活就业人员就业地参加企业职工基本养老保险的户籍限制，支持自主选择缴费方式、缴费基数。对困难人员给予社会保险补贴，2020 年和 2022 年还对灵活就业人员社保费实施缓缴，减轻缴费压力。在支持新就业形态发展方面，完善网约配送员、网约车驾驶员、网约货车司机等新就业形态劳动者权益保障制度，开展新就业形态人员职业伤害保障试点，加快补齐劳动权益保障短板。新就业形态就业人员保持稳定增长，规模超过 8000 万人。

（四）有效做好就业对接服务。坚持公共就业服务和市场化服务两手发力、不断加力。在公共就业服务方面，建立覆盖省、市、县、街道、社区的五级公共就业服务网络，设立 5300 多家公共就业服务机构，确立免费提供政策咨询、信息发布、职业指导、职业介绍等基本公共服务的制度。每年开展"10+N"就业服务专项活动，加大对高校毕业生、农民工、失业人员、残疾人等重点群体和困难群体的服务力度，每年 30% 以上的城镇新增就业是通过公共就业服务实现的。在市场化就业服务方面，大力培育和发展人力资源服务力量，组织参与政府举办的公益性招聘活动，人力资源服务机构数量达 5.4 万家，涌现出一大批人力资源产业园区，在稳就业中发挥了重要作用。同时开展人力资源市场秩序专项整顿，引导市场化机构规范经营，适当降低服务收费，高标准人力资源市场体系进一步健全。

（乔尚奎）

15. 促进重点群体就业做了哪些工作？

五年来，始终将高校毕业生、退役军人、农民工等群体就业作为就业工作的重点来抓，加大政策、资源、资金、服务倾斜力度，多措并举强化就业帮扶，以重点群体就业稳更好地服务就业总体形势稳。

（一）加大高校毕业生就业支持。近年来高校毕业生规模屡创新高，五年总量累计达 4500 多万人，帮扶就业的压力很大。一方面，加大市场化就业促进力度。针对求职人数多、岗位供给少，特别是疫情以来供需矛盾加剧的形势，组织开展"百日千万"、"千校万岗"、"国聘行动"等系列招聘活动，广泛应用直播带岗、无接触面试等新技术，充分挖掘市场就业潜力。对企业吸纳高校毕业生就业的，在贷款贴息、就业社保补贴、扩岗补助等方面给予支持。另一方面，积极拓宽政策性岗位空间。扩大研究生、专升本招生规模，2022 年达到 160 多万人。鼓励国有企事业单位拿出一定比例招聘高校毕业生，扩大毕业生参军入伍人数，特别是强化基层就业导向，在"三支一扶"、"特岗教师"、"西部志愿者计划"等基层项目中，扩大招募规模、增强吸引力。实施"城乡社区专项计划"、"村医专项计划"等，扩大基层就业渠道。近几年每年通过政策性岗位就业的毕业生保持在 300 万人以上。对未就业毕业生实施不断线服务，开展百万就业见习岗位募集计划，给予择业缓冲期，提高就业能力。对困难毕业生，持续开展"宏志助航计划"、"雨露计划＋"等就业促进行动，"一生一策"给予针对性帮扶，确保困难毕业生就业高于毕业生就业总体水平。

（二）做好退役军人安置和就业服务。把促进退役军人就业纳入稳就业工作总体部署。深化退役军人安置制度改革，创新开展转业军官"直通车"安置，健全"阳光安置"工作机制，转业军官 80% 以上安置到党政机关和参公单位。支持退役军人到民营企业就业和自主创业，对招用自主就业退役军人的民营企业，在供地保障、降低要素成本、金融和税收优惠等方面给予支持；对自主创业的退役军人，给予项目扶持、创业培训、政策资金优惠等多渠道支持，退役军人举办的各类经营主体达 496 万户，返乡入乡创业退役军人达42.6 万人，累计帮扶就业创业 226 万人次。引导退役军人转变观念，变"经济补偿"为"能力提升"，将退役军人纳入高职扩招三年行动范围、100 多万名退役士兵受益。加大教育培训力度，每年开展适应性培训、覆盖率近 90%，持续开展职业技能培训、累计达上百万人次，有效提升了退役军人就业能力。此外，支持退役军人投身乡村振兴，27.8 万名优秀退役军人充实到基层"两委",大批退役军人在疫情防控、抢险救灾中发挥重要作用。

（三）多渠道促进农民工就业。 坚持外出务工和就近就业并重，多措并举强化服务，确保农民工，特别是脱贫人口务工规模稳中有增，五年农民工总量增加 910 万人。对脱贫人口就业，加大政策支持、资金倾斜、服务优化和资源保障，强化东西部劳务协作机制，能外出的尽可能帮助外出就业，对返乡留乡的通过帮扶车间、公益性岗位等多渠道帮助就近就地就业，特别是加大对 160 个国家乡村振兴重点帮扶县和易地搬迁集中安置区的就业帮扶，脱贫人口就业规模连续多年保持在 3000 万人以上。对农民工外出就业，特别是疫情期间农民工外出受阻，通过"点对点"运输、包机、专列等方式，帮助农民工及时返岗就业。强化输入地，特别是农民工输入大省稳就业责任，为外来农民工提供均等化公共就业服务，创造更多就业机会，同时培育一批劳务品牌，提升劳务组织化程度，外出农民工稳定在 1.7 亿人左右。对本地就业农民工，针对近年来农民工返乡就业增多的实际，大力提升县域就业承载力，加大返乡创业就业政策支持，建设一批返乡创业园等服务载体，返乡入乡创业人员超过 1000 万人。抢抓扩大投资的有利时机，在重点工程建设中吸纳更多农民工就业，2022 年进一步扩大以工代赈规模，支持各地实施相关项目 2000 多个，带动 22 万人在家门口就业。

（四）加强困难群体就业帮扶。把保障困难群体就业作为重要责任，加大托底帮扶，五年累计帮助2670万失业人员、887万就业困难人员等困难群体实现就业。2022年为应对疫情等超预期因素对困难人员就业的冲击，组织开展就业援助"暖心活动"，集中为困难人员送岗位、送服务、送政策、送温暖，累计帮助援助对象78.6万人。强化失业保险保障作用，自2020年开始连续三年实施失业保险保障阶段性扩围政策，五年累计为4282万人发放失业保险待遇。加强劳动者权益保护，加大治理欠薪力度，重点做好农民工根治欠薪工作。加强新就业形态人员劳动权益保障，开展职业伤害保障试点工作。

（乔尚奎）

16.五年来如何保持物价总体平稳？

过去五年，面对前所未有的复杂严峻形势，在以习近平同志为核心的党中央坚强领导下，各地区各部门坚持稳中求进工作总基调，加强和改善宏观调控，有力应对各种风险挑战，保持了经济社会大局稳定。在全球高通胀背景下，我国物价总体保持平稳。

（一）统筹运用财政货币等政策，为稳物价创造环境条件。一是合理控制赤字规模，着力优化支出结构。保持必要的财政支出强度，没有持续大幅增加赤字规模，在有效支持经济大局稳定和高质量发展的同时，更加注重财政政策精准、可持续。五年来，总体赤字率控制在3%以内，政府负债率控制在50%左右。优化地方政府专项债券额度分配和投向领域，支持了一大批交通、能源、生态环保、保障性安居工程、新型基础设施等项目建设。五年来，中央对地方转移支付的规模年均增长8.4%，并且扩大直达范围，着力保障基层"三保"支出。2020年以来各地累计发放物价补贴约375亿元，缓解结构性物价上涨对基本民生的影响。二是实施稳健的货币政策，稳增长、控通胀。保持流动性合理充裕，加

71

大对实体经济的有效支持，把好货币供给总闸门，坚决不搞"大水漫灌"，没有超发货币，保持宏观杠杆率基本稳定。聚焦供给侧结构性的堵点难点，设计并用好支农支小再贷款、普惠小微贷款支持工具、碳减排支持工具、支持煤炭清洁高效利用专项再贷款等结构性工具，创设科技创新、普惠养老、交通物流、设备更新改造四项专项再贷款。深化利率市场化改革，引导贷款市场报价利率（LPR）下降，2022年新发放企业贷款加权平均利率创历史新低。

（二）粮食能源安全供应，为稳物价夯实物质基础。一是以粮食和生猪为重点，稳定重要民生商品价格。我国粮食总产量连续8年稳定在1.3万亿斤以上，确保谷物基本自给、口粮绝对安全。坚持藏粮于地，加强耕地保护，严守18亿亩耕地红线，新建高标准农田4.56亿亩。注重藏粮于技，实施种业振兴行动，粮食作物良种基本实现全覆盖，良种在农业增产中的贡献率超过45%，农作物耕种收综合机械化率提高到73%。发展适度规模经营，健全专业服务体系。稳定种粮农民补贴，合理确定稻谷、小麦最低收购价，健全政策性农业保险制度，稳定种粮收益预期，调动农民种粮积极性。健全主产区利益补偿机制，加大对产粮大县奖励力度。2022年中央财政分三批累计下达补贴资金400亿元，缓解农资价格上涨带来的种粮增支影响。落实"菜篮子"市长负责制，保障猪肉、蔬菜供应充裕、价格平稳。二是以煤炭为"锚"，稳定能源电力价格。各类发电装机总量达到 25.6 亿千瓦，电力供给保障能力稳步提升，电价长期稳定在相对较低水平。据国家电网和国家发展改革委能源研究所测算，我国工业、居民电价分别为经合组织（OECD）国家的 70% 和 40%，居民电价仅为美法英日德等国的 63%、38%、35%、32% 和 24%。大力发展可再生能源，风电光伏逐步成为新增装机和发电量的主体，发电成本持续下降。立足以煤为主的基本国情，发挥煤炭主体能源作用，综合运用专项再贷款等工具推进煤炭清洁高效利用，落实煤电长协机制，推动发电供热用煤中长期合同实现全覆盖，强化合同履约监管和运力保障，促进煤炭价格回归合理区间。提升能源勘探、开发、储备能力和进口稳定性，原油产量重回 2 亿吨，天然气产量约 2200 亿立方米、连续几年增产超百亿立方米，全国储气能力超过 320 亿立方米。

（三）保通保畅、加强监管，为稳物价优化市场环境。一是交通物流保通保畅，降低流通环节成本。特别是在疫情期间，加强交通网络运行监测，优化防疫通行管控措施，保障港口、货站等正常运转和主干道、微循环畅通，加强重点区域协同联动，保障重点物资运输通行，畅通"最后一米"配送通道，确保民生商品量足价稳。落实减税降费等纾困政策，用好 1000 亿元交通物流专项再贷款，加大定向融资支持力度，帮助货运企业和司机等降低融资与经营成本。二是加强市场监管，维护正常价格秩序。健全价格监测预警机制，聚焦粮食、生猪、煤炭、电力、成品油等重点品种，建立健全"托底"、"限高"、"价格上下限"等多种形式的调控机制，稳定市场预期，引导价格在合理区间运行。加强监管执法，维护公平竞争市场秩序。依法查处一批垄断协议、滥用市场支配地位案件。针对防疫用品、铁矿石等市场价格异常波动，依法严厉打击虚假宣传、囤积居奇、哄抬价格、恶意炒作等违法违规行为，维护正常价格秩序。

（汪先锋）

17. 在能源保供稳价方面采取了哪些措施?

能源是经济社会稳定运行的重要基础。近年来，全球能源安全问题突出，国际市场出现大幅波动。我国作为能源消费和进口大国，着力推动能源增产上储、保供稳价，在国际能源价格大幅上涨情况下，稳步提升国内能源保障能力，成为我国整体物价稳定的"压舱石"。

（一）保持电价长期稳定。我国各类发电装机总量达到25.6亿千瓦，电力供给能力稳步提升，有力保障居民基本生活和生产经营用电需求。与世界主要国家和地区相比，我国的电价尤其是居民生活用电价格处于较低水平。据国家电网和国家发展改革委能源研究所测算，我国工业、居民电价分别相当于经合组织（OECD）国家的70%和40%，居民电价仅为美国的63%、法国的38%、英国的35%、日本的32%和德国的24%。我国加快发展可再生能源，开发建设成本不断下降，装机规模全球领先。因地制宜推进分布式光伏、海上风电开发建设，推进以沙漠、戈壁、荒漠地区为重点的大型风电光伏基地建设。风电、光伏发电全面进入平价无补贴、市场化发展的新阶段，逐步成为我国新增装机和发电量的主体，2022 年分别占全国新增装机的 78% 和新增发电量的 55% 以上。2022 年我国可再生能源装机容量达到 12.1 亿千瓦，首次超过煤电装机总量，助力电力保供稳价作用日益提升。

（二）发挥煤炭主体能源作用，落实煤电长协机制。立足以煤为主的国情，统筹推进煤炭清洁高效利用，切实发挥煤炭的兜底保障作用，确保国家能源电力安全保供。坚持远近结合、先立后破，促进煤电和可再生能源协同发展，科学有序推动能源绿色低碳转型。优化调整煤炭结构，积极发展先进产能，淘汰落后产能，增强煤炭供给弹性，在确保安全的前提下推动煤炭稳产增产。2022 年供暖季，全国煤炭日产量稳定在 1200 万吨以上，全国统调电厂存煤保持在 1.7 亿吨左右高位，可用天数达 22 天，有力支撑全国能源电力保供稳价。同时，完善煤炭市场价格形成机制，推动发电供热用煤中长期合同实现全覆盖，强化合同履约监管和运力保障，促进煤炭价格回归合理区间。深化煤电上网电价市场化改革，优化调整煤电上网电价区间范围，合理疏导上下游成本，支持煤矿稳定生产、煤电平稳出力。适时收储投放平抑市场波动，防止煤价大起大落。

（三）提升能源勘探、开发、储备能力和进口稳定性。油气产量超额完成"七年行动计划"阶段性目标，原油产量重回 2 亿吨，天然气产量约 2200 亿立方米、连续几年增产超百亿立方米，对天然气进口需求稳中有降。持续加强能源储备能力建设，政府可调度煤炭储备达 5000 万吨，全国储气能力超过 320 亿立方米。重大能源工程建设稳步推进，白鹤滩水电站全部机组投产发电，"西电东送"工程战略大动脉白鹤滩至江苏 ±800 千伏特高压直流输电工程竣工投产，中俄东线天然气管道工程泰安—泰兴段建成投用。多措并举稳定煤炭、天然气等进口，有效补充国内供应，通过长协锁定进口资源，防范价格大幅度波动风险。强化中央油气企业保供稳价主力军作用，积极实行国产、进口长协、少量进口现货的资源池综合定价，保持价格区间总体稳定。

（四）完善配套政策，为能源保供稳价提供支撑。加大财政、税收、金融等支持力度，综合运用可再生能源财政补贴、支持煤炭清洁高效利用专项再贷款、能源保供特别债等工具，支持能源企业提升保供能力。推动国有资本运营公司和发电企业发行 2000 亿元能源保供特别债，保障基层电厂购煤资金需求。设立 2000 亿元专项再贷款支持煤炭清洁高效利用，并增加 1000 亿元专项再贷款额度，支持煤炭开发使用和增强煤炭储备能力。健全煤炭、天然气、电力多能互补的综合应急调度机制，提高能源顶峰保障能力。提升火电机组出力水平，优化水电调度，推动核电、风电、光伏发电多发满发。完善重点时段、重点地区电力负荷管理预案和天然气"压非保民"预案，落实好顶峰发电用气用煤资源，加强能源保供个案监测和快速协调处置。居民用电严格执行政府定价，管道气覆盖范围内的居民用气执行门站价格政策，坚决守好民生用能底线。

（汪先锋）

18. 为如期打赢脱贫攻坚战采取了哪些有力举措?

党的十九大将精准脱贫作为全面建成小康社会决胜期必须坚决打好的三大攻坚战之一进行总体部署。习近平总书记亲自指挥部署、挂帅出征,以钉钉子精神一抓到底。继 2018 年 2 月在四川成都召开打好精准脱贫攻坚战座谈会、2019 年 4 月在重庆召开解决"两不愁三保障"突出问题座谈会后,习近平总书记在 2020 年 3 月新冠疫情防控关键时刻,亲自出席决战决胜脱贫攻坚座谈会,发出总攻动员令,要求确保如期完成目标任务。各地区各部门闻令而动、尽锐出战,按照党中央决策部署,锚定目标标准,坚持精准方略,全面抓好脱贫攻坚各项机制、政策和工作落实,同时聚焦决战决胜期面临的突出矛盾问题,采取一系列针对性、实效性强的有力举措,如期高质量打赢脱贫攻坚战。

(一)聚焦深度贫困地区,挂牌督战攻克最后堡垒。随着脱贫攻坚向纵深推进,剩余贫困人口大多集中在基础条件薄弱、发展明显滞后的深度贫困地区,如 2017 年底"三区三州"贫困发生率高达 14.6%,如期脱贫摘帽难度相当大。脱贫攻坚本来就是一场硬仗,而深度贫困地区脱贫攻坚是这场硬仗中的硬仗，必须强化政策支持，集中优势兵力攻坚。中央统筹加强对"三区三州"等深度贫困地区资金、项目、政策的倾斜支持。中央财政专项扶贫资金2018—2020年新增资金主要用于支持深度贫困地区脱贫攻坚，金融部门针对"三区三州"制定差异化信贷支持政策。相关部门加大易地扶贫搬迁实施力度，推进深度贫困地区交通、水利、电力、互联网等基础设施建设，提高教育、医疗等基本公共服务水平。相关省区抓好深度贫困地区攻坚方案具体实施，坚持把新增资金、新增项目、新增举措主要用于深度贫困地区，不断加快攻坚步伐。在2020年，组织开展对剩余52个未摘帽贫困县和贫困人口多、脱贫难度大的1113个贫困村挂牌督战，逐级压实责任，层层传递动力，推动帮扶资源和力量倾斜聚焦，确保逐一对账销号、全面完成脱贫任务。

（二）瞄准突出问题和薄弱环节，集中力量补脱贫短板。脱贫攻坚"入之愈深，其进愈难"，决战决胜阶段帮扶工作啃的都是硬骨头，一些直接影响目标任务实现的短板弱项亟须补齐。各地区各部门坚持问题导向，组织开展"回头看"，全面排查梳理问题，深入实施产业、就业、生态、教育、健康、社会保障等帮扶，把短板补得再扎实一些，把基础打得再牢靠一些，确保工作不留盲区死角。易地扶贫搬迁的工作重心从安置区建设转到搬迁人口后续扶持。各地区针对不同安置方式和安置地区类型面临的突出问题，加大后续扶持力度，扎实做好乡村产业培育、县域经济发展、就业帮扶、社会融入等各项工作，在解决贫困人口"搬得出"基础上进一步做到"稳得住、能脱贫"。稳定实现"两不愁三保障"和饮水安全，是贫困人口脱贫的基本要求和标志性指标，直接关系攻坚战质量。中央有关部门组织实施"三保障"和饮水安全专项行动，全面摸清底数，聚焦重点难点加大指导支持力度。各地区扛起主体责任，优化政策举措，对问题一项一项实施挂图作战、对账销号，全面完成整改任务。

（三）统筹推进疫情防控和脱贫攻坚，有力克服疫情灾情影响。收官之年突如其来的新冠疫情和洪涝灾害，增加了如期实现脱贫攻坚目标任务的难度。疫情冲击通过各种途径传导到贫困劳动力就业和扶贫产业发展上，影响贫困群众增收和稳定脱贫；南方洪涝灾害重于常年，一些贫困县受灾严重，造成部分群众致贫返贫。各地区各部门以决战决胜的昂扬斗志，统筹抓好脱贫攻坚和疫情防控，着力应对疫情灾情带来的挑战。支持受灾贫困地区加快恢复生产生活秩序，抓紧修复水毁水利、农业生产设施，组织群众及时补种改种，帮助受灾扶贫企业、扶贫车间加快复工复产，强化受灾贫困群众生活保障，最大限度降低灾害对脱贫攻坚的影响。加大贫困劳动力就业帮扶力度，通过点对点服务保障、优先稳岗帮扶等，实现贫困劳动力外出务工规模不减反增，将返乡贫困劳动力全面纳入监测帮扶、促进就近就业。着力解决好扶贫产品滞销卖难问题，加强产销衔接拓宽销售渠道，开展消费扶贫行动，有效防止收官之年贫困地区出现农产品大规模滞销问题。

经过全党全社会众志成城、攻坚克难，2018 年至 2020 年全国农村贫困人口累计减少 3046 万人，年均减贫超过 1000 万人。到 2020 年底，现行标准下 9899 万农村贫困人口全部脱贫，832 个贫困县全部摘帽，12.8 万个贫困村全部出列，区域性整体贫困得到解决。如期全面打赢脱贫攻坚战，历史性解决了困扰中华民族几千年的绝对贫困问题，兑现了让贫困人口和贫困地区同全国一道进入全面小康社会的庄严承诺，彰显了中国共产党领导和中国特色社会主义制度的显著优势，完成了一项对中华民族、对全人类都具有重大意义的伟业。

（贺达水）

19.巩固拓展脱贫攻坚成果取得哪些新成效？

打赢脱贫攻坚战后，脱贫地区巩固脱贫成果、接续推进发展的任务依然艰巨。习近平总书记强调，"脱贫摘帽不是终点，而是新生活、新奋斗的起点"，并明确要求"做好巩固拓展脱贫攻坚成果同乡村振兴有效衔接各项工作，让脱贫基础更加稳固、成效更可持续"。各地区各部门深入学习贯彻习近平总书记重要指示精神，落实党中央决策部署，努力克服疫情灾情等不利影响，持续响鼓重槌抓紧抓好巩固拓展脱贫攻坚成果工作，推动脱贫地区持续发展和群众生活不断改善。

（一）严格落实"四个不摘"要求，实现工作体系平稳有序衔接过渡。适应工作重心从集中支持脱贫攻坚向全面推进乡村振兴的转移，推动制度机制、政策举措、机构队伍等整个工作体系平稳衔接过渡，确保工作不留空当、政策不留空白。对脱贫地区从脱贫之日起设立五年过渡期，严格落实摘帽不摘责任、不摘政策、不摘帮扶、不摘监管这"四个不摘"。扎实推进政策有效衔接，保持过渡期内主要帮扶政策总体稳定，立足实际对部分帮扶政策进行优化完善，把握调整的节奏、力度和时限，不断强化巩固拓展脱贫攻坚成果的支撑保障。稳妥推进机构队伍有效衔接，强化统筹协调，确保思想不乱、工作不断、队伍不散、干劲不减。

（二）有力执行监测帮扶机制，防止返贫的"制度堤坝"持续筑牢。建立健全事前预防、事中帮扶、事后保障的一整套机制，从根本上防范化解返贫致贫风险。对易返贫致贫和突发严重困难农户等重点监测对象开展定期检查、动态管理，确保有效预防、及时发现、快速响应。强化帮扶救助，对有劳动能力的，及时开展产业、就业等帮扶；对没有劳动能力的，落实好兜底保障，确保基本生活不出问题。截至2022年底，全国累计识别纳入的监测对象中，65.3%已消除返贫风险，其余均落实了帮扶措施，"三保障"和饮水安全水平持续巩固提升，没有出现整村整乡规模性返贫现象。

（三）聚焦重点区域关键领域倾斜支持，稳定脱贫的基础进一步夯实。原深度贫困县大多生态脆弱、产业薄弱、发展滞后，靠自身力量守住脱贫成果不太托底，必须扶上马再送一程。在西部地区原深度贫困县中，确定160个国家乡村振兴重点帮扶县，从财政、金融、土地、人才、基础设施、公共服务等方面予以集中支持，加快补齐发展短板。3.5万个易地搬迁集中安置区是巩固搬迁脱贫成果的重点和难点所在。聚力做好后续扶持"下半篇文章"，突出抓好搬迁人口就业帮扶专项行动，持续加大安置区产业培育力度，完善配套设施和公共服务，提升社区治理水平，推动搬迁人口稳得住、能融入。

（四）强化产业就业帮扶，助力脱贫人口收入持续较快增长。发展产业是巩固拓展脱贫攻坚成果的治本之策。实施脱贫地区特色产业提升行动，中央财政衔接推进乡村振兴补助资金55%以上用于支持帮扶产业发展，小额信贷支持200多万脱贫户发展生产。健全完善帮扶项目联农带农机制，落实对帮扶企业纾困解难措施，强化消费帮扶，促进帮扶产业持续发挥作用。就业是巩固脱贫攻坚成果的基本措施。多措并举应对疫情对就业的影响，充分发挥东西部劳务协作机制稳岗拓岗作用，支持帮扶车间发展，管好用好公益性岗位，加大以工代赈力度，强化返乡回流人员就业帮扶。2022年脱贫劳动力务工就业规模达到3277.9万人，比上年增加132.9万人，连续两年稳定在3000万人以上。在产业就业的带动下，脱贫地区和脱贫人口收入较快增长。2022年脱贫地区农民人均可支配收入达到15111元，增长7.5%，持续高于全国农民人均可支配收入增速。

（五）培育壮大县域产业，脱贫地区自我发展能力进一步增强。立足资源禀赋，因地制宜发展特色优势产业，促进脱贫县强身健体。培育壮大特色鲜明、带动力强的主导产业，向一二三产业融合发展要效益，强龙头、补链条、兴业态、树品牌，增强市场竞争力和可持续发展能力，为脱贫县长远发展注入强劲动能。打造富民强县新产业，推动脱贫地区与发达地区深化经济交流合作，承接产业转移、促进项目落地，将脱贫地区的劳动力、土地等要素优势同发达地区的资金、技术、市场等资源有机结合，助力脱贫县增强发展后劲、拓宽发展新空间。

（六）凝聚多方资源力量，社会帮扶工作格局更加稳固。 深入推进东西部协作，组织协作省份签署并落实年度协作协议指标任务，东部 8 省（市）加大对西部 10 省（区、市）的财政援助资金投入力度，选派用好医疗、教育"组团式"帮扶干部人才和科技特派员。扎实推进中央单位定点帮扶，积极帮助定点帮扶县引进资金、培训人才、销售农产品等。有力推进驻村帮扶，驻村工作队在统筹做好疫情防控和助推乡村振兴等方面发挥了积极作用。广泛动员社会力量参与帮扶，深化"万企兴万村"行动，引导更多民营企业到脱贫乡村投资兴业，形成了推动脱贫地区持续发展振兴的强大合力。

（贺达水）

20. 国有企业改革取得哪些新进展？

国有企业是中国特色社会主义的重要物质基础和政治基础，是党执政兴国的重要支柱和依靠力量。习近平总书记对国有企业改革高度重视，多次作出重要指示批示，特别是2020年亲自主持召开会议审议通过《国企改革三年行动方案（2020—2022年）》，进一步发出了深化国有企业改革的动员令。各地区、各有关部门和广大国有企业坚持以习近平新时代中国特色社会主义思想为指导，坚决贯彻党中央、国务院部署，以深入实施国企改革三年行动为抓手，不断把国有企业改革推向纵深并取得丰硕成果。

（一）中国特色现代企业制度更加成熟定型。全面落实"两个一以贯之"要求，坚持在完善公司治理中加强党的领导，中央企业和地方企业集团公司及其重要子企业全面制定并落实党委（党组）前置研究讨论重大经营管理事项清单，党委（党组）把方向、管大局、保落实的领导作用进一步制度化、规范化、程序化，国有企业党的领导、党的建设得到根本性加强。全国各层级3.8万户国有企业实现董事会应建尽建，实现外部董事占多数的比例达99.9%，董事会运行更加规范高效，发挥了定战略、做决策、防风险作用。中央企业子企业和地方国有企业建立董事会向经理层授权管理制度的户数占比均超过97%，有效保障经理层谋经营、抓落实、强管理。各治理主体权责边界更加清晰，权责法定、权责透明、协调运转、有效制衡的治理机制加快形成。

（二）国有经济布局优化和结构调整扎实推进。 先后完成中化集团与中国化工等4组7家中央企业战略性重组，新组建和接收中国星网等8家中央企业，中央企业涉及国家安全、国民经济命脉和国计民生领域营业收入占比超70%，国有经济战略支撑作用更加凸显。深入实施产业基础再造工程，大力发展战略性新兴产业，中央企业在新能源、新材料、5G应用等战略性新兴领域的投资额近五年年均增速超过20%。"两非"、"两资"清退任务基本完成，中央企业从事主业的子企业户数占比达93%，推进瘦身健体、突出主责主业成效显著。剥离国有企业办社会职能和解决历史遗留问题全面扫尾，全国国有企业"三供一业"和市政社区分离移交、医疗教育机构深化改革、厂办大集体改革和退休人员社会化管理完成比例均达到99.6%以上，历史性解决了长期以来社企不分的难题。

（三）科技创新体制机制更加健全完善。 坚持"能给尽给、应给尽给"，加大政策支持力度，实施年度考核加分、研发费用视同利润加回、工资总额单列等一揽子政策，推动国有科技型企业开展"科改示范行动"，累计在 497 户中央科技型企业实施股权和分红激励，遴选首批 29 户"重点支持类"原创技术策源地企业先行先试。国有企业科技实力明显增强，一批关键核心技术攻关取得重大突破，取得了载人航天、探月工程、北斗导航、国产航母、5G 应用等一系列具有世界先进水平的科技成果，建成了港珠澳大桥、白鹤滩水电站、"深海一号"大气田等一批标志性重大工程，彰显了国有企业科技创新主力军地位，为推动高水平科技自立自强提供了重要支撑。

（四）灵活高效的市场化机制取得突破性进展。国有企业公司制改制全面完成，历史性地全面依法建立了公司法人治理结构。推动三项制度改革大范围深层次破冰，99.6% 的中央企业和地方各级子企业开展经理层成员任期制和契约化管理，覆盖全国超 8 万户企业、22 万人；市场化用工制度加快实施，中央企业和地方国有企业新进员工公开招聘比例均超过 99.9%，管理人员竞争上岗、末等调整和不胜任退出等制度深入推进；市场化薪酬分配机制持续优化，国有企业工资决定机制改革深入推进，灵活运用股权、分红、跟投等多种中长期激励工具，具备条件的中央企业和地方国有企业子企业中已开展中长期激励的比例分别达到 94%、88.8%。坚持"三因三宜三不"，积极稳妥推进混合所有制改革，累计实施混改项目超过 5000 个，深度转换混合所有制企业经营机制，70% 的混合所有制企业中有外部投资者派出的董事参与公司治理，85.7% 的重要领域混改试点企业营业收入实现增长，有效带动了各类所有制资本共同发展。深入开展"双百行动"、"区域性综改试验"、"深化东北地区国资国企改革"等专项工程，涌现出一批改革样板、先进典型和创新标兵。

（五）国资监管体制实现系统性重塑。着力健全管资本为主的国有资产监管体制，强化各级国资委履行国有企业出资人职责、专司国有资产监管职责和负责国有企业党的建设"三位一体"职能配置，动态完善监管权力和责任清单。突出发挥专业化、体系化、法治化监管优势特长，建立健全高质量发展目标管理体系，不断改进优化监管方式，国资监管效能和防风险能力有效提升，守住了不发生系统性风险底线。国资监管大格局加快构建，建立中央、省、市三级国资监管机构联动工作机制，省级经营性国有资产集中统一监管比例提升至 99%。

国企改革的持续深化，直接体现在国有企业生产经营总体保持稳中向好态势。2022 年，全国国有企业营业收入、利润总额、上交税费分别达到 82.6 万亿元、4.3 万亿元、5.9 万亿元，较 2017 年分别增长 58.2%、48.3%、40.5%。在世界变局深入演进、世纪疫情严重冲击等复杂严峻形势下，国有企业取得的重大成就、发生的重大变革，为构建新发展格局、推动高质量发展、应对重大风险挑战等提供了有力支撑。

（李攀辉）

21. 促进民营经济健康发展方面采取了哪些举措?

民营经济等非公有制经济是改革开放以来在党的方针政策指引下发展壮大起来的。习近平总书记强调,非公有制经济在我国经济社会发展中的地位和作用没有变,我们毫不动摇鼓励、支持、引导非公有制经济发展的方针政策没有变,我们致力于为非公有制经济发展营造良好环境和提供更多机会的方针政策没有变;我国基本经济制度写入了宪法、党章,这是不会变的,也是不能变的;我们始终把民营企业和民营企业家当作自己人,在民营企业遇到困难的时候给予支持,在民营企业遇到困惑的时候给予指导。近年来,有关部门和单位认真落实党中央决策部署,推出了一系列举措,支持民营企业改革发展。

(一)公平竞争的市场环境不断完善。全面实施市场准入负面清单制度,持续压减清单事项,民营企业市场准入门槛进一步降低。电力、电信、铁路、石油、天然气等重点行业和领域竞争性业务放开取得进展。民营企业首次获得原油非国营贸易进口资格、成品油非国营出口资质,首条民营资本控股的高铁通车。允许电网企业之外的企业组建售电企业参与竞争性售电业务。公平竞争审查制度全面建立,开展妨碍统一市场和公平竞争的政策措施清理工作,营造各类所有制、大中小企业协同发展的良好格局。开展招投标领域营商环境专项整治,纠正一批排斥或限制民营企业投标等违法违规行为。在重点行业推出混合所有制改革试点,拓展民营企业发展空间。

(二)平等保护的法治环境不断健全。涉民营经济立法取得积极进展,颁布实施《中华人民共和国民法典》,强化对民营企业的平等保护。推进营商环境专门立法,颁布实施优化营商环境第一部综合性行政法规《优化营商环境条例》。强化中小企业、民营企业权益保护,修订《中华人民共和国中小企业促进法》,增加"权益保护"专章;出台《保障中小企业款项支付条例》,建立解决拖欠中小企业款项长效机制。完善行政执法体制,整合执法职能,统一执法力量。出台产权司法保护重要措施,发布保护产权和企业家合法权益典型案例。甄别纠正涉产权冤错案件,开展涉政府产权治理专项行动,开展涉民企刑事案件"挂案"清理,推进涉案企业合规改革,维护企业正常生产经营和合法权益。开展涉企法治宣传,助力民营企业维护自身合法权益。推进涉企纠纷多元化解,推动依托各类商会设立商会人民调解组织。健全法律维权服务网络,各地工商联成立法律维权服务中心,与公检法司机关建立联系沟通机制。

（三）**精准有效的政策环境不断优化**。民营企业融资环境有效改善。推进构建金融有效支持实体经济的体制机制，专注于服务民营企业、中小企业的金融机构不断壮大。推动商业银行建立"敢贷、愿贷、能贷"机制，完善普惠金融专营机制，推动小微企业信用信息共享共用，融资覆盖面明显提升，普惠小微授信户数约占全部市场主体的1/3。通过深化利率市场化改革，不断降低小微企业融资成本。健全多层次资本市场，推出新三板、科创板，设立北交所，上市企业中超9成是民营企业。加大助企纾困政策力度，围绕企业需求实行规模性减税退税降费。针对疫情影响，出台阶段性减免企业养老、失业、工伤保险费政策和阶段性减免职工医保费政策。针对物流、餐饮等受疫情影响较大的困难行业，有针对性地加大帮扶力度。鼓励各地积极安排资金，对困难企业和个体工商户的房屋租金、水电费、防疫支出等提供一定补助。开展清理拖欠企业账款专项行动。支持民营企业加强创新，承担国家重大科技项目，向民营企业开放国家重大科研基础设施和大型科研仪器，鼓励民营企业建立高水平研发机构。推动畅通科技创新人才向民营企业流动渠道，完善民营企业职称评定政策，开展赋予科研人员职务科技成果所有权或长期使用权试点，调动科研人员积极性。

在改革发展政策支持下，民营经济对经济社会发展、就业、财政税收、科技创新等发挥了重要作用。民营经济具有"五六七八九"的特征，即贡献了 50% 以上的税收，60% 左右的国内生产总值，70% 以上的技术创新成果，80% 以上的城镇劳动就业，90% 以上的企业数量。在全面建设社会主义现代化国家新征程中，民营经济只能壮大、不能弱化，不仅不能"离场"，而且要走向更加广阔的舞台。

（包益红）

22. 过去五年财税体制改革取得哪些新进展？

五年来，我国纵深推进财税体制改革，不断提升财税治理效能，扎实推动财税体制走向系统集成、协同高效，基本确立现代财政制度框架。《政府工作报告》对财税体制改革的新进展进行了简要概述，重点强调了深化预算管理体制改革，加大预算公开力度，推进中央与地方财政事权和支出责任划分改革，完善地方政府债务管理体系，构建综合与分类相结合的个人所得税制等改革工作。

（一）预算制度改革取得新成效。习近平总书记强调，要建立全面规范透明、标准科学、约束有力的预算制度，全面实施绩效管理。五年来，我国持续完善现代预算管理制度，修订预算法和预算法实施条例，在挖掘潜力、规范管理、提高效率、释放活力上下功夫。

一是统筹使用各类财政资源。提高预算管理的完整性，健全一般公共预算与政府性基金预算、国有资本经营预算、社会保险基金预算的统筹衔接机制，将依托行政权力、国有资源（资产）、特许经营权等获取的各项收入按规定全面纳入预算管理，建立跨年度预算平衡机制。比如，过去几年，为实施助企纾困政策、应对经济下行压力，安排特定国有金融机构和专营机构依法上缴近年结存利润，就是统筹财政资源、跨年度调节资金的重要手段。

二是推进财政支出标准化。不断健全基本公共服务保障制度和标准，切实加强普惠性、基础性、兜底性民生建设。着力完善基本支出标准，加快项目支出标准建设。为保障减税降费等优惠政策落地见效，防止资金截留或沉淀，建立健全常态化中央财政资金直达机制，让资金"一竿子插到底"直达市县基层、直接惠企利民。

三是全面实施预算绩效管理。将绩效理念和方法融入预算编制、执行、监督全过程，构建事前、事中、事后绩效管理闭环系统，健全预算项目全生命周期管理。严格预算控制、核算、决算，完整反映预算资金流向。强化绩效管理激励约束，完善绩效评价结果与预算安排、政策调整挂钩的机制。

四是加大预算公开力度。持续完善预算公开范围、内容和方式，提升公开信息的及时性、完整性、规范性和可获得性。截至 2022 年，共有 102 个中央部门（单位）公开预算。同时，加大绩效管理信息公开力度，提高财政资源配置效率和资金使用效益，向人民群众交出政府花钱的"明白账"和"成绩单"。

（二）财政体制改革取得新成果。 围绕建立权责清晰、财力协调、区域均衡的中央和地方财政关系，推动形成稳定的各级政府事权、支出责任和财力相适应的制度，更好发挥中央和地方两个积极性。

一是进一步明确中央和地方政府财政事权与支出责任。稳步推进分领域中央与地方财政事权和支出责任划分改革，合理确定中央和地方共同财政事权。进一步推进中央与地方收入关系改革，明确保持增值税"五五分享"比例稳定，调整完善增值税留抵退税分担机制。

二是持续深化中央对地方转移支付制度改革。合理安排共同财政事权转移支付，建立健全差异化补助政策，推进地区间基本公共服务水平更加均衡。逐步增加一般性转移支付规模，向财力薄弱地区倾斜，促进区域间基本财力均衡配置。规范专项转移支付管理，保障党中央、国务院重大决策部署落实。严格转移支付项目设立程序，健全定期评估和退出机制。

三是推动省以下财政体制改革迈出实质性步伐。推进省以下财政事权和支出责任划分改革，适度加强省级在维护本地经济社会协调发展、防范化解债务风险等方面的责任。督促省级政府切实担负起保基本民生、保工资、保运转"三保"主体责任，推动财力向困难地区和基层倾斜，逐步建立基层"三保"长效保障机制。

四是进一步强化地方政府债务管理。健全政府举债融资机制，既发挥政府债务融资在扩大有效投资等方面的积极作用，又坚决防范化解风险，促进财政可持续。加强地方政府法定债务管理，指导地方加强专项债券项目储备，做好发行和使用工作，强化资金投后管理。抓好防范化解地方政府隐性债务风险工作。

（三）**税收制度改革取得新进展。**建立健全有利于高质量发展、社会公平、市场统一的税收制度体系，优化税制结构，同时提高税收征管效能。

一是不断完善现代税收体系。严格落实税收法定原则，推动烟叶税、耕地占用税、车辆购置税、资源税、城市维护建设税、契税、印花税等7个税种完成立法，现行18个税种中已有12个完成立法。构建综合与分类相结合的个人所得税制度。逐步建立起以环保税、资源税、耕地占用税"多税共治"、以系统性税收优惠政策"多策组合"的绿色税收框架体系。

二是深化税收征管体制改革。完成国税、地税合并，社保费和非税收入征收职责稳步划转，初步构建高效统一的税收征管体系。建成自然人税收征管信息系统，推出全国规范统一的电子税务局，税制改革配套信息系统日益完善。全面推进税收征管数字化升级和智能化改造，加快推进金税四期建设，建成全国统一的电子发票服务平台，开启全面数字化电子发票的实际应用。

三是持续优化税收领域营商环境。深化行政审批制度改革，目前税务行政许可事项压缩至仅剩 1 项，简化企业跨省迁移涉税程序。持续压减出口退税时长，正常出口退税平均办理时间压缩至 6 个工作日内。持续开展"便民办税春风行动"，大力推进"非接触式"办税缴费，为纳税人和缴费人提供更加便利优质服务。

（杜庆彬）

23. 过去五年金融体制改革取得哪些新成效？

五年来，金融供给侧结构性改革不断深化，金融供给与需求的适配性不断增强，金融服务经济社会发展能力稳步提升。《政府工作报告》对金融体制改革的新成效进行了简要概述，重点强调了推动金融监管体制改革，统筹推进中小银行补充资本和改革化险，推进股票发行注册制改革，完善资本市场基础制度，加强金融稳定法治建设等改革工作。

（一）推进现代中央银行制度建设。完善货币政策调控框架，建立健全宏观审慎管理体系，以货币政策和宏观审慎政策为"双支柱"的调控框架初步建立。稳步推进利率市场化改革，优化央行政策利率体系，发挥存款利率市场化调整机制的重要作用，发挥贷款市场报价利率（LPR）改革效能和指导作用，推动降低企业融资和个人消费信贷成本。稳妥有序推进人民币汇率市场化形成机制改革，完善人民币汇率中间价形成机制，增强人民币汇率弹性，保持人民币汇率在合理均衡水平上的基本稳定。

（二）加快金融机构转型发展。中国特色现代金融企业制度不断完善，金融机构内部治理逐步健全，推动党的领导与公司治理有机融合。完成健全银行业保险业公司治理三年行动，出台公司治理准则，发布董事监事履职评价办法，印发绩效薪酬追索扣回指导意见。初步形成多层次、广覆盖、有差异的银行业体系结构。改革国有大型商业银行激励机制，下沉服务重心，加快战略转型。推进开发性、政策性金融机构分类分账改革。"一省一策"深化农信社改革，着力解决省联社政企不分、有权无责等问题。推动金融资产管理公司更加聚焦主业，关闭清理一批非金融子公司。

（三）**加强和完善现代金融监管。**强化监管统筹协调，补齐具有系统重要性的金融机构、金融控股公司、金融基础设施等监管制度短板。建立完善覆盖房地产、债券市场和外汇等重点领域的宏观审慎管理框架。建立系统重要性金融机构识别、监管和处置机制，健全问题金融机构市场化处置和退出机制。完善存款保险制度，设立存款保险公司。设立金融稳定保障基金，健全金融风险处置机制。完成互联网金融风险专项整治，推进平台企业整改、实施常态化监管，引导资本规范有序健康发展。

（四）**推动金融领域改革化险。**积极稳妥推进城商行改革重组，风险突出的城商行数量大幅减少。发行地方政府专项债补充中小银行资本。通过清产核资、清收欠款、追责问责等方式，稳妥处置数百家高风险中小银行。采取市场化重组、破产重整、破产清算和贴身监管等方式，对高风险信托机构"精准拆弹"。统一资产管理业务监管规则,整治违规同业业务、违规加杠杆、违规表外业务和违规套利等金融乱象,影子银行规模大幅压降。严厉打击"无照驾驶"、非法集资等非法金融活动,清理整顿地方交易场所,防范处置私募基金风险。

(五)完善资本市场基础制度。全面实行股票发行注册制。建立以信息披露为核心、全流程公开透明的发行上市制度,发行条件大幅简化,上市条件更加包容。统筹推进交易、退税、持续监管等一揽子制度创新。建立健全常态化退市机制,拓宽重组退、重整退、主动退等多元退出渠道。完善多层次资本市场体系,设立科创板,明确创业板定位,合并深市主板、中小板,深化新三板改革,设立北京证券交易所和广州期货交易所。改革优化公募基金产品准入制度,压缩产品注册周期,扩大公募基金投顾试点。

(六)推动保险业和信托业转型发展。规范发展第三支柱养老保险。有序开展专属商业养老保险、养老理财、养老储蓄、商业养老金试点。特定养老储蓄产品在合肥、广州、成都、西安和青岛五个城市试点推出。个人养老金进入实质性落地阶段,截至 2022 年底共有 1954 万人参加。引导保险公司回归风险保障主业,加快发展健康保险,推动农业保险扩面增品提标,扩大巨灾保险试点,深入推进车险综合改革。引导信托业发展服务信托、资产管理信托和公益慈善信托等业务，"代人理财"、"受托管理"本源职能逐步强化。

（七）加强金融稳定法治建设。推动加大金融法治供给，新《证券法》、《刑法修正案（十一）》、《期货和衍生品法》、《防范和处置非法集资条例》等相继颁布实施，推进制定修订《金融稳定法》、《中国人民银行法》、《商业银行法》、《保险法》、《信托法》、《地方金融监督管理条例》、《非银行支付机构条例》、《银行业监督管理法》等法律法规。资本市场法制体系"四梁八柱"基本建成。依法打击各类金融违法活动，强化监管威慑，推动市场法治诚信水平持续好转。

（八）有序推进金融领域双向开放。全面实施外商投资准入前国民待遇加负面清单管理制度，完全取消银行、证券、基金管理、期货、人身险领域的外资持股比例限制，企业征信、评级、支付等领域给予外资国民待遇，一批国际领先机构进入我国市场。统筹推进金融市场开放、资本项目可兑换和人民币国际化。沪深港通、基金互认、债券通、沪伦通等相继开通并持续优化，中国债券市场纳入国际重要指数，境外投资者投资境内金融市场更加便利。人民币国际化迈上新台阶，人民币成为第五大国际储备货币，在国际货币基金组织特别提款权（SDR）中权重进一步上升。

（杜庆彬）

24. 过去五年政府职能转变取得哪些新进展?

转变政府职能是深化行政体制改革的核心，也是激发市场活力和社会创造力的重要举措。过去五年，在以习近平同志为核心的党中央坚强领导下，围绕使市场在资源配置中起决定性作用，更好发挥政府作用，推动政府职能发生深刻转变。

（一）完成国务院及地方政府机构改革。党的十九届三中全会专题研究深化机构改革问题，审议通过了《中共中央关于深化党和国家机构改革的决定》和《深化党和国家机构改革方案》。十三届全国人大一次会议批准了《国务院机构改革方案》。各级政府坚持把加强党对一切工作的领导贯穿于机构改革各方面和全过程，落实保证党的全面领导的制度安排，保证了党的领导更加坚强有力。国务院机构改革围绕构建职责明确、依法行政的政府治理体系，将一些分散在多部门管理的职能调整为集中在一个部门综合管理，一类事项原则上由一个部门统筹、一件事情原则上由一个部门负责，充分体现了优化协同高效的原则。改革后，国务院正部级机构减少 8 个，副部级机构减少 7 个，除

105

国务院办公厅外，国务院组成部门共 26 个，机构设置更加符合实际、科学合理，也更有效率。地方政府机构改革着力理顺中央和地方职责关系，构建从中央到地方运行顺畅、充满活力、令行禁止的工作体系。从各省实践看，推动了机构和职能简并优化，各省份改革后的党政机构数量大多不超过 60 个；设置了金融监管、大数据管理、营商环境建设等新机构、新职能，更好满足经济社会发展需要。

（二）**加快建设高标准市场体系**。坚持社会主义市场经济改革方向，不断完善市场体系、优化营商环境，着力减少政府对市场资源的直接配置和对市场活动的直接干预，为各类经营主体发展创造了良好条件。印发《建设高标准市场体系行动方案》，完善产权保护、市场准入、公平竞争等市场经济基础制度，不断夯实建设高标准市场体系的根基。建立全国统一的市场准入负面清单制度，清单管理措施比制度建立之初压减 64%。制定出台《中共中央 国务院关于构建更加完善的要素市场化配置体制机制的意见》，选择了一批改革需求迫切、工作基础较好、发展潜力较大的城市群、都市圈或中心城市，开展要素市场化配置综合改革试点，为全国提供可复制可推广的路径模式。印发《关于加快建设全国统一大市场的意见》，在全国范围内建立公平竞争审查制度，持续清理废除妨碍全国统一市场建设和公平竞争的做法，着力解决地方保护和市场分割问题。颁布《优化营商环境条例》,制定实施《促进个体工商户发展条例》、《保障中小企业款项支付条例》等行政法规,支持北京、上海、重庆、杭州、广州、深圳等6个城市开展营商环境创新试点,着力营造市场化法治化国际化营商环境。

(三)促进有效市场和有为政府更好结合。紧紧围绕处理好政府和市场的关系,依法依规简除烦苛、完善监管、改进服务,促进有效市场和有为政府更好结合。在前些年持续压减行政许可事项的基础上,将许可事项纳入清单管理。深化商事制度改革,企业开办时间由五年前的22.9个工作日压缩到4个工作日以内。推进"证照分离"改革,开展"一业一证"改革试点,着力解决"准入不准营"难题。实施工业产品准入制度改革,工业产品生产许可证从38类减少到10类,推动一批强制性认证转为企业自我声明。推进投资和工程建设项目审批制度改革,推行多测整合、联合审图、联合验收、区域评估、告知承诺制等改革措施,大幅缩短全流程审批时间。把有效监管作为简政放权的必要保障,对取消和下放审批事项同步落实监管责任和措施。对食品药品、特种设备、危化品等直接关系人民群众生命财产安全的领域实施重点监管,严查重处制售假冒伪劣商品、侵犯知识产权等违法行为。健全跨部门综合监管制度,推行"双随机、一公开"监管和企业信用风险分类管理,建成全国一体化"互联网＋监管"平台体系，提升监管效能，努力实现监管"无事不扰"又"无处不在"。全面落实行政执法公示、执法全过程记录和重大执法决定法制审核制度，规范行政裁量权基准制定和管理。加强反垄断和反不正当竞争，改革反垄断执法体制，依法规范和引导资本健康发展，依法坚决管控资本无序扩张。着力解决群众反映突出的办事难、办事慢问题，完善政务大厅集中服务模式，改进窗口服务，普遍推行首问负责、一次告知、限时办结等制度，将关联度高的审批服务事项集成办理。开展证明事项告知承诺制，累计取消证明事项2万多项。加快数字政府建设，90%以上的政务服务实现网上可办，开具户籍类证明、养老保险转移接续、异地就医直接结算等200多项高频服务事项实现"跨省通办"。归并优化32条政务服务热线，实现咨询诉求"12345"一号响应。取消所有省界高速公路收费站，实现不停车快捷收费。建立健全政务数据共享协调机制，推进电子证照应用和互通互认，着力解决老年人在运用智能技术方面遇到的突出困难。

（王晓丹）

25. 过去五年支持基础研究做了哪些工作？

　　基础研究是科技创新的源头，科技事业大厦能建多高，很大程度上取决于基础研究的地基打得牢不牢。党中央、国务院高度重视基础研究，习近平总书记作出一系列重要指示批示。2023 年 2 月 21 日，中共中央政治局就加强基础研究进行集体学习，习近平总书记强调，加强基础研究，是实现高水平科技自立自强的迫切要求，是建设世界科技强国的必由之路，并围绕加强基础研究作出全面部署、提出明确要求，为推动基础研究实现高质量发展指明了方向。五年来，各地各部门贯彻落实党中央决策部署，在支持基础研究方面主要做了以下工作。

　　（一）做好顶层设计。制定实施基础研究十年规划，在研究项目部署、创新主体建设、人才培养、深化改革、开放合作等方面提出一系列重大举措。瞄准世界科学前沿，围绕事关国家发展和安全的重大需求，统筹部署需求导向和自由探索类基础研究，建立多部门共同凝练需求、共同设计任务、共同实施项目的机制，实行竞争择优、揭榜挂帅等多种管理方式。

（二）**加大投入力度**。过去五年基础研究经费从 975.5 亿元提高到 1951 亿元、增长了 1 倍，占全社会研发投入比例从 5.5% 提升至 6.3%、连续 4 年超过 6%。一方面，政府加大投入。中央本级基础研究支出从 533.24 亿元增长到 766.14 亿元（预算数），年均增长 7.5%，带动地方各级政府投入。另一方面，引导企业和社会力量投入。对企业出资给高校院所、政府性自然科学基金用于基础研究的支出，可按 100% 在税前加计扣除。加快推进重大科技基础设施建设，先后建成了 500 米口径球面射电望远镜、散裂中子源等一批国之重器，促进科学仪器设备、科学数据、文献资料等的开放共享，有力支撑了基础研究突破。

（三）**完善体制机制**。强化提升基础研究力量。在重大创新领域组建国家实验室，依靠跨学科、大协作和高强度支持开展协同创新，分批推进全国重点实验室重组，布局建设一批基础学科研究中心。充分发挥高校的基础研究主力军作用，高校牵头建设了 60% 以上的学科类国家重点实验室、30% 的国家工程（技术）研究中心，全国超过 40% 的两院院士、近 70% 的国家杰出青年科学基金获得者都集聚在高校，承担 60% 以上的国家基础研究和重大科研任务。

自然科学基金在支持基础研究方面发挥了不可替代的重要作用，我国基础研究经费中 1/5—1/4 通过基金资助，大量基础研究重要突破都得益于基金。近几年科学基金改革持续深化，不断提升资助效益。按照鼓励探索、突出原创，聚焦前沿、独辟蹊径，需求牵引、突破瓶颈，共性导向、交叉融通这四类不同的科学属性进行分类评审。实施原创探索计划，及时支持极具创新性的思想。打破学科壁垒，促进交叉融合。优化资金和项目管理机制，在国家杰出青年科学基金（以下简称杰青）项目中，开展经费使用包干制试点，随后推广至青年基金和优秀青年科学基金（以下简称优青）项目。全面实行无纸化申请，简化项目申请流程，实施代表作评价制度。

加强基础研究领域的开放合作是大势所趋。我国坚持开放包容、互惠共享的国际科技合作理念，与160多个国家和地区建立科技合作关系，与60多个国家、地区和国际组织开展联合资助。牵头组织国际大科学计划和大科学工程，积极参与国际热核聚变实验堆、平方公里阵列射电望远镜等国际大科学工程。试点设立了面向全球的科学研究基金，支持外籍科学家领衔和参与国家科技计划。

（四）加强人才培养和激励。人是科技创新最关键的因素，选拔、培养和激励优秀人才投身基础研究是提升基础研究能力的必然要求。全面启动基础学科拔尖计划2.0，在77所高校布局建设288个学生培养基地，累计吸引1万余名优秀学生投身基础学科，探索自主培养基础学科拔尖人才。破除"唯论文、唯职称、唯学历、唯奖项"，建立以创新价值、能力、贡献为导向的人才评价机制，开展长周期评价。稳步提高基础研究人员工资水平，持续提高科技项目的间接费用比例，特别是对数学等纯理论基础研究项目可提高到不超过60%，明确间接费用可以全部用于绩效支出。青年是科学创造的"最佳年龄段"，对基础研究而言更是如此。目前杰青项目每年资助量由 200 项增加到 315 项，优青项目由 400 项增加到 630 项。聚焦青年科技人才成长中的"痛点"问题，推进挑大梁、增机会、减考核、保时间、强身心等五方面行动，支持更多青年才俊在科研实践中脱颖而出。

在各方面的大力支持下，五年来，广大基础研究工作者潜心致研、勇攀高峰，推动我国基础研究取得一系列重大突破，在量子信息、干细胞、脑科学、类脑芯片等前沿方向取得一批具有国际影响力的重大原创成果。在基础研究的引领支撑下，一些关键核心技术实现突破，载人航天、深空深海深地探测、能源电力、生物医药、卫星导航、超级计算等领域成果丰硕。可以说，我国科技创新在越来越多的领域步入并行、领跑行列，基础研究发挥了不可替代的重要作用，正在构筑竞争新优势。

（王敏瑶）

26. 过去五年通过市场化机制激励企业创新采取了哪些重点举措?

党的二十大报告明确提出,强化企业科技创新主体地位。企业直接面向市场,对市场需求十分敏感,是最活跃的创新力量。企业创新活力强,经济就有勃勃生机。这几年,在调动企业创新积极性方面的一个显著特点是充分运用市场机制,这有利于提升创新资源的配置效率,也有利于激发企业创新的内在动力。

(一)完善支持创新的税收优惠政策。税收优惠公平普惠、效果明显、符合国际惯例,目前各类支持创新的税收优惠政策年度规模已超过万亿元。其中,最主要的是研发费用加计扣除政策,这项政策于 1996 年开始实施,这几年力度显著加大。2017 年将科技型中小企业加计扣除比例由 50% 提高至 75%,2018 年扩大至所有企业,2021 年、2022 年先后将制造业企业和科技型中小企业加计扣除比例从 75% 提高到 100%,并阶段性扩大到所有适用行业,在这个过程中改革完善汇算制度,让企业提前享受。对企业出资给高校院所、政府性自然科学基金用于基础研究的支出,也可按 100% 在税前加计扣除。加大中小微企业设备器具税前扣除力度。另外，在中关村国家自主创新示范区开展技术转让企业所得税优惠试点，对年内不超过 2000 万元的部分免征所得税，超过部分减半征收。

（二）**加大金融支持力度**。这是激励企业创新的又一重要市场化举措。完善引导创业投资健康发展的激励机制和监管政策，从 2018 年起对创业投资企业和天使投资个人投向种子期、初创期科技型企业按投资额 70% 抵扣应纳税所得额。鼓励金融机构创新科技金融产品和服务，设立科技金融专营机构和科技支行，对科技企业信贷实行差异化定价和监管。创设支持创新的金融政策工具，如对高校、新型基础设施、产业数字化转型和中小微企业等设备购置和更新改造新增贷款，实施阶段性财政贴息。设立科创板、北交所，畅通硬科技企业直接上市融资的渠道，科创板上市企业达到 500 家，总市值 5.8 万亿元。

（三）**搭建促进创新供需有效对接的市场化桥梁**。通过建设服务平台和中介机构，推动科技成果转化和产业化。建设 19 个国家技术创新中心、12 个国家科技成果转移转化示范区、420 家国家技术转移机构、40 余家技术交易市场，众创空间、孵化器等创业孵化载体超过 1.5 万家，覆盖 95% 县级以上地区。推动技术交易市场和技术转化机构的有效互动。国家科技成果转化引导基金设立 36 只子基金，总规模达到 624 亿元。2022 年全国共签订技术合同 77 万项，技术合同成交金额 4.78 万亿元，较 2017 年分别增长 1.1 倍和 2.6 倍。

（四）加强知识产权保护。知识产权写入《民法典》，确立知识产权保护的重大法律原则。建立国际上最高标准的惩罚性赔偿制度以及专利开放许可、药品专利权期限补偿等制度。制定实施《知识产权强国建设纲要（2021—2035 年）》。2022 年发明专利授权数达 79.8 万件，是 2017 年的 1.9 倍。发明专利不仅有量的增长，更有质的提升。每万人口高价值发明专利拥有量是体现专利质量的重要指标，其统计的专利需要符合在海外有同族专利权、属于战略性新兴产业、实现较高质押融资金额等任一条件，2022 年我国每万人口高价值发明专利拥有量达 9.4 件、较上年增长了 1/4。全国专利密集型产业增加值达到 14.3 万亿元。

在多管齐下的支持引导下，企业在技术创新、成果转化、产业孵化等方面的主体地位更加巩固。目前企业研发投入占全社会研发投入已超过 3/4，国家重点研发计划中企业参加或牵头的占比接近 80%，2022 年全国技术合同成交额中，企业贡献了超过 80% 的技术吸纳。一批批科技领军企业茁壮成长，五年来高新技术企业从 13.1 万家增长至 40 万家，贡献了全国企业 68% 的研发投入，762 家企业进入全球企业研发投入 2500 强。蓬勃的企业创新推动了越来越多产业向中高端攀升。高性能装备、智能机器人、激光制造等重点产业关键核心技术实现突破，人工智能、大数据、区块链等新兴技术加快场景应用，国产大飞机实现市场化运营，新能源汽车产销量连续 7 年居世界首位，太阳能光伏、风电、新型显示、半导体照明、先进储能等产业规模居世界前列。随着一批批特色产业集群的崛起，引领高质量发展的区域创新增长极增长带不断涌现。2022 年，23 家国家自主创新示范区和 177 家国家高新区汇聚了超过全国 1/3 的科技型中小企业、1/3 的高新企业和 2/3 的科创板企业，企业研发经费、企业有效发明专利拥有量、国家级创新平台数量等均占全国的近一半，贡献了全国 13.6% 的 GDP，万元工业增加值能耗为全国平均值的 2/3，引领地位和带动作用不断增强。

（王敏瑶）

27. 促进工业经济平稳运行重点做了哪些工作?

工业是国民经济的主体,工业稳则经济稳。过去五年,受新冠疫情延宕反复和国内外多重风险冲击挑战,我国工业经济运行面临较大下行压力。坚持把工业稳增长摆在突出位置,制定实施一揽子政策举措,多措并举扩投资、促消费、稳外贸,加大重点行业、重点区域、重点企业纾困帮扶,有力促进了工业经济平稳增长。过去五年全部工业增加值从 27.5 万亿元增加到 40.2 万亿元,连续迈上 30 万亿元、40 万亿元两个大台阶。近两年工业对经济增长的贡献率达到 36%,在稳定宏观经济大盘中起到"压舱石"作用。

因时因势不断加大政策支持。面对需求收缩、供给冲击、预期转弱压力,持续强化政策扶持,做好预调微调和跨周期调节,促进工业经济运行在合理区间。先后出台《关于振作工业经济运行 推动工业高质量发展的实施方案》、《关于促进工业经济平稳增长的若干政策》、《关于巩固回升向好趋势加力振作工业经济的通知》等系列文件。实施一系列"真金白银"的举措,打出了工业稳增长的"组合拳",并向各方面释放出持续重视工业稳定发展的信号,促进形成了振

117

作工业经济运行的政策合力。

（一）稳定和促进制造业投资。强化用地用能等要素保障，加快"十四五"规划重大工程、区域重大战略规划明确的重大项目实施。将固定资产加速折旧优惠政策扩大至全部制造业，推出设备更新改造专项再贷款和财政贴息等政策工具，大幅增加制造业中长期贷款，鼓励企业加快设备更新和技术改造。制造业中长期贷款余额从 3.1 万亿元增至 9.5 万亿元，年均增长 25%。技术改造投资占制造业投资比重持续稳定在 40% 左右。以制造业为重点促进外资扩增量稳存量提质量，进一步缩减外商投资准入限制，推动一般制造业领域全面开放。制造业固定资产投资从 10.4 万亿元增至 14.3 万亿元，年均增长 8.7%。

（二）稳定和促进工业消费。积极扩大汽车、家电等大宗消费，对符合条件的乘用车减半征收车辆购置税，延续实施免征新能源汽车购置税政策，推进新能源汽车、绿色智能家电下乡活动。汽车保有量突破 3 亿辆、增长 46.7%，新能源汽车产销量分别由 79.4 万辆、77.7 万辆提高到 705.8 万辆、688.7 万辆，连续 8 年保持世界第一。出台促进信息消费系列政策，支持创建 33 个信息消费示范城市。开展"百城千屏"超高清视频落地推广行动和冰雪装备器材产业发展行动，培育壮大虚拟现实、冰雪装备等新型消费。

（三）稳定和促进工业产品出口。落实好稳外贸政策措施,巩固提升出口信用保险作用,抓实抓好外贸信贷投放。加快推动通过中欧班列运输工业产品,支持跨境电商、海外仓等外贸新业态发展。推动构建支撑"全球采购、全球生产、全球销售"的国际物流服务网络,促进国际物流降本增效。阶段性减免港口收费,持续做好清理规范海运口岸收费工作,进一步提升货物通关效率。支持制造业企业参加境外展会扩大订单。

(四)支持企业恢复发展。针对制造业企业特别是中小微企业生产经营遇到的困难,强化财税、金融等政策支持。分两步将制造业等企业增值税税率从 17% 降至 13%。将制造业企业研发费用加计扣除比例由 75% 提升至 100%。2022 年针对疫情等超预期因素冲击,加大企业纾困支持力度,对制造业新增减税降费及退税缓税缓费近 1.5 万亿元。大幅压缩行政事业性收费,整治乱收费乱罚款乱摊派,推动降低制度性交易成本。持续推进网络提速降费,面向中小企业推进宽带和专线降费让利超 7000 亿元。加强金融对实体经济支持,制造业贷款从 16.3 万亿元增至 27.1 万亿元。制定实施优化营商环境、保障中小企业款项支付条例等,组织清理和规范拖欠中小企业账款专项行动,不断优化制造企业发展环境。

(五)稳定和促进重点行业发展。着力做好能源和原材料行业保供稳价。推进煤炭优质产能充分释放,提高发电供热化肥用煤中长期合同履约水平,推动煤电企业提高发电出力。完善大宗原材料供给"红黄蓝"预警机制，灵活运用国家储备开展市场调节，促进价格运行在合理区间。促进装备制造业快速发展。推动绿色智能船舶示范应用，推进沿海、内河老旧船舶更新改造。实施光伏产业创新发展专项行动，开展农机装备补短板行动。电气机械、民用航空、电力装备等行业发展态势良好。装备制造业增加值年均增长 7.9%，占规模以上工业增加值比重 30% 以上。推动消费品行业稳定恢复，深入实施增品种、提品质、创品牌"三品"战略，促进轻工、纺织等行业平稳运行。

（六）稳定和促进重点区域工业发展。建立工业大省调度机制，强化对苗头性倾向性问题的预研预判。鼓励地方立足自身特色，制定振作工业经济运行重点举措。加强对地方落实政策的督导服务，支持东部工业大省勇挑大梁、发挥稳经济关键支撑作用，促进西部地区保持较快增长，推动东北地区全面振兴取得新突破。发挥国家级新区等作用，有序承接国内外产业转移。

（宋　哲）

28. 维护产业链供应链安全稳定重点做了哪些工作?

产业链、供应链在关键时刻不能掉链子,这是大国经济必须具备的重要特征。过去五年,外部环境发生深刻复杂变化,逆全球化、新冠疫情、地缘政治冲突等多重因素叠加交织,给我国产业链供应链安全稳定运行带来很大挑战。坚持把发展经济的着力点放在实体经济上,着力打通堵点断点,统筹补齐短板、锻造长板,打好产业基础高级化、产业链现代化攻坚战,有力维护了产业链供应链的安全稳定,增强了我国经济发展韧性和应对外部冲击的能力。

(一)守牢制造业基本盘,发挥完整产业体系优势。我国拥有世界最完整的产业体系,制造业规模连续多年居世界第一,这是应对风险挑战的坚强保障。持续筑牢实体经济根基,推动资源要素向实体经济集聚、政策措施向实体经济倾斜、工作力量向实体经济融合,多措并举稳住制造业。制造业占 GDP 比重保持基本稳定,2022 年为 27.7%,较 2021 年、2020 年、2019 年分别提高 0.2 个、1.4 个、0.9 个百分点。我国 500 种主要工业产品中,有四成以上产品的产量居世界第一,个人计算机、空调、太阳能电池板、手机等一批重要产品产量占全球一半以上。抗击疫情中，依靠完备产业体系和强大配套能力，在最短时间内保障了疫苗、口罩、防护服等医疗物资生产供应，不仅满足了国内需要，还向国际社会提供了大量医疗物资，为全球抗疫和经济复苏发展作出了积极贡献。

（二）打通断点堵点，保障产业链供应链循环畅通。建立健全重要产业链供应链风险识别、预警、处置机制，形成多层次监测体系，提升风险及时识别发现、精准有效处置能力。针对部分企业因疫情停产停工的问题，实施龙头企业保链稳链工程，推行重点产业链供应链企业"白名单制度"，优先保障重点企业复工复产。针对部分地区交通物流受阻问题，加强部门协同和跨区联动，持续做好交通物流大动脉、微循环保通保畅。针对大宗商品价格波动和"缺芯"、"缺柜"等问题，多措并举做好原材料和关键零部件保供稳价工作，搭建汽车、集成电路等产业链供应链协调平台，有力保障了产业链供应链的循环畅通。

（三）夯实产业基础，促进重点产业链强链补链。聚焦关键核心技术短板，梳理产业链图谱，开展制造业强链补链行动。实施工业强基工程和产业基础再造工程，围绕核心基础零部件与基础制造工艺、基础电子元器件、关键基础材料、关键基础软件等瓶颈，启动一批产业化工程化攻关项目。一批"卡脖子"关键技术和产品攻关取得突破。布局建设动力电池、增材制造等 24 个国家级制造业创新中心和国家地方共建制造业创新中心，推动建设 223 个省级制造业创新中心，支持建设 125 个产业技术基础公共服务平台，关键共性技术供给能力持续提高。培育一批国际竞争优势突出的领军企业，培育专精特新中小企业达到 7 万余家，专精特新"小巨人"企业达到 8997 家，单项冠军企业达到 1187 家，产业链上下游相互协同、大中小企业融通创新的产业生态体系加快形成。

（四）巩固传统优势，推动传统产业改造升级。持续实施制造业技术改造升级工程，连续五年发布技术改造升级导向计划，促进传统制造业高端化、智能化、绿色化转型。严格执行环保、质量、安全等法规标准，淘汰落后产能，提前完成 1.5 亿吨钢铁去产能目标，1.4 亿吨"地条钢"产能全部取缔。印发工业领域碳达峰方案，实施绿色制造工程，工业绿色低碳发展水平明显提升。规模以上工业单位增加值能耗下降超过 17%。

（五）培育竞争新优势，促进新兴产业持续发展。实施战略性新兴产业集群发展工程，开展先进制造业集群专项行动，推动高端装备、生物医药、新能源汽车、光伏、风电等新兴产业加快发展。新能源汽车产销量分别由 79.4 万辆、77.7 万辆提高到 705.8 万辆、688.7 万辆，连续 8 年保持世界第一。工业机器人产量由 13.1 万套提升至 44.3 万套，年均增长 25% 以上。光伏领域多晶硅产量、组件产量、装机容量连续多年位居世界第一。风电领域具备大兆瓦级风电整机等自主研发制造能力，风电机组产量占据全球 2/3 以上的市场份额。新型显示、新材料、新型智能终端等其他产业也发展迅猛。高技术制造业增加值年均增长 10.6%，对制造业发展的支撑作用明显增强。

（六）发展数字经济，全链条赋能实体经济。统筹推进产业数字化和数字产业化，促进数字技术与实体经济融合发展，改革生产方式和组织模式，提升产业链供应链整体发展水平。制造业数字化转型加快推进，重点工业企业关键工序数控化率、数字化研发设计工具普及率分别由 46.4%、63.3% 提高到 58.6%、77%。智能制造工程深入实施，建成 2100 多个高水平数字化车间和智能工厂。工业互联网加快发展，培育较大型工业互联网平台超 240 家、连接工业设备超 8000 万台。深入推进"互联网 +"、电子商务等应用全面普及，移动支付年交易规模达 527 万亿元。数字经济赋能千行百业，为经济社会持续健康发展提供了强大动力。

（宋　哲）

29. 五年来扩大消费做了哪些工作?

顺应消费升级趋势,着力提升居民消费能力和意愿,多措并举促进消费规模扩大、结构优化、模式创新。新冠疫情发生以来,消费特别是接触型消费受到较大影响,综合施策释放消费潜力,推动消费尽快恢复。过去五年,社会消费品零售总额由 34.7 万亿元提升到 44 万亿元,增长 27%,年均增长 4.9%,超大规模市场优势更加凸显,消费的基础性作用不断增强。

(一)提升消费能力。 收入是消费的决定性因素。只有收入增长了,消费能力提高了,消费扩大才有坚实的基础。一方面,稳定和扩大就业,促进居民就业增收。持续强化就业优先政策,不断健全就业服务体系,多渠道促进高校毕业生、农民工、就业困难人员等重点群体就业,规范发展灵活就业和新就业形态。五年来,城镇新增就业年均 1270 多万人。另一方面,保障和改善基本民生,特别是提高中低收入群体收入。坚持弱有所扶、应助尽助,实施社会救助扩围政策,将低保边缘家庭中的重病重残人员按单人户纳入低保,五年来平均每年有 4000 多万低保对象得到经常性救助,

1100 万人次得到临时救助。五年累计为 4000 多万失业人员发放失业保险待遇，其中自 2020 年起连续三年实施失业保险保障扩围政策。对符合条件的未参保失业人员给予一次性临时救助。过去五年，全国居民人均可支配收入从 2.6 万元增加到 3.7 万元，其中农村居民收入从 1.3 万元增加到 2 万元。

（二）支持大宗消费。扩大汽车消费。汽车零售额占社会消费品零售总额的 1/10 左右。近年来，有关部门和地方积极促进汽车消费增长。深化汽车流通体制改革，推动汽车由购买管理向使用管理转变，取消二手车限迁政策，扩大二手车流通，完善报废机动车回收利用体系；加大汽车消费政策支持力度，免征新能源汽车车辆购置税，对新能源汽车购置进行补贴，开展新能源汽车下乡，阶段性减半征收部分燃油车车辆购置税，鼓励金融机构丰富汽车金融服务；优化汽车使用环境，推动城市停车场、充电桩、换电站等设施建设。2022 年，我国汽车销量达 2686 万辆，连续多年位居全球第一，其中新能源汽车销量 688.7 万辆、比五年前增长 7.9 倍；汽车保有量达 3.2 亿辆、居全球首位，其中新能源汽车保有量达 1310 万辆、占全球一半以上。促进家电更新消费。推动绿色智能家电消费增长，鼓励地方开展绿色智能家电下乡和以旧换新，提升售后服务水平，完善废旧家电回收处理体系。举办"全国家电消费季"等促消费活动。2022 年，主要电商平台家电以旧换新销售总额同比增长 1.3 倍。

（三）**发展服务消费**。拓展消费场景，保障小店商铺等便民服务业有序运营，支持餐饮、商场、文化、旅游、家政等生活服务业恢复发展。2022 年餐饮收入额为 43941 亿元，恢复至疫情前的 9 成以上。大力发展养老特别是社区养老服务业，加快发展多种形式的婴幼儿照护服务，促进家政服务业提质扩容。加大社区养老、托幼等配套设施建设力度，在规划、用地、用房等方面给予支持，对相应服务供给机构给予税费减免、资金支持、水电气热价格优惠等扶持。完善有关政策，鼓励和支持社会力量增加服务供给。2022 年，人均服务性消费支出占居民消费支出的比重为 43.2%，比五年前提升 0.6 个百分点。

（四）**壮大新型消费**。推动线上线下消费深度融合，发展消费新业态新模式。一方面，加快传统线下业态数字化、智能化改造和转型升级，引导实体企业开发更多数字化产品和服务，鼓励实体商业加快培育体验式、沉浸式消费新场景，引导平台企业合理降低商户服务费。另一方面，引导消费领域线上企业有序向线下延伸拓展，挖掘市场潜力。加速电子商务与传统产业、智能制造、实体商业深度融合。鼓励发展智慧超市、智慧餐厅等新零售业态，积极发展数字文化和旅游、智能体育等新消费模式。支持网购、无接触配送等发展。2022 年，实物商品网上零售额达到 12 万亿元，比五年前增长 1.2 倍，年均增长 16.9%；快递业务量 1105.8 亿件，比五年前增长 1.8 倍。

（五）提升城市消费。 一是在上海、北京、广州、天津、重庆开展国际消费中心城市培育建设。2022 年，5 个培育城市社会消费品零售总额合计占全国的 13.2%，比 2019 年提升 1.1 个百分点。二是开展智慧商圈、智慧商店示范创建。确定 12 个全国示范智慧商圈、16 个全国示范智慧商店，推动传统商圈数字化、智能化转型与协同化发展，改善消费者购物休闲体验。三是开展城市一刻钟便民生活圈建设试点。确定 80 个便民生活圈试点地区，累计建设 1402 个便民生活圈，涉及商业网点 28 万个，覆盖居民社区 2766 个，服务社区居民 3200 多万人，试点地区生活圈商业网点布局更加均衡，服务功能更加全面。

（六）拓展县乡消费。 一是发展农村电商。开展电子商务进农村综合示范工作，已累计支持 1489 个县，对 832 个脱贫县实现全覆盖。二是推进县域商业体系建设。2022 年建设改造县城综合商贸服务中心 983 个，乡镇"大集"和商贸中心 3941 个；支持新建和改造县级物流配送中心 506 个、乡镇快递物流站点 650 个。三是加快农产品供应链体系建设。2022 年支持建设公益性农产品批发市场 12 家，升级改造农产品零售市场 878 家，新增冷库库容 96 万吨，"骨干批发市场＋零售市场＋农产品电商"的多层次农产品流通格局不断完善。过去五年，乡村消费品零售额由 4.6 万亿元提升到 5.9

万亿元，增长 28.8%，年均增速 5.2%，比城镇快 0.4 个百分点；2022 年乡村消费品零售额占社会消费品零售总额的比重为 13.5%，比五年前提高 0.2 个百分点。

（七）增强消费意愿。适应消费升级趋势，调整优化供给结构，鼓励企业创新产品和服务，便利新产品市场准入，推进内外贸产品同线同标同质，强化企业质量意识，更好满足消费者需求。规范消费市场秩序，加强质量安全监管，推进消费信用体系建设，畅通消费者维权渠道，严厉打击制售假冒伪劣商品、价格欺诈等违法犯罪行为。同时，打造消费平台载体，办好进博会、消博会等重点展会。前五届进博会累计意向成交额 3458 亿美元，综合影响力不断提升。第二届消博会汇聚全球 2843 个消费品牌，比首届增长 8.2%；到会采购商和专业观众超过 4 万人，进场观众超 28 万人次，比上届分别增长 33.3% 和 16.7%。

（闫嘉韬）

30. 五年来是如何扩大有效投资的？

投资连接着供需两端，从短期看，是总需求的组成部分，对于带动就业和消费具有重要意义；从中长期看，也是新的供给能力的形成过程，对经济发展发挥关键作用。五年来，我国不断加大有效投资力度，引导资金更多投向补短板、促创新、惠民生等领域。2018年至2022年，全国固定资产投资（不含农户）累计完成262万亿元，年均增长5%，资本形成对经济增长的平均贡献率超过40%。

（一）创新投融资体制机制，促进投资审批事项规范管理。一是持续优化投资审批服务。进一步推进投资项目审批制度改革，深化承诺制、标准地、区域评估等改革。建设应用全国投资项目在线审批监管平台，构建覆盖中央、省、市、县四级的投资审批"一张网"。加强投资数据资源共享，持续深化投资审批"一网通办"。建设并依托国家重大建设项目库，开展国家重点项目全过程监管。二是扩大项目投融资渠道。规范有序推进政府和社会资本合作（PPP），推动建立项目合理回报机制。规范和完善地方政府投融资机制，支持设立地方政府出资引导、市场化运作、专业化管理的产业投资基金。有效盘活存量资产，推动基础设施领域不动产投资信托基金（REITs）健康发展。目前已有 25 个项目发行上市，共发售基金 801 亿元，带动社会资本投入的新项目总投资超过 4200 亿元。三是创新建立推进有效投资重要项目协调机制。由国家相关部门集中联合办公、并联审批，持续高效运转。筛选的项目符合"十四五"等规划，有经济效益、能尽早开工。做好用地、用能等要素保障，对重要项目按规定单列用地、能耗等指标。四是加强项目储备。深化项目研究论证，扎实做好前期工作，增强投资决策科学性。加快项目核准备案、规划选址、用地用海、环境影响评价、施工许可等前期工作手续办理，落实各项建设条件。

（二）聚焦关键领域和薄弱环节，加快推进重大项目建设。五年来，围绕国家重大战略部署，加大基础设施、市政工程、农业农村、生态环保、民生保障等领域补短板力度。一是实施一批交通、水利、能源等重大工程项目，加快推动"十四五"规划 102 项重大工程实施。北京大兴机场、京雄城际铁路、白鹤滩水电站、高海拔宇宙线观测站等重大工程项目建成投运，川藏铁路、小洋山北作业区集装箱码头及配套工程、南水北调中线引江补汉工程、广西平陆运河等重大项目建设进展顺利。二是推进"两新一重"建设，加大新一代信息网络等新型基础设施建设力度，五年来基础电信运营等企业在通信网络、数据中心、云计算等领域投资累计达1.9 万亿元；支持促进区域协调发展的重大工程，发展现代物流体系。三是加快更新改造城市老旧燃气管道，完善防洪排涝设施，推进地下综合管廊建设，大力提升县城公共设施和服务能力。2018 年至 2022 年，全国完成交通固定资产投资超 17 万亿元，其中完成铁路投资超 3.8 万亿元。完成水利建设投资超 4 万亿元，其中 2022 年完成投资 10893 亿元，是新中国成立以来完成水利建设投资最多的一年。能源领域投资逐年增长，2022 年全国重点能源项目完成投资约 2 万亿元。

（三）用好用足各项投资政策工具，发挥政府投资带动作用。政府投资既是加强宏观调控、落实国家战略的重要手段，也有利于提振市场信心，撬动社会资本扩大有效投资。一是稳步扩大中央预算内投资。2018 年至 2022 年，共安排中央预算内投资约 3 万亿元，支持重大基础设施、国家重大战略、新型城镇化、"三农"和水利、生态文明建设、社会事业等重点领域建设。二是提高地方政府专项债券资金使用效益。2018 年以来，累计安排新增专项债 14.6 万亿元，其中 2022 年发行新增专项债超过 4 万亿元，支持约 3 万个重点项目建设。坚持"资金跟着项目走"，合理扩大使用范围，将新型基础设施、新能源项目等纳入专项债投向领域，提高用作项目资本金的比例，根据需要调整发行使用节奏，确保发挥最大效益。三是创新使用金融政策工具。2022 年，为进一步支持扩大有效投资，新推出两项政策工具。一项是分两批发行 7400 亿元政策性开发性金融工具，支持的 2752 个项目已全部开工建设，正在持续形成实物工作量；另一项是运用专项再贷款、财政贴息等支持制造业、服务业、社会服务领域和中小微企业、个体工商户等设备更新改造，目前共投放贷款 1946 亿元。

（四）完善政策环境，进一步激发民间投资活力。着力稳预期增信心拓空间，充分调动民间投资积极性，激励民营企业依靠扩大有效投资实现新的发展。一是支持民间投资参与 102 项重大工程等项目建设。根据"十四五"规划 102 项重大工程、国家重大战略等明确的重点建设任务，选择具备一定收益水平、条件相对成熟的项目，多种方式吸引民间资本参与。支持民营企业参与铁路、高速公路、港口码头及相关站场、服务设施建设。我国第一条民营企业控股的杭绍台高铁于 2022 年 1 月开通运营。二是加大对民营企业的政策支持。推动金融机构按市场化原则积极采用续贷、贷款展期、调整还款安排等方式，对民间投资项目予以支持，避免因抽贷、断贷影响项目正常建设。持续推动合理降低企业税费负担，降低企业用能、用地、房屋租金等成本。三是优化民间投资环境。推动打破行业垄断，破除各种隐性壁垒，营造公平投资环境。完善产权保护制度，保护企业家合法权益。完善政府采购、招标投标、招商引资等领域政策。加强政务诚信建设，避免过头承诺、"空头支票"，加大失信惩戒力度。清理拖欠中小企业账款。持续构建亲清统一的新型政商关系。2018年至2022年，制造业民间投资平均增速为6%，比全部投资增速高1个百分点。

（闫嘉韬）

31. 调动民间投资积极性采取了哪些举措?

民间投资占全社会固定资产投资一半以上，是推动我国经济发展的重要力量。围绕激发民间投资活力，党中央、国务院近年来部署出台了一系列有针对性的政策措施，着力完善政策环境。主要有以下几个方面。

（一）发挥政府投资撬动和重大项目牵引作用。 在安排中央预算内投资、地方政府专项债等各类政府性投资资金时，积极利用投资补助、贷款贴息等方式，支持符合条件的民间投资项目建设，同时运用政府出资产业引导基金，加大对民间投资项目的支持力度，有效发挥政府投资引导带动作用。鼓励和吸引更多社会资本参与国家重大工程项目，比如在"十四五"规划的 102 项重大工程和国家明确的重点建设领域，选择具备一定收益水平、条件相对成熟的项目吸引民间投资参与。鼓励民间投资以城市基础设施等为重点，通过综合开发模式参与重点领域项目建设。支持民间投资参与重大科技创新项目建设，鼓励民营企业充分发挥自身优势参与攻关，在供应链产业链招投标项目中对大中小企业联合体给予倾斜。对符合法律法规和政策要求的民间投资项目，积极

135

纳入各地区重点投资项目库，加强用地、用能、用水等要素保障。

（二）**深化投资审批等制度改革**。完善投资管理法规制度体系，深化投资项目审批制度改革，精简合并投资项目报建审批事项，推进实施企业投资项目承诺制。充分发挥全国投资项目在线审批监管平台作用，实现项目网上申报、并联审批、信息公开、协同监管，不断提高审批效率和服务质量。开展工程建设项目审批制度改革，建立了全国统一的工程建设项目审批和管理体系，实现统一审批流程、统一信息数据平台、统一审批管理体系、统一监管方式，推行多测整合、联合审图、联合验收、区域评估等一系列精简审批举措，实现工程建设项目审批"瘦身提质"。很多地方工程建设项目全流程审批时间压减近一半，由原来的平均 200 多个工作日压减至 120 个工作日以内。推进环评制度改革，大幅减少编制环评报告书的建设项目数量，将环评登记表由审批改为告知性备案。

（三）**破解民间资本融资难题**。针对民营企业投资等面临的融资成本高、增信条件多、信息不对称等难题综合施策。引导金融机构创新金融产品和服务，降低对民营企业贷款利率水平和与融资相关的费用支出，优化授信管理和服务流程，加大对符合条件的民间投资项目的支持力度。完善民营企业信用评级制度，充分发挥各级政府网站与全国信用信息共享平台作用,鼓励地方推进"银税互动"等合作,化解银企信息不对称问题。发展政府支持的融资担保和再担保机构,鼓励各地设立信贷风险补偿基金、过桥转贷资金池等,对符合条件的项目提供政府性融资担保。加快建设普惠金融体系,实施小微企业应收账款融资专项行动,着力解决对企业抽贷、压贷、断贷等问题。完善民营企业债券融资支持机制,支持和引导民营企业发债融资。2022年设立政策性开发性金融工具,通过专项再贷款与财政贴息配套支持重点领域设备更新改造等投资,这些都有利于满足民间投资资金需求。

(四)推动创新民间投资参与方式。通过开展政府和社会资本合作等方式,吸引民间资本参与市政、交通、生态环境、社会事业等补短板领域建设。2022年我国首条民营控股高铁杭台高铁正式通车,这是全国首批8个社会资本投资铁路示范项目之一,也是民营企业参与交通基础设施建设发展的成功案例。合理确定基础设施及公用事业价格和收费标准,探索通过适当延长合作期限、积极创新运营模式、充分挖掘项目商业价值等方式,建立政府和社会资本合作项目等合理回报机制,吸引民间资本参与。积极推进产权规范交易,依法依规开展基础设施领域不动产投资信托基金(REITs)试点,挖掘闲置低效资产价值,支持兼并重组等其他盘活方式,提升投资收益水平,形成投资良性循环。

（五）保护民间投资合法权益。全面落实《优化营商环境条例》，深入实施市场准入负面清单制度，在市场准入、政府采购、招投标中对民营企业一视同仁，禁止排斥、限制或歧视民间资本的行为，为民营企业创造平等竞争机会。加强政务诚信建设，督促各级政府严格依法依规向民营企业作出政策承诺，并严格兑现合法合规的政策承诺，确保诚信履约。制定《保障中小企业款项支付条例》，建立预防和解决拖欠中小企业账款问题长效机制，严防以拖延竣工验收时间、延迟绩效考核等方式拖欠政府付费。对地方政府拒不履行政府所作的合法合规承诺，特别是严重损害民营企业合法权益、破坏民间投资良好环境等行为加大查处力度，对造成政府严重失信违约行为的主要负责人和直接责任人依法依规追究责任。

（王晓丹）

32. 过去五年区域协调发展取得哪些新进展?

在以习近平同志为核心的党中央坚强领导下，五年来，各地区各部门贯彻落实党中央部署，立足自身条件，尊重客观规律，走合理分工、优化发展的路子，区域发展平衡性协调性进一步增强。

（一）深入实施区域重大战略，增长极增长带作用不断增强。一是加快推动京津冀协同发展。牢牢牵住北京非首都功能疏解这个"牛鼻子"，启动实施一批标志性疏解项目，持续严控北京非首都功能增量。高标准高质量建设雄安新区，首批向新区疏解的央企总部、高校和医院陆续落地。北京城市副中心高质量发展步伐加快，承接市属单位稳步推进。京津冀区域交通一体化、生态联防联控、产业升级转移、公共服务共建共享取得积极进展。二是全面推动长江经济带发展。生态环境保护发生转折性变化，经济社会发展取得新成就，实现了在发展中保护、在保护中发展。长江十年禁渔计划实施，水生生物多样性加快恢复。三是积极稳妥推进粤港澳大湾区建设。横琴、前海、南沙、深港河套等重大合作平台建设深入推进，国际科技创新中心建设稳步推进，现代产业体系加快构建，基础设施互联互通提速提质，规则衔接机制对接不断加强，宜居宜业优质生活圈逐步构建，港澳居民在内地生活工作更加便利。四是提升长三角一体化发展水平。以科创产业融合为引领的协同创新产业体系建设成效显著。上海龙头作用有效发挥、苏浙皖各扬所长的区域协调发展格局初步形成。美丽绿色长三角建设亮点纷呈。自贸试验区联盟、虹桥国际开放枢纽等重大开放平台建设进展顺利。公共服务便利共享水平明显提高。2022年，长三角地区经济总量达到29万亿元，约占全国的24%，全国发展强劲活跃增长极更加巩固。五是扎实推进黄河流域生态保护和高质量发展。推动山水林田湖草沙系统治理和上中下游、左右岸、干支流协同治理，黄河流域生态环境质量和稳定性持续向好，地表水优良断面比例不断提高，水资源节约利用水平提升，不仅彻底摆脱断流危机，还实现向黄河三角洲、乌梁素海、库布齐沙漠等重要生态区域补水。洪涝灾害应对能力增强，基本完成下游滩区85万群众迁建任务。能源保供和绿色发展水平提升。作为中华民族的母亲河，黄河正在成为造福人民的幸福河。

（二）扎实推进区域协调发展战略，区域发展相对差距持续缩小。一是推动西部大开发形成新格局。西部陆海新通道和支持广西、云南、贵州等省份发展的一系列重大规划政策叠加，让西部呈现出更加广阔的发展前景。2022年西部地区生产总值 25.7 万亿元，占全国比重达到 21.4%、比五年前提高 1 个百分点。西部地区铁路里程、运输机场数量明显增长。5000 多万建档立卡贫困人口全部脱贫。西电东送、西气东输惠及几亿人口。退耕还林还草持续实施，三江源草地整体退化趋势得到遏制。二是推动东北全面振兴取得新突破。经济运行逐步企稳，营商环境进一步优化。2022 年，东北三省粮食实现"十九连丰"，总产量占全国的两成以上，国家粮食安全"压舱石"地位更加巩固。改造升级装备制造业等"老字号"，培育壮大高新技术产业等"新字号"，深度开发石化、冶金、农产品加工等"原字号"，大国重器的产业根基进一步夯实。强化重要生态功能区保护，持续改善空气质量，蓝天白云、绿水青山、林草丰茂已经成为东北地区的生态标识。老旧小区和棚户区改造等保障性安居工程顺利推进，人民群众更好共享振兴发展成果。三是促进中部地区加快崛起。中部六省积极融入国家战略，不断增强地区综合实力和竞争力。经济增速连续多个季度居东中西和东北四大板块之首，经济总量占全国的比重进一步提高，武汉城市圈、长株潭城市群等鼎足而立、加强合作，粮食生产基地、能源原材料基地、现代装备制造及高技术产业基地和综合交通运输枢纽地位更加巩固，科教实力显著增强，基础设施明显改善，社会事业全面发展。四是鼓励东部地区加快推进现代化。东部地区发展韧性强、活力足，创新要素快速集聚、高水平人才密集，在建设现代产业体系、推动高质量发展上走在全国前列。对标国际先进水平，在更高层次推动对外开放，其中上海自贸区临港新片区挂牌成立、积极探索政策制度创新，为全国自贸试验区发展探路破局。经济发展"稳定器"作用突出，2022年，面对超预期因素冲击，福建、山东、浙江经济增速分别为4.7%、3.9%、3.1%，高于全国平均水平，发挥了东部经济大省稳经济挑大梁重要作用。五是支持革命老区、民族地区、边境地区、资源型地区等特殊类型地区加快发展。截至2022年底，中央财政对相关地区转移支付资金比五年前增长66.8%，全国140个边境县城镇居民人均可支配收入平均超过3.6万元，20个革命老区重点城市人均地区生产总值超6万元。同时，随着陆海统筹力度加大，我国海洋生产总值突破9万亿元，海洋科技自主创新成果丰硕，海洋产业向中高端迈进，海洋经济正成为新的增长点。

（王　巍）

33. 过去五年新型城镇化取得哪些新成效？

在以习近平同志为核心的党中央坚强领导下，五年来，各地区各部门贯彻落实党中央部署，持续推进以人为核心的新型城镇化，我国城镇化水平和质量进一步提升，基本公共服务覆盖范围和均等化水平显著提高，城镇化空间布局优化，服务功能持续完善，人居环境更加优美，发展活力不断释放，城镇化发展成果惠及更多人民群众。

（一）农业转移人口市民化质量不断提升。城镇化带动农村富余劳动力和农村人口向城镇转移，向劳动生产率更高的非农产业部门转移，提高了经济发展质量和效益，推动经济持续发展和社会全面进步。户籍制度改革取得新进展，城市落户门槛继续降低，城区常住人口300万以下城市的落户限制基本取消，300万以上城市的落户条件有序放宽，每年有上千万农村人口转移到城镇。截至2022年底，全国城镇常住人口达9.2亿人，常住人口城镇化率达65.2%、较五年前提高5个百分点。进城群众上学看病更加便利，市民化配套政策体系逐步建立，中央财政下达农业转移人口市民化奖励资金，促进更好融入城市。修订的《农村土地承包法》规定不得以退出土地承包经营权作为农户进城落户的条件，为维护好进城落户农民的权益提供了法律保障。

（二）县城补短板强弱项稳步推进。 围绕推进以县城为重要载体的城镇化建设，完善相关配套政策文件，基本覆盖县城建设各主要领域，更好发挥县城在承接人口和产业转移、促进城乡融合发展方面的突出作用。着眼提升县城基础设施和公共服务水平，持续加大投入并积极引入社会资金，不断增强综合承载能力，群众在县城生活的品质不断提高。

（三）城市群和都市圈建设取得新进展。 "19+2"城市群主体形态更加定型，"两横三纵"城镇化战略格局基本形成。京津冀、长三角、粤港澳大湾区三大城市群的国际竞争力不断增强，成渝地区双城经济圈建设开局起步、势头强劲，长江中游、北部湾、关中平原等城市群加快一体化发展。城镇规模结构持续优化，中心城市辐射带动能力和中小城市活力逐步增强，都市圈同城化进程加快，城市群公共服务、产业布局、生态环境等共建共享水平明显提升，综合交通运输网络支撑作用不断增强，一批城际铁路和市域（郊）铁路建成投运。

（四）城市综合承载能力持续增强。 更加注重城市安全韧性，城市燃气管道等老化更新改造和城市防洪工程达标建设加快推进。居民住房条件持续改善，改造城镇老旧小区16.7万个，惠及2900多万家庭。城市基础设施能力和公共服务水平进一步提高，五年来，轨道交通运营里程从 4500 多公里增加到近 1 万公里，排水管道从 63 万公里增加到 89 万公里。城镇义务教育、普惠托育服务、养老服务等供给增加，社区卫生服务中心（站）基本实现街道全覆盖。绿色、智慧、人文等新型城市建设成效初显，地级及以上城市空气质量持续改善、全部建成数字化管理平台，城市历史文化魅力不断彰显。

（五）城乡融合发展向纵深推进。《关于建立健全城乡融合发展体制机制和政策体系的意见》印发实施，促进城乡融合发展的顶层设计基本形成。农村土地制度改革扎实推进。农村一二三产业加快融合发展，城乡收入差距进一步缩小，城乡居民人均收入比由 2.71 降至 2.45。城乡基础设施一体化和公共服务均等化步伐加快，农村自来水供应和生活垃圾处理等方面都取得积极进展，城乡统一的居民基本养老保险和医疗保险制度基本建立，乡村两级医疗机构和人员"空白点"基本消除。

（王　巍）

34. 过去五年农业综合生产能力有了哪些新提升？

巩固提升农业综合生产能力是提高粮食和重要农产品稳定安全供给水平的根本途径。习近平总书记明确要求把提高农业综合生产能力放在更加突出的位置来抓。各地区各有关部门深入贯彻习近平总书记重要指示精神，大力强化藏粮于地、藏粮于技，加快推进现代农业建设，不断夯实粮食和重要农产品稳定安全供给的基础支撑。

（一）加强耕地保护和建设，农业稳产增产根基进一步夯实。耕地是粮食生产的命根子。我国人均耕地资源较少、总体质量也不高。为守住守好18亿亩耕地保护红线，出台了更加严格的政策措施加强耕地保护建设。一是加强耕地数量保护。严格实行耕地保护党政同责，划定落实耕地和永久基本农田保护红线，把保护目标任务逐级分解下达，作为刚性指标实行严格考核、一票否决、终身追责。坚决遏制耕地"非农化"、有效防止"非粮化"。二是着力提升耕地质量。加大高标准农田建设支持力度，新建高标准农田4.56亿亩、累计建成超过10亿亩。加大大中型灌区续建配套与改造力度，完善农田水利设施，新增农田有效灌溉面积近4000万亩。启动实施国家黑土地保护工程，东北四省区实施黑土地保护性耕作超过 1.18 亿亩次。三是积极挖掘增加耕地潜力。启动全国第三次土壤普查，探索盐碱地综合利用有效途径，支持有条件的地区开垦耕地后备资源。

（二）强化科技装备支撑，农业创新引领作用持续增强。农业现代化，关键是农业科技现代化。我国农业科技取得长足发展，但不少领域还存在短板弱项，农作物单产水平、养殖效率等与发达国家相比还有差距。为更好驱动农业稳产增产，坚持以产业需求为导向，统筹资源力量加快推进农业科技创新。一是推动现代种业加快发展。实施种业振兴行动，组织水稻、小麦、玉米、大豆和畜禽良种联合攻关，主导完成重要农作物全基因组序列框架图，发现并克隆了高产优质、抗病抗逆等新基因，培育出华西牛、白羽肉鸡等一批重大新品种。主要农作物良种覆盖率一直保持在 96% 以上，畜禽、水产核心种源自给率分别达到 75%、85%。二是持续推进农机装备转型升级。分区域分品种统筹推进适用机具研发应用，加大粮食生产薄弱环节、丘陵山区等机具补贴力度，农作物耕种收综合机械化率从 67% 提高到 73%。加快发展现代设施农业，支持工厂化、集约化新型养殖设施建设。三是健全农业科技创新体系。完善激励机制，促进企业、高校、科研院所协同创新，打造农业科技产业联合体，推动更多农业科技创新成果落地见效。全国农业科技进步贡献率达到

62.4%、增加了近 5 个百分点。

（三）促进生产方式绿色转型，农业可持续发展能力不断增强。面对我国水土资源长期过度开发、生态环境的承载力接近极限的严峻形势，健全以绿色生态为导向的农业政策体系，加快推进农业绿色发展。一是强化农业面源污染防治。持续推进化肥农药减量增效，推进有机肥替代化肥、测土配方施肥等，实施绿色防控替代化学防治，化肥农药施用量连续保持负增长，利用效率均超过 40%。二是提升农业资源保护利用水平。持续推进秸秆综合利用、农膜污染治理和回收利用等，全国秸秆综合利用率达 87.6%，废旧农膜回收率达 80% 以上，畜禽粪污综合利用率超过 76%。积极发展高效节水农业，加大力度推广节水技术，深化农业水价改革，农田灌溉水有效利用系数提高到 0.57。深入推进华北地下水超采综合治理。三是支持绿色生态产业发展，扎实推进农业生产"三品一标"建设，农产品质量安全例行监测总体合格率保持在 97.5% 以上，绿色农业产业链加快构建。

（四）加强防灾减灾救灾，农业抗风险能力持续提升。我国独特的气候地理和水文条件决定了水旱等农业灾害频发重发。近些年因旱涝年均受灾耕地面积近 2 亿亩，因灾造成年均粮食损失 600 多亿斤。为降低灾害损失，及时有力落实防灾救灾政策举措，有效抵御了各类自然灾害、重大动物疫病和病虫害。一是完善监测预警机制。加强分地区、分灾种的农业气象灾害监测预警，重大信息及时通报共享，多渠道发布预警信息。二是强化防控措施落实。紧盯主要作物、关键农时、重点灾害，加强防控技术指导服务，统筹做好物资调配和防控工作安排，及时开展灾后恢复生产。三是加强防灾减灾基础设施建设。推动大江大河防洪达标提升，加快中小河流治理和病险水库除险加固，实施一批引调水、抗旱备用水源等工程建设，提高农田灌排能力。过去五年，在先后遭遇非洲猪瘟、草地贪夜蛾、2021年严重秋汛和2022年大面积高温热害等多重灾害冲击的情况下，农业仍然实现了连年丰收。

（张伟宾）

35. 过去五年农村改革发展取得哪些新进展？

党的十九大着眼全面建设社会主义现代化国家全局，作出实施乡村振兴战略、加快推进农业农村现代化的重大决策部署。五年来，各地区各有关部门认真学习贯彻习近平总书记关于"三农"工作的重要论述，大力实施乡村振兴战略，扎实做好乡村发展、乡村建设、乡村治理等重点工作，推动农村改革发展迈出新步伐。

（一）**培育壮大乡村产业，推动农民收入持续较快增长。**产业是乡村发展的基础，也是农民增收致富的重要渠道。近些年我国乡村产业规模不断扩大，但总体上仍处于初级阶段，质量效益还不高。围绕推动乡村产业振兴，加大支持力度，积极挖掘乡村特色资源优势，拓展农业多种功能，促进乡村产业增值增效。一是坚持不懈做大做强种养业，支持各地立足资源优势打造具有竞争力的农业全产业链，开展特色农产品优势区建设，深入推进优质粮食工程。二是加快推动乡村一二三产业融合发展，积极发展农产品加工、农村电商、休闲康养等，农产品加工转化率超过70%，农产品加工业产值与农业总产值之比超过2.5，2022年全国农产品网络零售额 5313.8 亿元、翻了一番。三是大力发展县域富民产业，完善县城产业服务功能，支持引导适宜产业向县域延伸转移，依托各类产业园区等平台，发展带动能力强、就业容量大的产业，鼓励各类人才返乡入乡创业创新。在推动乡村产业发展壮大的同时，创造更多本地就业机会，拓宽农民增收致富渠道。2022 年，全国农村居民人均可支配收入达到 20133 元，增速持续高于国内生产总值和城镇居民人均可支配收入，城乡居民收入比从 2.69 下降到 2.45，差距进一步缩小。

（二）扎实推进乡村建设，乡村面貌明显改观。遵循城乡发展建设规律，加强规划引领，坚持分类推进，建立健全政府提供公共服务、农民干好自己事情的实施机制，统筹推进乡村基础设施建设和公共服务布局，持续改善农村生产生活条件。一是加强农村基础设施建设。全国新建改建农村公路 125 万公里，实现符合条件的乡镇和建制村通硬化路、通客车，所有行政村全部通宽带网络，农村自来水普及率从 80% 提高到 87%，改造农村危房 530 万户。二是持续整治提升农村人居环境。累计改造农村户厕 5000 多万户，农村卫生厕所普及率超过 70%。推进农村生活垃圾收运处置体系建设，农村生活垃圾进行收运处置的自然村比例稳定在 90% 以上。积极开展乡村绿化美化行动，全国 95% 以上的村庄开展了清洁行动。三是强化农村生态保护修复。在长江流域重点水域全面实施"十年禁渔",全面推行河湖长制、林长制,持续开展河湖"清四乱",扎实推进"水美乡村"、幸福河湖建设。四是加快发展农村社会事业。推动农村教育、医疗卫生、养老等基本公共服务提标扩面,持续加大对困难地区薄弱学校支持力度,乡村医疗机构和人员"空白点"基本消除。

(三)加强和改进乡村治理,农村社会保持稳定安宁。 面对乡村形态的快速演变以及农村社会的深刻变化调整,坚持强化党组织的领导地位,以保障和改善农村民生为优先方向,健全自治法治德治相结合的乡村治理体系,推动乡村治理效能稳步提升。抓实建强农村基层党组织,完成村"两委"集中换届,选优配强村"两委"班子,常态化整顿软弱涣散村党组织。探索创新积分制、数字化等治理方式,推进村级公共服务综合信息平台建设。深化拓展新时代文明实践中心建设,开展"听党话、感党恩、跟党走"宣讲活动,社会主义核心价值观得到弘扬。加快培育文明乡风、良好家风、淳朴民风。深化法治乡村示范创建,深入推广新时代"枫桥经验"。强化村规民约引导作用,遏制高价彩礼、人情攀比、厚葬薄养等陈规陋习。巩固农村扫黑除恶专项斗争成果,深入推进平安乡村建设,广大农民群众获得感、幸福感、安全感更有保障。

(四)深化农村改革,乡村发展动力持续增强。 为充分激发农村发展活力，调动亿万农民发展建设积极性，坚定不移深化农村改革，坚持把住处理好农民和土地关系这条主线，持续推动农村改革重点任务集成深化，不断释放改革红利。巩固和完善农村基本经营制度，将15亿亩承包地确权到2亿多农户，有序开展第二轮土地承包到期后再延长30年试点，完善农村承包地"三权"分置制度。稳慎推进新一轮农村宅基地改革试点。稳妥有序推进农村集体经营性建设用地入市。完成农村集体产权制度改革阶段性任务。实施新型农业经营主体提升行动，全国依法登记的农民合作社达222.9万家，纳入全国家庭农场名录系统的家庭农场达400.4万个。推动农业社会化服务加快发展，带动越来越多小农户参与现代农业发展。水利、供销合作社、农垦、集体林权等改革持续深化。

（张伟宾）

36. 过去五年对外开放取得哪些新成绩？

过去五年，在以习近平同志为核心的党中央坚强领导下，我国实行更加积极主动的开放战略，对外开放全方位扩大，高质量共建"一带一路"稳步推进，对外贸易和双向投资结构持续优化、规模稳居世界前列，开放领域取得一系列新成绩。

（一）货物进出口实现稳中提质。过去五年，货物进出口总额从 27.8 万亿元增长到 42.1 万亿元、年均增长 8.6%，规模保持世界首位。货物出口占全球比重从 12.8% 跃升至 15.1%，稳居世界首位；进口占全球比重从 10.2% 跃升至 11.9%，居世界第二。进出口稳定增长，有力支撑了经济平稳运行。进出口结构不断优化。五年来，我国对东盟、"一带一路"沿线国家进出口占比分别提高 2.9、6.3 个百分点，达到 15.5%、32.8%。机电、高技术产品出口分别累计增长 55.3%、42.5%，占出口比重保持在 57%、25% 以上。民营企业进出口总规模占比增加近 11 个百分点、达到 50.9%。一般贸易出口占比提高 9.3 个百分点至 63.6%。

先后出台多轮稳外贸政策，帮助外贸企业纾困解难。加大出口退税、信保、信贷等政策支持力度，企业出口退税办理时间压缩至 6 个工作日以内。发展外贸新业态，新设 152 个跨境电商综试区，在全球设立海外仓数量超过 2400 个。发挥进博会、广交会、服贸会、消博会等重大展会作用。

（二）创新发展服务贸易。不断放宽服务领域市场准入，提高跨境服务贸易开放水平。服务进出口从五年前的 4.7 万亿元增至 2022 年的近 6 万亿元，连续保持全球第二。一方面，优化服务进出口结构。运输服务进出口快速增长，五年增长了 1.4 倍。知识密集型服务进出口占比从 29.9% 提升至 41.7%。另一方面，创新服务贸易发展机制。出台海南自由贸易港跨境服务贸易负面清单，确定 28 个服务贸易创新发展试点地区，在跨境数据传输管理、国际人才居留、职业资格互认等方面先行先试。连续举办中国国际服务贸易交易会，促进服务贸易开放合作。

（三）利用外资水平稳步提升。过去五年，实际利用外资保持稳中向好的发展势头，累计增长 35%，规模稳居全球前列。引资质量不断提高，高技术产业占比突破 30%。一是推动出台外商投资法并制定实施条例，确立了外商投资促进、保护、管理的基本制度，全面清理与外商投资法不符的法规、规章和规范性文件，累计制定、修订、废止法规文件 520 件。二是促进政府采购公平竞争。坚持"一视同仁、平等对待"，出台在政府采购活动中落实平等对待内外资企业的有关政策。三是深入实施优化营商环境条例。在北京、上海、重庆、杭州、广州、深圳 6 个城市开展营商环境创新试点。四是大幅放宽外资市场准入。连续 5 年修订全国和自贸试验区外商投资准入特别管理措施（负面清单），全国版、自贸试验区版限制措施分别减至 31 项、27 项，条数压减51%、72%。五是引导对外投资健康有序发展。2022 年对外直接投资 1465 亿美元，稳居全球前列，对外直接投资存量近 3 万亿美元。

（四）推动共建"一带一路"高质量发展。 坚持共商共建共享，遵循市场原则和国际通行规则。五年来，与沿线国家货物贸易额从 7.4 万亿元增至 13.8 万亿元，年均增长13.4%。成功举办两届"一带一路"国际合作高峰论坛，目前已与 151 个国家、32 个国际组织签署 200 余份共建"一带一路"合作文件。与沿线国家合作机制不断健全，一批综合效益好、带动作用强的项目落地生根，促进了互联互通和当地经济发展，境外经贸合作区建设水平不断提高，产业聚集效应和辐射作用明显增强。

（五）着力打造对外开放新高地。 新设立山东等 10 个自贸试验区及上海自贸试验区临港新片区，赋予自贸试验区更大改革自主权，加强差别化探索，向全国复制推广 278 项制度创新成果，下放超过 5400 项省级管理权限。自贸试验区以不到千分之四的国土面积，贡献了全国约 18% 的进出口和外资。落实海南自由贸易港建设总体方案，稳步推进中国特色自由贸易港建设，形成 120 多项制度创新成果。推动海关特殊监管区域与自贸试验区统筹发展，推进国家级经开区开放创新、科技创新、制度创新，提升对外合作水平。

（六）促进多双边经贸合作。坚定不移扩大对外开放，坚持真正的多边主义，坚定维护多边贸易体制，反对贸易保护主义，积极推动贸易自由化便利化。全面履行入世承诺，关税总水平降至 7.4%。积极参与世贸组织改革，提出关于改革的三个基本原则和五点主张，推动世贸组织投资便利化谈判实质性结束。深入参与联合国、G20、金砖国家、亚太经合组织等多边和区域合作机制，推动其在经贸领域达成积极成果。深入推进通关便利化，进口和出口整体通关时间分别压缩 67% 和 92%，进出口环节合规成本明显下降。稳妥应对经贸摩擦，推进产业损害预警体系建设。加快构建面向全球的高标准自由贸易区网络，新签和升级 6 个自贸协定，与 26 个国家和地区签署 19 个自贸协定，与自贸伙伴货物进出口额占比从 26% 提升至 35% 左右。推动区域全面经济伙伴关系协定（RCEP）正式生效实施，对 RCEP 贸易伙伴进出口占我国外贸总额的 30.8%。积极推动与更多国家和地区商签高标准自贸协定，加快中日韩自贸协定谈判进程，正式申请加入全面与进步跨太平洋伙伴关系协定（CPTPP）和数字经济伙伴关系协定（DEPA）。

（龚健健）

37. 过去五年进出口是怎样实现稳中提质的?

过去五年，以习近平同志为核心的党中央统筹用好国内国际两个市场两种资源，推进高水平对外开放，我国对外贸易量质齐升，贸易大国地位更加稳固。

（一）货物进出口稳定增长。五年来，我国外贸克服困难、顶压前行，保持稳定增长。货物进出口总额年均增长8.6%，连续突破30万亿元、40万亿元大关，达到42.1万亿元、保持世界首位，占世界贸易比重达到13.5%。出口年均增长9.6%，占全球比重从12.8%跃升至15.1%，稳居世界首位。进口年均增长6.2%，占比从10.2%跃升至11.9%，稳居世界第二大进口国。五年累计顺差达到2.8万亿美元，净出口对经济增长贡献率达到17.1%，拉动经济增长0.5个百分点。进出口稳定增长，有力支撑了经济平稳运行。外贸直接和间接带动就业超过1.9亿人，约占全国总就业的1/4。充分发挥进博会、广交会、消博会等重大展会作用，多渠道促进优质商品进出口。

（二）货物进出口结构不断优化。一是市场结构更加多元化。五年来，我国对东盟、欧盟、美国等主要贸易伙伴进出口保持较快增长，分别累计增长 89.5%、37.4%、30.1%。对东盟、"一带一路"沿线国家进出口占比分别提高 2.9、6.3 个百分点，达到 15.5%、32.8%。二是商品结构更加优化。机电产品出口累计增长 55.3%，占出口总额的比重保持在 57% 以上；高技术产品出口累计增长 42.5%，占比保持在 25% 以上。三是民营企业外贸占比上升。2022 年民营企业进出口总规模所占比重达到 50.9%，比五年前增加了近 11 个百分点，对我国进出口增长贡献率达到 80% 以上。四是贸易方式和贸易布局更加平衡。一般贸易出口占比提高 9.3 个百分点至 63.6%。中西部地区出口占比达到 20.9%，提高 4.7 个百分点。

（三）创新发展服务贸易。不断放宽服务领域市场准入，提高跨境服务贸易开放水平，服务贸易进出口总额已连续九年稳居世界第二位。一方面，优化服务进出口结构。运输服务进出口快速增长，2022 年运输服务进出口比 2017 年增长了 1.4 倍。知识密集型服务进出口占比从 29.9% 提升至 41.7%。另一方面，创新服务贸易发展机制。健全跨境服务贸易负面清单管理制度，有效发挥自由贸易试验区、海南自由贸易港引领作用。确定 28 个服务贸易创新发展试点地区，在跨境数据传输管理、国际人才居留、职业资格互认等方面先行先试，不断提升自主开放水平。连续举办中国国际服务贸易交易会，促进服务贸易开放合作。

（四）加快发展外贸新业态新模式。深入推进对外贸易创新发展，跨境电商、市场采购贸易、外贸综合服务、保税维修、离岸贸易等新业态新模式加快发展。一是创新发展跨境电商贸易。跨境电商进出口规模超过 2.1 万亿元，占外贸比重约为 5%，五年增长近 10 倍、位居世界前列。跨境电商"十百千万"、海外仓高质量发展等专项行动深入实施，新设 152 个跨境电商综合试验区，覆盖全国 31 个省区市。我国企业在全球设立海外仓数量超过 2400 个。二是持续提升市场采购贸易便利化水平。对市场采购贸易方式出口的货物免征增值税，允许通过个人外汇账户办理外汇结算等措施，为小规模、多品种的小商品拼箱出口创造条件，便利中小微商户开展对外贸易。当前，市场采购贸易方式试点增加到 39 个，市场采购出口规模五年增长 1.8 倍。三是积极发展多种外贸新业态。充分发挥外贸综合服务企业带动作用，提升保税维修业务发展水平，稳步推进离岸贸易发展。外贸综合服务企业超过了 1500 家、服务 20 多万家外贸客户。建成保税维修项目 130 个。离岸服务外包规模累计增长 71.8%，吸纳就业 1498 万人。培育新一批边民互市贸易落地加工试点，促进兴边富民。深入推进内外贸一体化，培育贸易双循环企业，发展"同线同标同质"产品，提高外贸企业竞争力。

（五）加大稳外贸政策支持力度。针对外贸企业面临的突出困难，先后出台多轮稳外贸政策，帮助外贸企业纾困解难、爬坡过坎。在财税政策方面，持续加快出口退税进度，除"两高一资"外所有产品全部实现足额退税，便利出口退税办理，目前企业出口退税办理时间压缩至6个工作日以内。在出口信用保险方面，优化出口信保承保和理赔条件，出口信保覆盖面20%以上，服务17万家外贸企业。在出口信贷方面，加大对外贸企业出口信贷支持。不盲目惜贷、抽贷、断贷、压贷，强化对中小微外贸企业的融资增信支持。保持人民币汇率在合理均衡水平上的基本稳定，优化外汇服务，企业汇率避险意识与能力得到提升。在通关便利化方面，清理规范口岸经营服务性收费，巩固压缩整体通关时间成效，进出口环节合规成本明显下降。全国进口、出口整体通关时间压缩为32小时和1小时，比五年前缩短了67%和92%。在畅通货运物流方面，将外贸货物纳入重要物资范围，有力有序疏通海空港等集疏运，用好航空货运运力，提升港口货物中转率。充分发挥中欧班列保通保畅作用，迄今已开行6.5万列次，通达欧洲25个国家200多个城市。同时，加大对劳动密集型产品出口企业的稳岗支持，帮助落实好各项减税降费、延期还本付息、稳岗扩就业等惠企举措，支持各地建立外贸领域用工定点定期监测机制，开展精准帮扶。

（龚健健）

38. 过去五年利用外资采取了哪些实招新招?

过去五年，在以习近平同志为核心的党中央坚强领导下，各地区各部门创新思路、积极作为，克服多重不利因素影响，从优化环境、扩大准入、加强服务、打造平台等方面入手，扎实推进外资工作，实现利用外资规模扩大、结构优化、质量提升，为稳定宏观经济作出了积极贡献。主要做了以下工作。

（一）**打造更优投资环境，增强我国综合引资优势。**推动出台外商投资法并制定实施条例，确立了外商投资促进、保护、管理的基本制度框架，为外商投资权益提供更全面、更有力的法治保障。各地区各部门全面清理与外商投资法不符的法规、规章和规范性文件，累计制定、修订、废止法规文件520件。全面实行准入前国民待遇加负面清单管理制度，取消了实施40多年的外资企业设立及变更"逐案审批"制，改为实行信息报告制度，实现外资管理体制深刻变革。不断完善外资促进政策体系，国家连续出台5份利用外资政策文件，从投资自由、投资便利、投资促进、投资保护、投资布局、投资平台等方面搭建系统性的外资促进政策体系。发布

《中国外商投资指引（2022版）》，为外资企业获取政策信息提供便利。健全外商投资企业投诉工作机制，开展外资企业投诉工作专项督查。着力保障外资企业平等合法权益，坚持对内外资企业"一视同仁、平等对待"，完善政府采购活动中落实平等对待内外资企业的有关政策，促进政府采购公平竞争。提高知识产权执法水平，打击商标恶意注册、专利侵权假冒、网络盗版侵权等知识产权侵权违法行为。各地提升行政执法水平，防止选择性执法和执法不统一。

（二）大幅放宽市场准入，更好落实外资企业国民待遇。在放宽外资市场准入方面做"减法"，在出台外资鼓励优惠政策方面做"加法"，外资企业进入中国市场门槛不断降低。连续4年修订全国和自贸试验区外商投资准入特别管理措施（负面清单），全国版、自贸试验区版限制措施分别减至31项、27项。同时加快推动外资准入负面清单落地见效，加强与市场准入负面清单的衔接，严格落实"非禁即入"，努力打破"隐形壁垒"。不断扩大鼓励外商投资范围，2022年版鼓励外商投资产业目录总条目1474条，比2019年版的1108条、2020年版的1235条大幅增加。目录围绕推动制造业高质量发展、提升生产性服务业发展水平、促进中西部和东北地区发展等方面，进一步扩大鼓励外商投资范围，助力产业转型升级、区域协调发展。精准发力积极引导外资投向，加大制造业引资力度，推出以制造业为重点促进外资扩增量稳存量提质量的 15 项政策措施，强化对制造类外资企业的土地保障和金融支持，促进加快绿色低碳转型。支持外资研发创新，进一步鼓励外商投资设立研发中心，从鼓励引进海外人才、提高研发便利度、支持开展科技创新、提升知识产权保护水平等方面提出 16 项措施。

（三）健全完善服务促进体系，加快推动项目落地。进一步畅通政府与外商沟通协调渠道，建立健全主管部门与外资企业、外国商协会常态化交流机制。充分发挥各类服务外资企业工作专班作用，完善工作流程，协调解决企业突出困难，对投资项目进行一对一、全流程、直达式服务。针对疫情以来我国招商引资活动和人员流动受限等情况，结合实际、创新方式加大招商引资和项目对接力度，利用各类多双边投资促进机制，组织开展重点国别跨国公司招商，发挥服贸会、投洽会、中博会等重大展会平台投资促进功能，举办投资环境宣介、项目对接等招商活动，组织"跨国公司地方行"和国际产业投资合作促进活动，推动达成更多投资意向。在符合疫情防控政策的前提下，各地区各部门发挥应对疫情快速响应、"直通车"服务等机制作用，上下联动帮助协调解决企业复工复产、人员出入境、物流运输等各类问题，努力保障外资企业产业链运转和人员流动畅通。

（四）建设高水平开放平台，发挥示范引领作用。不断开拓创新，扎实推进自贸区港、经开区、服务业扩大开放试点等开放平台建设，各类开放平台在对外开放和吸引外资中的作用进一步增强。新设立山东等 10 个自贸试验区及上海自贸试验区临港新片区，浙江自贸试验区扩展区域，大力推进"证照分离"等改革，从减环节、减时间、减成本等方面简化办事程序，各自贸试验区外向型产业加快集聚、利用外资水平不断提升。落实海南自由贸易港建设总体方案，稳步推进中国特色自由贸易港建设。国家级经开区改革步伐加快，连续 7 年开展考核评价，增设 13 家国家级经开区，出台激励国家级经开区创新提升 12 项措施，鼓励发展水平较高的国家级经开区充分利用外资打造先进制造业集群。推进国家服务业扩大开放综合试点示范工作，建立完善工作推进机制，加快落实已出台试点任务，深入开展差异化探索，先后实施 6 轮试点示范、约 1160 项试点措施，推动形成"1（北京示范区）+10（天津等有关试点省市）"的开放布局，试点省市在推进服务业领域制度型开放、引领和带动全国服务业开放中的作用进一步发挥。

（李　强）

39. 过去五年推动高质量共建"一带一路" 方面做了哪些重点工作?

五年来,共建"一带一路"扎实推进,我国与共建国家发展战略有效对接、项目建设落地生根、贸易畅通不断深化、双向投资持续提升、人文往来日益密切,取得了实打实、沉甸甸的成就。主要做了以下工作。

(一)**深化政策沟通,广泛凝聚国际合作共识**。过去五年,我国与有关国家和国际组织充分沟通协调,战略合作对接持续扩容,"一带一路"倡议得到国际社会的积极响应,成为当今世界深受欢迎的国际公共产品和国际合作平台。在共建"一带一路"框架下,深化同各方发展规划和政策对接,截至2022年底,我国已与151个国家、32个国际组织签署200余份共建"一带一路"合作文件,涵盖投资、贸易、金融、科技、社会、人文、民生等领域。全球层面,"一带一路"倡议同联合国2030年可持续发展议程有效对接,形成了促进全球共同发展的政策合力。区域层面,"一带一路"倡议与《东盟互联互通总体规划2025》、非盟《2063年议程》、欧盟欧亚互联互通战略等区域发展规划或合作倡议有效对接，政策引领和顶层设计作用有效发挥。两届"一带一路"国际合作高峰论坛形成的务实成果已经全部按计划进度落实完成，其中部分成果转入常态化工作，持续予以推进。

（二）加强设施联通，互联互通水平稳步提升。基础设施是互联互通的基石，是"一带一路"建设的优先领域。五年来，在各方共同努力下，"一带一路"基础设施联通水平日益提升，"六廊六路多国多港"的互联互通架构基本形成，一批标志性项目取得实质性进展。中老铁路全线开通，中俄黑河公路桥、同江铁路桥相继通车，印尼雅加达—万隆高铁进展顺利，中国—吉尔吉斯斯坦—乌兹别克斯坦铁路启动可行性研究，希腊比雷埃夫斯港等港口建设运营有序推进，肯尼亚蒙巴萨—内罗毕铁路等成为中非合作标志。加快建设中欧班列、陆海新通道等国际物流大通道，截至 2022 年底，中欧班列累计开行 6.5 万列次，通达欧洲 25 个国家；陆海新通道合作规划签署实施，沿线站点已覆盖国内 14 个省（区、市），辐射 119 个国家和地区的 393 个港口，2022 年陆海新通道班列发送集装箱 75.6 万标箱，同比增长 18.5%，为推动"一带一路"高质量发展作出了积极贡献。

（三）推进贸易畅通和资金融通，经贸合作持续拓展。五年来，不断创新方式、拓展领域，着力深化与"一带一路"沿线国家（以下简称沿线国家）的贸易投资金融合作，贸易和投资自由化便利化水平稳步提升，经贸务实合作取得了新进展新突破。一是与沿线国家贸易保持快速增长。过去五年，与沿线国家货物贸易额从 7.4 万亿元增至 13.8 万亿元，年均增长 13.4%。贸易结构不断优化，机电产品占我国对沿线国家贸易比重提高至 40.3%。贸易新业态快速发展，"丝路电商"成为亮点，与 29 个国家建立电子商务合作机制，一批海外仓建成运营。二是双向投资实现互惠共赢。沿线国家已成为我国企业对外投资首选地，对外投资方式更趋多元，股权置换、联合投资、特许经营等投资方式灵活运用。过去五年，我国对沿线国家直接投资累计增长 59.7%。沿线国家在华投资实现较快增长，2022 年达 891.5 亿元、同比增长 17.2%，涵盖制造业、租赁和商务服务业、批发和零售业等多个领域。三是经贸合作园区蓬勃发展。与沿线国家境外合作经贸园区项目稳步推进，成为经贸合作的重要载体。据商务部统计，截至 2022 年底，我国在沿线国家建设的境外经贸合作区累计投资 3979 亿元，为当地创造就业岗位 42.1 万个。埃及苏伊士经贸合作区、越南龙江工业园、泰中罗勇工业园等取得重要进展。一大批园区凭借自身优势迅速发展，在解决当地民众就业、带动东道国经济发展等方面发挥了积极作用。四是金融合作稳步推进。资金融通是共建"一带一路"的重要支撑和保障。积极与沿线国家开展金融合作，推动建立多层次的金融服务体系，为"一带一路"建设提供多元化的金融支持和服务。

（四）促进民心相通，人文交流互动日益密切。民心相通是共建"一带一路"的根基和关键。五年来，各国在文化、教育、旅游、科技创新和抗疫等方面开展了形式多样的民心相通项目合作，共建"一带一路"民意基础不断巩固。"一带一路"沿线多是发展中国家，公共卫生体系较为薄弱，积极推进"健康丝绸之路"建设，推动远程医疗技术、传染病防控、疫苗研制等领域合作，提升沿线国家人民健康水平。科技创新合作亮点纷呈，与沿线国家在科技人文交流、共建联合实验室、科技园区、技术转移等方面广泛开展合作，共同迎接新一轮科技革命和产业变革，推动创新之路建设。开辟更多人文领域合作渠道，开展教育、文化、体育、旅游等合作，深化与沿线国家政党、议会及主流媒体、智库等往来，架设不同文明互学互鉴的桥梁。民生援助稳步推进，大力援助沿线国家治穷减贫，提供各种专业技能培训，"小而美"项目稳步开展，给当地民众带来实实在在的获得感。

（李　强）

40. 污染治理取得哪些积极进展？

党的十八大以来，党中央高度重视生态环境保护，坚决向污染宣战。过去五年，在以习近平同志为核心的党中央坚强领导下，各地区各部门坚持精准治污、科学治污、依法治污，着力解决群众身边的突出环境问题，污染防治攻坚向纵深推进。持续打好蓝天、碧水、净土保卫战，取得了积极成效。

（一）持续打好蓝天、碧水、净土保卫战。一是扎实推进蓝天保卫战。着力打好重污染天气消除攻坚战，聚焦秋冬季细颗粒物污染，加大重点区域、重点行业结构调整和污染治理力度。着力打好臭氧污染防治攻坚战，聚焦夏秋季臭氧污染，大力推进挥发性有机物和氮氧化物协同减排。持续打好柴油货车污染治理攻坚战。深入实施清洁柴油车（机）行动。加强大气面源和噪声污染治理。注重多污染物协同治理和区域联防联控。2022 年，全国地级及以上城市细颗粒物（PM$_{2.5}$）平均浓度降至 29 微克 / 立方米，连续 3 年降到世界卫生组织所确定的 35 微克 / 立方米第一阶段过渡值以下，空气质量优良天数比例达到 86.5%，我国成为全球大气质量改善速度最快的国家之一。

二是扎实推进碧水保卫战。持续打好城市黑臭水体治理攻坚战，统筹好上下游、左右岸、干支流、城市和乡村，系统推进城市黑臭水体治理。持续打好长江保护修复攻坚战，着力打好黄河生态保护治理攻坚战。巩固提升饮用水安全保障水平。着力打好重点海域综合治理攻坚战，强化陆域海域污染协同治理。工业、农业、生活污染源和水生态系统整治加快推进，饮用水安全得到有效保障，污染严重水体和不达标水体显著减少，2022年，全国地表水优良水质（Ⅰ—Ⅲ类）断面比例上升至87.9%，劣Ⅴ类水体断面比例下降至0.7%。长江干流全线连续3年达到Ⅱ类水体，黄河干流首次全线达到Ⅱ类水体。全国近岸海域水质优良比例明显提高。地级及以上城市黑臭水体基本消除。

三是扎实推进净土保卫战。深入推进农用地土壤污染防治和安全利用，有效管控建设用地土壤污染风险，稳步推进"无废城市"建设，加强新污染物治理，强化地下水污染协同防治。全面禁止洋垃圾入境，全国土壤环境风险得到有效管控。持续打好农业农村污染治理攻坚战。加快补齐农村人居环境突出短板。注重统筹规划、有效衔接，因地制宜推进农村厕所革命、生活污水治理、生活垃圾治理，基本消除较大面积的农村黑臭水体，改善农村人居环境。约1/3行政村深入实施农村环境整治，农村生态环境得到有效改善。

（二）提升生态环境治理能力。一是建立并实施中央生态环境保护督察制度。中央生态环境保护督察是习近平总书记亲自谋划、亲自部署、亲自推动的重大制度创新。中央实行生态环境保护督察制度，设立专职督察机构，对各省、自治区、直辖市党委和政府，国务院有关部门以及有关中央企业开展例行督察，并根据需要对督察整改情况实施"回头看"，针对突出生态环境问题视情组织开展专项督察。实现两轮31个省（区、市）以及新疆生产建设兵团的督察全覆盖，并对6家中央企业和2个国务院有关部门开展督察，成为推动地方党委和政府及其相关部门落实生态环境保护责任的硬招实招。

二是建立生态产品价值实现机制，完善生态保护补偿制度。全面实行自然资源统一确权登记制度，对水流、森林、山岭、草原、荒地、滩涂、海域、无居民海岛以及探明储量的矿产资源等自然资源的所有权和所有自然生态空间统一进行确权登记，自然资源确权登记迈入法治化轨道。探索政府主导、企业和社会各界参与、市场化运作、可持续的生态产品价值实现路径，让保护修复生态环境获得合理回报，让破坏生态环境付出相应代价。完善生态保护补偿制度，加快健全有效市场和有为政府更好结合、分类补偿与综合补偿统筹兼顾、纵向补偿与横向补偿协调推进、强化激励与硬化约束协同发力的生态保护补偿制度。加快建立健全以产业生态化和生态产业化为主体的生态经济体系。完善支持绿色发展的财税、金融、投资、价格政策和标准体系。

三是严明生态环境保护责任制度。建立生态文明建设目标评价考核制度，强化环境保护、自然资源管控、节能减排等约束性指标管理，严格落实企业主体责任和政府监管责任。将资源环境相关指标作为国民经济与社会发展的约束性指标，科学构建反映资源利用、能源消耗、环境损害、生态效益等情况的经济社会发展评价体系，充分发挥考核"指挥棒"作用。落实领导干部生态文明建设责任制，制修订《党政领导干部生态环境损害责任追究办法（试行）》《中央生态环境保护督察工作规定》《领导干部自然资源资产离任审计规定（试行）》等党内法规，严格实施环境保护"党政同责、一岗双责"、尽职免责、失职追责。全面推行河湖长制、林长制。推进生态环境保护综合行政执法，深化省以下生态环境机构监测监察执法垂直管理制度改革。

四是建立实施排污许可制度。加强排污许可管理，是规范企业事业单位和其他生产经营者排污行为，控制污染物排放，保护和改善生态环境的重要手段。党的十九届四中全会提出，构建以排污许可制为核心的固定污染源监管制度体系。党的十九届五中全会提出，全面实行排污许可制。出台《排污许可管理条例》，强化排污单位主体责任和义务，落实企业环境治理的主体责任，加大对违法排污行为的处罚力度。建立健全环保信用评价制度、信息共享机制和信用评价的结果运用机制。目前已累计将 344 万余个固定污染源纳入排污许可管理范围。

五是有效防范生态环境风险。生态环境安全是国家安全的重要组成部分，是经济社会持续健康发展的重要保障。一要强化环境风险预警防控与应急。编制风险隐患清单并定期调度，紧盯危险废物、尾矿库、化学品等高风险领域，提升预警预报和风险防范水平。推进危险废物专项整治三年行动和废弃危险化学品等危险废物风险集中治理。完成全国 1 万余座尾矿库环境风险排查。提升突发环境事件应急处置能力。二要严格核与辐射安全监管。坚持安全第一、质量第一，实行最严格的安全标准和监管措施，持续强化在建和运行核电厂安全监管，加强核安全监管制度、队伍、能力建设，确保核与辐射安全万无一失。

（王胜谦）

41. 生态建设取得哪些新成效?

山水林田湖草沙是不可分割的生态系统,生态保护和修复是一个系统工程。过去五年,在以习近平同志为核心的党中央坚强领导下,各地区各部门认真贯彻落实党中央、国务院决策部署,坚持系统观念,从生态系统整体性出发,推进山水林田湖草沙一体化保护和修复,更加注重综合治理、系统治理、源头治理,提升生态系统多样性、稳定性、持续性,生态环境质量持续改善,人民群众越来越多享受到蓝天白云、绿水青山。

(一)**实施重要生态系统保护和修复重大工程。**坚持保护优先、自然恢复为主,统筹山水林田湖草沙系统治理,深入推进生态保护和修复。重点实施青藏高原、黄土高原、云贵高原、秦巴山脉、祁连山脉、大小兴安岭和长白山、南岭山地地区、京津冀水源涵养区、内蒙古高原、河西走廊、塔里木河流域、滇桂黔喀斯特地区等关系国家生态安全区域的生态修复工程,筑牢国家生态安全屏障。以国家重点生态功能区、生态保护红线、自然保护地等为重点,启动实施山水林田湖草沙一体化保护和修复工程。陆续实施三北、长江等防护林和天然林保护修复、退耕还林还草、矿山生态修复、"蓝色海湾"整治行动、海岸带保护修复、红树林保护修复等一批具有重要生态影响的生态环境修复治理工程，科学开展大规模国土绿化行动，加强荒漠化治理和湿地保护，推动森林、草原、湿地、河流、湖泊面积持续增加，土地荒漠化趋势得到有效扭转。目前，我国森林覆盖率达到24.02%，森林蓄积量达到194.93亿立方米，森林覆盖率和森林蓄积量连续30多年保持"双增长"，是全球森林资源增长最多和人工造林面积最大的国家，湿地保护率在50%以上，荒漠化土地和沙化土地面积"双减少"。

（二）**推进自然保护地体系建设**。构建以国家公园为主体、自然保护区为基础、各类自然公园为补充的自然保护地体系。明确自然保护地功能定位，确立国家公园主体地位，整合交叉重叠的自然保护地，归并优化相邻自然保护地，构建科学合理的自然保护地体系。建立统一规范高效的管理体制，实施统一设置、分级管理、分区管控，创新建设发展机制，加强生态环境监督考核。建成首批国家公园，包括三江源、大熊猫、东北虎豹、海南热带雨林、武夷山等5家，同时建成首个国家植物园、种子库。目前自然保护地面积占陆域国土面积18%，有效保护了90%的陆地自然生态系统类型和74%的国家重点保护野生动植物物种。

（三）**加强生物多样性保护**。加快完善生物多样性保护政策法规，持续优化生物多样性保护空间格局，合理布局建设物种保护空间体系，开展濒危野生动物植物物种调查和专项救护。构建完备的生物多样性保护监测体系，提升生物安全管理水平，防治外来物种侵害，提升生态系统多样性、稳定性、持续性。推进生物多样性保护重大工程。野生动物栖息地空间不断拓展，种群数量不断增加，300多种珍稀濒危野生动植物野外种群数量稳中有升。大熊猫野外种群数量40年间从1114只增加到1800余只，朱鹮由发现之初的7只增长至目前野外种群和人工繁育种群总数超过5000只，亚洲象野外种群数量从上世纪80年代的180头增加到目前的300头左右，海南长臂猿野外种群数量从40年前的仅存两群不足10只增长到五群30余只。

（四）**全面划定耕地和永久基本农田保护红线、生态保护红线和城镇开发边界**。落实最严格的生态环境保护制度、耕地保护制度和节约用地制度，统筹划定耕地和永久基本农田、生态保护红线、城镇开发边界，强化底线约束，统一国土空间用途管制，将三条控制线作为调整经济结构、规划产业发展、推进城镇化不可逾越的红线。按照生态功能划定生态保护红线，完善生态保护红线划定成果，建立健全管控体系，严守生态保护红线。按照保质保量要求划定永久基本农田，压实地方各级党委和政府耕地保护责任，牢牢守住18亿亩耕地保护红线。按照集约适度、绿色发展要求划定城镇开发边界,推动城镇化发展由外延扩张式向内涵提升式转变。目前,陆域生态保护红线面积占陆域国土面积比例超过 30%。

(五)推动重点区域绿色发展。强化京津冀协同发展生态环境联建联防联治。打造雄安新区绿色高质量发展"样板之城"。以京津冀地区为重点,开展华北地区地下水超采综合治理,扭转上世纪 80 年代以来华北地下水位逐年下降的趋势。京津冀城市空气质量优良天数比例明显上升,北京大气环境治理成效显著。以共抓大保护、不搞大开发为导向推动长江经济带发展。深入实施污染治理,全面实施长江流域重点水域十年禁渔,开展长江岸线利用项目及非法矮围清理整治。2018 年以来,累计腾退长江岸线 162 公里,滩岸复绿1213 万平方米,恢复水域面积 6.8 万亩。加快建设美丽粤港澳大湾区,夯实长三角地区绿色发展基础,加快长三角生态绿色一体化发展示范区建设,扎实推动黄河流域生态保护和高质量发展,推进南水北调后续工程高质量发展。

(六)积极参与全球环境治理。一是引领全球气候治理进程,推动应对气候变化《巴黎协定》达成、签署、生效和实施,宣布碳达峰碳中和目标愿景,不再新建境外煤电项目,充分展现负责任大国担当。积极开展应对气候变化南南合作,在发展中国家启动了低碳示范区、减缓和适应气候变化项目、应对气候变化培训名额的合作项目,实施应对气候变化的援外项目。成功举办《生物多样性公约》第十五次缔约方大会（COP15）第一阶段会议，推动通过"昆明—蒙特利尔全球生物多样性框架"。广泛开展资源节约和生态环境保护领域的多双边合作。二是共同打造绿色"一带一路"。深化环保合作，践行绿色发展理念，加大生态环境保护力度，携手打造"绿色丝绸之路"。积极推动建立共建"一带一路"绿色低碳发展合作机制，与联合国环境规划署签署《关于建设绿色"一带一路"的谅解备忘录》。倡导建立"一带一路"绿色发展国际联盟和"一带一路"生态环保大数据服务平台，帮助沿线国家提高生态环境治理水平。

（王胜谦）

42.绿色转型发展取得哪些进展？

推进节能降碳，必须从源头抓起，推动形成绿色低碳的生产方式和生活方式，从根本上缓解经济发展与资源环境约束的矛盾。近年来，各地区各部门深入推进供给侧结构性改革，大力改变过多依赖增加物质资源消耗、过多依赖规模粗放扩张、过多依赖高耗能高排放产业的发展模式，加快形成节约资源和保护环境的产业结构、生产方式、生活方式、空间格局，大幅提高经济绿色化程度，有效降低发展的资源环境代价。

（一）**传统产业绿色转型步伐加快**。在保障产业链供应链安全的同时，积极稳妥化解过剩产能、淘汰落后产能，对钢铁、水泥、电解铝等资源消耗高、污染排放量大的行业实行产能等量或减量置换政策，累计退出过剩钢铁产能 1.5 亿吨以上，地条钢全部出清，电解铝、水泥等行业的落后产能基本出清。提高部分重点行业土地、环保、节水、技术、安全等方面的准入条件，对高耗能行业实施差别电价、阶梯电价、惩罚性电价等差别化电价政策，高耗能、高排放、低水平项目得到有效遏制。推动原材料产业合理布局，在中西部地区规划布局多个现代煤化工产业示范区，在沿海地区高水平建设一批石化产业基地，形成协调联动、优势互补、共同发展的新格局。推进传统工业绿色发展，持续开展绿色制造体系建设，完善绿色工厂、绿色园区、绿色供应链、绿色产品评价标准，引导企业创新绿色产品设计、使用绿色低碳环保工艺和设备，大力推进园区循环化改造，积极实施清洁生产改造，建成一批绿色工厂、绿色工业园区和绿色供应链管理企业。

（二）绿色产业规模持续壮大。大力发展节能环保产业，持续提升产业质量，形成了覆盖节能、节水、环保、可再生能源等各领域的技术装备、产品和服务体系，2022 年我国节能环保产业产值突破 10 万亿元。积极培育壮大绿色新业态新模式，综合能源服务、能源管理、节水管理、环境污染第三方治理、碳排放管理综合服务等产业快速发展。重点发展可再生能源产业，风电、光伏发电等清洁能源设备生产规模居世界第一，多晶硅、硅片、电池组件占全球产量的 70% 以上。推动互联网、大数据、人工智能等新兴技术与绿色低碳产业深度融合，绿色制造体系和服务体系不断健全。

（三）资源利用更加节约集约。全面实施节约战略，强化能源和水资源、建设用地总量和强度调控制度，大力推广技术节能、管理节能、结构节能，推动能源效率持续提升。

实施钢铁、电力、化工等高耗能行业节能降碳改造，强化用能单位节能管理，推动重点行业大中型企业能效达到世界先进水平。开展国家节水行动，创建节水型城市，城市人均综合用水量持续下降。将再生水、淡化海水、集蓄雨水、微咸水、矿井水等非常规水源纳入水资源统一配置，有效缓解了缺水地区的水资源供需矛盾。坚持最严格的节约用地制度，完善城乡用地标准体系、严格各类建设用地标准管控和项目审批，推进交通、能源、水利等基础设施项目节约集约用地，严控新增建设用地，单位国内生产总值建设用地使用面积下降超过40%。实施资源综合利用"双百工程"，开展国家"城市矿产"示范基地建设，完善废旧物资回收网络，统筹推进废旧资源循环利用，废钢、废铜、废玻璃等再生资源循环利用量超过3.8亿吨。

（四）绿色生活方式成为新风尚。倡导绿色生活方式是一项长期系统工程，既要使人们从理念上转变认识，还要出台政策加以促进。持续开展全国节能宣传周、中国水周、全国低碳日等主题宣传活动，发布《公民生态环境行为规范（试行）》，引导社会公众自觉践行绿色生活理念，让绿色低碳成为社会主流文化，形成深刻的人文情怀。广泛开展节约型机关、绿色家庭、绿色学校、绿色社区、绿色出行、绿色商场等创建行动，将绿色生活理念普及推广到衣食住行游用等方方面面。全国 70% 县级及以上党政机关建成节约型机关，近百所高校实现了水电能耗智能监管，109 个城市高质量参与绿色出行创建行动。在地级以上城市广泛开展生活垃圾分类工作，垃圾分类效果初步显现。大力推进粮食节约和反食品浪费工作，节约粮食蔚然成风。围绕促进绿色消费，不断完善绿色产品认证采信推广机制，健全政府绿色采购制度，实施能效水效标识制度，积极推广应用新能源汽车、高能效家电、节水型器具等节能环保低碳产品。

（姜秀谦）

43. 绿色治理体系建设方面做了哪些工作？

五年来，着眼把节能降碳纳入法治化、制度化、市场化轨道，加快完善绿色低碳法律和政策体系，推动资源环境要素市场化配置，增强绿色低碳科技创新能力，为稳步推进节能降碳提供了坚实的基础支撑。

（一）**法制建设和监督管理持续强化**。制定和修改长江保护法、黄河保护法、土地管理法、森林法、草原法、湿地保护法、环境保护法、环境保护税法以及大气、水、土壤污染防治法和核安全法等法律，覆盖各重点区域、各种类资源、各环境要素的绿色治理法律法规体系基本建立。持续完善重点领域绿色发展标准体系，累计制修订绿色发展有关标准 3000 余项，发布节能国家标准 378 项，基本涵盖了生产生活各个方面。实施省以下生态环境机构监测监察执法垂直管理制度改革，严厉查处自然资源、生态环境等领域违法违规行为，为绿色发展提供了有力法治保障。建立完善推进绿色发展的目标评价考核制度，严格落实企业主体责任和政府监管责任。摒弃"唯 GDP 论英雄"的发展观、政绩观，将资源环境相关指标作为国民经济与社会发展的约束性指标，科学构建反映资源利用、能源消耗、环境损害、生态效益等情况的经济社会发展评价体系，优化完善节能目标责任评价考核方式，充分发挥考核的"指挥棒"作用。

（二）经济政策和市场化机制逐步完善。建立完善政府有力主导、企业积极参与、市场有效调节的体制机制，更好激发全社会参与绿色发展的积极性。加大财政支持力度，创新和完善节水节能、污水垃圾处理、大气污染治理等重点领域的价格形成机制，实施 50 余项税费优惠政策，引导优化资源配置，支持促进资源节约和高效利用，推动绿色产业发展。开展全国碳排放权交易市场建设，建立碳排放数据质量管理长效机制，全国碳排放配额累计成交 2.2 亿吨，成交金额超 100 亿元。加快建设全国统一电力市场和绿色电力交易试点，逐步构建起以中长期交易为"压舱石"、辅助服务市场为"稳定器"、现货市场为"试验田"的电力市场体系，进一步发挥市场在生态环境资源配置中的基础性作用。大力发展绿色金融，形成绿色信贷、绿色债券、绿色保险、绿色基金、绿色信托等多层次绿色金融产品和市场体系，国内 21 家主要银行绿色信贷余额达 20.6 万亿元。

（三）绿色低碳技术加快突破。聚焦化石能源绿色智能开发和清洁低碳利用、可再生能源大规模利用、储能、二氧化碳捕集利用和封存等重点，谋划实施一批具有前瞻性、战略性的国家重大科技示范项目。围绕节能环保、清洁生产、清洁能源等领域，强化关键绿色技术攻关，加快节能降碳先进技术研发和推广应用，绿色技术装备和产品供给能力显著增强、制造成本持续下降，节水设备、污染治理、环境监测等多个领域技术已达到国际先进水平。加强绿色技术创新支持力度，绿色技术产权保护取得了明显进展，节能环保产业有效发明专利突破 5 万件，环境技术发明专利总量接近全球 60%，我国成为全球布局环境技术创新最积极的国家。

（四）全球绿色治理贡献日益凸显。我国将用全球历史上最短时间实现碳达峰到碳中和，这本身就充分体现了负责任大国的担当。同时，我国秉持人类命运共同体理念，坚持公平原则、共同但有区别的责任原则和各自能力原则，坚定落实《联合国气候变化框架公约》，以积极建设性姿态参与全球气候谈判议程，为《巴黎协定》达成和落实作出历史性贡献，推动构建公平合理、合作共赢的全球气候治理体系。积极开展应对气候变化南南合作，2016 年起在发展中国家启动 10 个低碳示范区、100 个减缓和适应气候变化项目、1000 个应对气候变化培训名额的合作项目，实施了 200 多个应对气候变化的援外项目。深化绿色"一带一路"建设，与联合国环境规划署签署《关于建设绿色"一带一路"的谅解备忘录》，与有关国家及国际组织签署 50 多份生态环境保护合作文件，与 31 个共建国家共同发起"一带一路"绿色发展伙伴关系倡议，积极帮助共建国家加强绿色人才培养、清洁能源重点工程建设，为所在国绿色发展提供了有力支撑。积极参与二十国集团、中国—东盟峰会、东盟—中日韩峰会、东亚峰会、中非合作论坛、金砖国家、上海合作组织、亚太经合组织等框架下能源转型、能效提升等方面合作，牵头制定《二十国集团能效引领计划》，成为二十国集团领导人杭州峰会重要成果。推动与联合国有关机构以及亚洲开发银行、国际能源署等国际组织在工业、农业、能源、交通运输、城乡建设等重点领域开展绿色低碳技术援助、能力建设和试点项目，为推动全球可持续发展作出了重要贡献。

（姜秀谦）

44. 过去五年教育公平和质量提升取得哪些新进展？

教育是国之大计、党之大计。习近平总书记指出，"实现中华民族伟大复兴，基础在教育"。过去五年，我们全面贯彻党的教育方针，坚持优先发展教育事业，财政性教育经费占国内生产总值比例每年都保持在 4% 以上，推动教育事业发展取得历史性成就、发生历史性变革。

（一）把立德树人融入教育各环节。广大教育工作者紧扣立德树人根本任务，自觉用习近平新时代中国特色社会主义思想铸魂育人。一是"大思政"育人格局加快形成。统筹推进大中小学思政课一体化建设，持续推进习近平新时代中国特色社会主义思想进教材、进课堂、进头脑。中小学思政课建设得到加强，高校全面开设"习近平新时代中国特色社会主义思想概论"课程，课程思政与思政课程、课外教育与课内教育紧密结合、有机衔接。二是德智体美劳"五育并举"要求加快落实。2021 年，新修订的教育法将"劳"纳入党的教育方针，强调"培养德智体美劳全面发展的社会主义建设者和接班人"。全国中小学生每天校内体育锻炼时间超过 1 小时，99.8% 的义务教育学校开齐开足音乐和美术课，大中小学劳动教育持续推进。三是加强健康教育促进学生身心健康发展。把学生健康作为学校教育质量标准和学生综合素质评价的重要组成部分，国家学生体质健康标准测试达标优良率逐渐上升。高度重视学生心理健康，加快构建学生心理健康促进体系。四是高效统筹疫情防控和教育教学工作。因时因势、科学精准开展疫情防控，最大程度减少疫情对师生正常学习生活的影响，有力守护亿万师生的生命安全和身体健康，维护校园安全和教育教学秩序稳定，为取得疫情防控重大决定性胜利作出重要贡献。

（二）基础教育改革发展取得显著成就。高度重视基础教育的基础性、先导性作用，基础教育普及水平更加巩固。一是义务教育优质均衡发展和城乡一体化加快推进。义务教育巩固率由93.8%提高到95.5%，全国2895个县全部实现县域义务教育基本均衡发展。持续加强农村义务教育薄弱环节建设，城镇大班额基本消除。推动解决进城务工人员子女入学问题。历史性解决长期存在的辍学问题，20万名义务教育阶段建档立卡辍学学生自2020年底保持动态清零。持续实施营养改善计划，每年惠及3700多万学生。连续实施特殊教育提升计划，适龄残疾儿童义务教育入学率超过95%。引导规范民办教育发展，义务教育基本公共服务属性得到进一步强化。二是学前教育普及水平大幅提高。多渠道增加幼儿园供给，学前三年毛入园率达到 88.1%，实现基本普及。学前教育区域、城乡差距明显缩小，全国新增幼儿园 80% 左右集中在中西部，60% 左右分布在农村。三是普通高中特色多样发展。2022 年全国普通高中在校生达到 2713 万人，毛入学率提高到 90% 以上。推动普通高中朝着特色化、多样化方向发展，加强优势学科培育和特色课程建设，有序实施选课走班教学，促进学生全面而有个性发展。

（三）教育服务经济社会发展能力全面增强。一体推进教育发展、科技创新、人才培养，为社会主义现代化建设提供有力人才和智力支撑。一是现代职业教育体系加快构建。深化产教融合、校企合作，鼓励行业企业全面参与教育教学各个环节，职业教育"双师型"教师超过 50%。加快建立"职教高考"制度，稳步推进本科层次职业教育，高职近 3 年累计扩招 413 万人。中高职学校每年培养 1000 万左右的高素质技术技能人才。二是高等教育进入普及化阶段。在学总人数超过 4430 万人，毛入学率从 45.7% 提高至 59.6%，进入世界公认的普及化阶段。我国接受高等教育的人口达 2.18 亿，新增劳动力平均受教育年限从 13.5 年提高到 14 年。深入实施"强基计划"和基础学科拔尖人才培养计划，建设 288 个基础学科拔尖学生培养基地，接续推进世界一流大学和一流学科建设。高校招生持续加大对中西部地区和农村地区倾斜力度，统筹教育资源支持东北振兴和雄安新区、粤港澳大湾区、海南自贸区建设，支持中西部高等教育发展。三是服务全民终身学习的教育体系日趋完善。国家开放大学加快发展，国家老年大学挂牌成立，老年教育机构总量不断增长。职业教育国家"学分银行"落地运行。国家智慧教育平台上线，教育服务数字化、网络化、智能化水平不断提升。

（四）教育改革创新发展不断深化。持续推进教育领域综合改革，着力破除制约教育事业发展的体制机制障碍。一是教育评价改革加快落实落地。改革义务教育质量评价方式，优化普通高中学校办学质量评价，规范高等学校 SCI 论文相关指标使用，推进高校人才称号回归学术性、荣誉性。二是教育督导体制机制改革更加深化。健全"督政、督学、评估监测"三位一体的教育督导体系，教育督导"长牙齿"目标基本实现。三是高素质专业化教师队伍基本形成。我国专任教师总数达到 1844.4 万人，比 2017 年增加 217 万人，各级各类教师素质不断提升。义务教育教师平均工资水平不低于当地公务员平均工资水平基本实现并不断巩固。实施乡村教师生活补助政策，惠及中西部 7.6 万所乡村学校 130 万教师。"特岗计划"为中西部乡村学校补充 103 万名教师。四是考试招生制度改革稳妥推进。全国共有 29 个省份启动高考综合改革。实施重点高校招收农村和贫困地区学生专项计划，招生名额从 6.3 万人增至 13.1 万人。五是"双减"工作深入推进。义务教育阶段线下学科类培训机构压减率达 96%，非学科类培训全面纳入日常监管。同时，加强学校的课后服务供给，学校教育主阵地作用更加强化。六是教育国际合作继续深化。我国同 181 个建交国普遍开展教育合作与交流，举办孔子学院（孔子课堂）的国家和地区从 146 个增至 159 个，签署学历学位互认协议的国家和地区从 46 个增加到 58 个，鲁班工坊从 4 所增至 27 所。全面参与联合国教科文组织等多边机制框架下的教育合作，举办世界职业技术教育发展大会等国际会议，筹办多场中外高级别人文交流机制会议。

（侯万军）

45. 义务教育发展取得哪些新成效？

习近平总书记指出，"义务教育是国民教育的重中之重"。过去五年，我们高度重视义务教育事业发展，义务教育普及水平更加巩固，公平优质的义务教育服务体系更加健全，人民群众的教育获得感不断增强。

（一）**深入落实立德树人根本任务**。广大教育工作者坚持五育并举、德育为先，自觉用习近平新时代中国特色社会主义思想铸魂育人，培养德智体美劳全面发展的社会主义建设者和接班人，有力促进了 1.58 亿名义务教育阶段学生全面发展。一是充分发挥思政课关键课程作用。开齐开足课时、创新教学方法、丰富课程内容，编写《习近平新时代中国特色社会主义思想学生读本》，全面推进习近平新时代中国特色社会主义思想进教材、进课堂、进头脑。二是加强体育、美育和劳动教育。体育课程开课率接近 100%，学生每天校内体育锻炼时间超过 1 小时。99.8% 的义务教育学校开齐开足音乐、美术课，更多学生能够享受公平优质的艺术教育。中小学劳动教育持续推进，全国中小学建立 96 个劳动教育实验区，实现每周不少于 1 课时要求。三是促进学生身心健康发展。把学生健康作为学校教育质量标准和学生综合素质评价的重要内容，配齐配强校医，建立专兼职心理健康工作队伍。国家义务教育质量监测结果显示，学生普遍具有积极的人生价值观，80%左右学生学业表现达到中等以上水平。

（二）义务教育优质均衡发展和城乡一体化加快推进。 突出义务教育的重要地位和作用，在巩固提高普及水平的基础上实现高质量发展。一是财政资金投入优先保障义务教育。财政性义务教育经费从 1.93 万亿元增加到 2.29 万亿元，占国家财政性教育经费投入的比例始终保持在 50% 以上。小学生均经费支出从每生每年 1.21 万元增至 1.44 万元，初中生均经费支出从每生每年 1.75 万元增至 2.07 万元。生均公用经费标准经过多次提标，达到东中西部统一的小学 650 元、初中 850 元。二是保障平等接受义务教育权利。我国义务教育阶段现有 1.58 亿名学生，义务教育巩固率由 93.8% 提高到 95.5%，全国 2895 个县全部实现县域义务教育基本均衡发展。全国小学净入学率提高到 99.9% 以上，初中阶段毛入学率始终保持在 100% 以上。持续加强农村义务教育薄弱环节建设，城乡学校办学条件差距逐步缩小，城镇大班额基本消除。推动解决进城务工人员子女入学问题，义务教育阶段进城务工人员随迁子女在公办学校就读和享受政府购买民办学校学位服务的占比达到 90% 以上。历史性解决长期存在的辍学问题，20 万名义务教育阶段建档立卡辍学学生自 2020 年底保持动态清零，教育脱贫攻坚战取得全面胜利。连续实施特殊教育提升计划，适龄残疾儿童义务教育入学率超过95%。开展民族地区推普攻坚、农村地区推普助力乡村振兴、国家通用语言文字高质量普及行动，全国普通话普及率达到80.7%，各族师生中华民族共同体意识更加牢固。三是持续实施营养改善计划。每年惠及3700多万学生，营养膳食补助国家基础标准提高到5元，受益学生的体质健康合格率明显提升，体质健康合格率提高至86.7%。

（三）义务教育改革创新发展不断深化。推进义务教育领域综合改革，努力破解人民群众关心的热点难点问题，不断完善义务教育事业发展的体制机制。一是改革义务教育质量评价方式。全面落实中共中央、国务院《关于深化教育教学改革全面提高义务教育质量的意见》，促进义务教育内涵发展和质量提升，克服唯分数、唯升学的评价导向。深化考试内容改革，着重考查学生独立思考和运用所学知识分析问题、解决问题等关键能力。引导规范民办教育发展，义务教育基本公共服务属性得到进一步强化。二是依法保障义务教育教师工资待遇。全国中小学教职工编制省市县三级全面达标，义务教育教师特别是农村教师工资待遇明显改善，义务教育阶段教师平均工资水平不低于当地公务员平均工资水平基本实现并不断巩固。实施乡村教师生活补助政策，惠及中西部7.6万所乡村学校130万名教师。"特岗计划"为中西部乡村学校补充 103 万名教师。三是提升义务教育阶段教师素质。我国义务教育阶段现有 1057 万名教师，比 2017 年增加 100 万人。义务教育教师结构不断优化，小学教师本科以上学历达到 70.3%。中小学设置正高级教师职称，教师职业发展通道更加畅通。四是"双减"工作深入推进。各地各校认真贯彻落实中办、国办《关于进一步减轻义务教育阶段学生作业负担和校外培训负担的意见》，义务教育阶段线下学科类培训机构压减率达 96%，非学科类培训全面纳入日常监管。学生负担明显减轻，90% 以上的学生能在规定时间内完成书面作业。在治理违规校外培训的同时，加强了学校的课后服务供给，有 92% 以上学生自愿参加了课后服务，学校教育主阵地作用更加强化。

（陈光华）

46. 过去五年医疗卫生服务能力有哪些新提高?

过去五年,在以习近平同志为核心的党中央坚强领导下,各地区各部门深入推进健康中国行动,深化医药卫生体制改革,把基本医疗卫生制度作为公共产品向全民提供,进一步缓解群众看病难、看病贵问题,人民健康福祉得到更好保障。

(一)**基本医疗服务水平显著提升**。基本医疗服务是医疗服务中的基础环节,直接关系人民群众生命安全和身体健康。我国 70% 以上的医疗资源集中在城市,东部地区集中了全国近一半的三级医院,综合实力强的医院大都集中在大城市。2019 年,国家启动区域医疗中心建设,就是针对群众异地就医流向和重点疾病,推动优质资源扩容下沉和区域均衡布局。目前,已设置 13 个国家医学中心,布局建设 76 个国家区域医疗中心,既为相关地区培养了人才、提升了医疗水平,也改善了就医流向,减少了群众跨区域就医,缓解了大城市大医院的就医压力。针对我国基层医疗卫生服务能力不足问题,各地着力加强县、乡、村三级医疗服务体系建设,持续提升县域医疗卫生服务能力,86% 的县医院达到二级以上服务能力,乡村医疗卫生机构和人员"空白点"全面消除,基层医疗卫生网底进一步夯实。医疗卫生人才是人民健康的守卫者。五年来,我国执业(助理)医师从339万人增长到440万人,注册护士从380万人增长到520万人,每万人口全科医生从1.82人增长到3.08人。

（二）**重大疾病防治成效显著。**针对影响人民健康的重大疾病,我们因病施策、综合防控,努力实现各个击破。实施艾滋病、结核病防治攻坚行动,艾滋病感染者治疗覆盖率和成功率均超过90%。启动地方病、尘肺病等重大疾病防控专项行动,地方病病区县总体控制、消除率达到99.9%,年度报告新发职业性尘肺病下降48%,95%的县区能够提供职业健康检查服务,98%的地市具备职业病诊断服务能力。加强重大慢性病健康管理,强化癌症、脑卒中、心血管病、慢性阻塞性肺疾病等早期筛查,扩大"三高"(高血压、高血糖、高血脂)共管试点覆盖范围,加强国家慢性病综合防治示范区建设,重大慢性病过早死亡率持续下降。消除疟疾通过世界卫生组织认证。

（三）**基本公共卫生服务提质扩面。**开展基本公共卫生服务,是落实预防为主的重要举措。五年来,基本公共卫生服务经费人均财政补助标准从50元提高到84元,服务项目涵盖了居民健康档案、健康教育、重点人群健康管理等12类主要由基层医疗卫生机构提供的服务,以及地方病防治、农村妇女"两癌"筛查、老年健康与医养结合服务等16项不限于基层医疗卫生机构实施的服务，切实减少了疾病的发生，有效提升了基本公共卫生服务均等化水平。预防接种是防控传染病最有效的手段，目前适龄儿童国家免疫规划疫苗接种率保持在90%以上，多种疫苗可预防传染病降至历史最低水平。

（四）重点人群健康服务不断完善。不同人群的健康特点各有不同，需要有针对性的健康服务。五年来，国家大力保障母婴安全，母婴安全五项制度和三级预防措施全面落实，全国孕产妇住院分娩率持续稳定在99%以上，孕产妇系统管理率、儿童健康管理率保持在90%以上，开展全国婴幼儿照护服务示范城市创建，优生优育水平不断提升。妇幼健康工作扎实开展，《中国妇女发展纲要（2011—2020年）》和《中国儿童发展纲要（2011—2020年）》目标顺利完成，全国孕产妇、婴儿、5岁以下儿童死亡率降至历史最低水平。完善老年健康服务体系，优化老年人等群体就医服务，设有老年医学科的二级及以上综合性医院达4685个，在13个省份开展老年人失能预防与干预试点。促进医养结合，推动医疗卫生机构与养老服务机构建立签约合作关系，强化医疗卫生与养老服务衔接。

（五）全民基本医保的保障水平和服务效率稳步提升。全民医保是中国特色基本医疗卫生制度的基础。五年来，尽管财政收支矛盾压力加大,但国家对城乡居民医保投入只增不减,人均财政补助标准从 450 元提高到 610 元。将更多群众急需药品纳入医保报销范围,医保药品目录内药品数量较 2017 年新增 618 种。加大门诊保障力度,推动职工医保门诊统筹,建立健全高血压、糖尿病门诊用药保障机制。稳步推进长期护理保险制度试点,国家试点城市达 49 个,参保人员超过 1.4 亿,累计超过 180 万失能群众获益。完善重特大疾病医疗保险和救助制度,减轻困难群众和大病患者医疗费用负担。加大医保基金监管力度,累计检查医药机构 318.9 万家次,处理 154.3 万家次,追回医保基金 771.3 亿元,曝光典型案例 24.5 万件,评定 184 家医药企业失信等级并实施惩戒,有力守护了人民群众的"保命钱"、"救命钱"。

(六)中医药传承创新发展取得积极成效。2019 年,党中央、国务院印发《关于促进中医药传承创新发展的意见》,对中医药工作作出系统安排。2021 年部署实施中医药振兴发展重大工程。五年来,我们坚持中西医结合、中西药并用,推动中医药和西医药相互补充、协调发展,中医药服务能力明显提升。全国中医类医疗卫生机构总数由 5.42 万个增加至 7.73 万个、床位数由 113.6 万张提升至 150.5 万张,中医类别执业(助理)医师由 52.7 万人增加至 73.2 万人,基本实现社区卫生服务中心和乡镇卫生院中医馆全覆盖。实施中医药特色人才培养工程(岐黄工程),完成第四次全国中药资源普查，完善道地药材生产技术标准和等级评价制度。特别是在新冠疫情防控中，制定多版中医药诊疗技术方案，筛选出"三药三方"等一批有效中药方，充分彰显了中医药独特优势。

（庚　波）

47. 过去五年深化医药卫生体制改革有哪些新进展？

过去五年，在以习近平同志为核心的党中央坚强领导下，各地各部门牢固树立大卫生大健康理念，持续深化医疗、医保、医药"三医"联动改革，在基础性、关联性、标志性改革方面实现新突破。

（一）全面推开公立医院综合改革。我国有 1.2 万家公立医院，是医疗服务体系的主体。各地区各有关部门坚持以公益性为导向，持续深化公立医院管理运行、人事薪酬、服务价格等综合改革，实施公立医院高质量发展促进行动，建立健全现代医院管理制度，遴选首批 15 个公立医院改革与高质量发展示范城市，在 14 家大型高水平公立医院开展高质量发展试点。推进提升高水平医院临床研究和成果转化能力试点，建设 254 个国家临床重点专科项目，全国 97% 的三级医院、90% 的二级医院开展了临床路径管理。加强妇幼儿科、精神卫生、麻醉、老年医学以及重点检验检查等临床专科建设，加快补齐公立医院发展短板。实施公立医院绩效考核，基本实现二、三级公立医院全覆盖，倒逼医院加强精细化管理，提升医疗服务质量和效率。

（二）**完善分级诊疗体系**。建立分级诊疗制度，是合理配置医疗资源、促进基本医疗卫生服务均等化的重要举措。国家出台一系列政策，健全引导和保障机制，改革基层医疗卫生机构运行与分配方式，提高基层医保报销比例，规范家庭医生签约服务管理，着力推动构建基层首诊、双向转诊、急慢分治、上下联动的分级诊疗格局，基本形成分级诊疗顶层设计和建设架构，县域内常见病多发病就诊率超过90%，双向转诊人次数持续增加，就医结构明显优化。同时，积极发展互联网医疗，远程医疗服务平台地市级覆盖率达到100%，县级覆盖率达到90%以上。

（三）**改革完善疾病预防控制体系**。疾病预防控制体系是保护人民健康、保障公共卫生安全、维护经济社会稳定的重要保障。针对疾病预防控制体系暴露出的突出问题，2021年党中央、国务院印发了疾病预防控制体系改革方案，组建国家疾病预防控制局，稳步推进省、市、县三级疾控机构改革工作。加强疾病和健康危险因素监测，初步建立了覆盖病例报告、发热门诊、社区哨点、重点场所、口岸城市等多个渠道、多种方式的监测网络。强化实验室检测，完善国家、省、市、县四级实验室检测网络，具备在72小时内检测300多种病原体的能力。提高流行病学调查和应急处置能力，建成4大类59支国家卫生应急队伍，突发公共卫生事件信息平均报告时间缩短到4小时以内。

（四）深入推进健康中国行动。健康中国行动是加快推动从以治病为中心转变为以人民健康为中心的重要举措。2019 年，国务院印发《关于实施健康中国行动的意见》，部署开展 15 个专项行动。目前，健康中国行动 2022 年主要目标如期实现，有利于健康的生活方式、生态环境和社会环境加快形成。健康教育体系进一步健全，健康知识广泛普及，居民健康素养显著提升。群众"舌尖上的安全"得到更好守护，食品污染和有害因素监测覆盖 99% 的县区，食源性疾病监测覆盖 7 万余家各级医疗机构。国民营养计划和健康中国之合理膳食行动深入推进，促进"吃得安全"向"吃得健康"转变。全民健身运动广泛开展，群众身边的体育场地设施不断增加。爱国卫生运动深入开展，城乡人居环境卫生状况持续改善，为保障人民健康发挥了重要作用。特别是在新冠疫情防控中，爱国卫生运动的组织优势和群众动员优势充分发挥，有力支撑了筑牢疫情防控社会大防线。

（五）完善基本医保跨省异地就医费用直接结算机制。异地就医直接结算是完善医保制度的重要举措，也是政府公共服务适应人口流动的一项制度改革。首先从异地结算住院费用开始，逐步推广到门诊费用，方便了群众就医，更重要的是从制度层面解决了长期以来医保服务与人口流动不相适应的问题。目前，住院和门诊费用实现跨省直接结算，惠及5700 多万人次。全国住院费用跨省联网定点医疗机构 6.3 万家，普通门诊费用（《2022 医疗保障事业发展统计快报》）跨省联网定点医药机构达到 31.5 万家，每个县至少有 1 家定点医疗机构提供包括普通门诊费用在内的医疗费用跨省直接结算服务，高血压、糖尿病、恶性肿瘤门诊放化疗、尿毒症透析、器官移植术后抗排异治疗等 5 种门诊慢特病相关治疗费用跨省直接结算实现统筹地区全覆盖。

（六）推行药品和医用耗材集中带量采购。集中带量采购是协同推进医药服务供给侧改革的重要举措。2018 年，启动国家组织药品集中采购和使用改革，逐步扩大到医用耗材。目前，国家组织集采 7 批 294 种药品平均降价超过50%，3 批 4 类耗材平均降价超过 80%，叠加地方联盟集采，降低费用负担超过 4000 亿元。鼓励各地对国家组织集采以外的药品和耗材开展联盟集采，逐步实现国内上市、临床必需、质量可靠的各类药品和耗材应采尽采。同时，严格中选药品质量监管，加强价格和供应异常变动监测预警，避免药品短缺断供。加强罕见病用药保障，支持慈善救助、商业健康险、职工互助等发挥综合帮扶作用，努力让罕见病患者用得上药、用得起药。

（庾　波）

48. 养老托育等社会服务工作取得哪些进展?

针对人口老龄化少子化日益突出的问题，推动实施积极应对人口老龄化国家战略，促进老龄事业和养老产业发展，实施三孩生育支持政策及配套措施，完善养老托育服务体系，同时加强妇女儿童等权益保护，提升社会服务水平。

（一）**社区和居家等养老服务取得积极进展。**立足我国国情实际和传统习惯，扎实推进居家社区机构相协调、医养康养相结合的养老服务体系建设。为适应群众养老服务需要，国家出台了一系列支持政策，加大社区养老服务设施建设，推动新建居住小区建设日间照料、助餐助洁助浴、老年文化活动等配套设施，已建居住小区通过购置、置换、租赁等方式配套。截至 2022 年底，社区养老服务机构和设施超过 34 万个，养老床位数 309 万张。为鼓励吸引社会力量增加服务供给，自 2019 年起，对提供社区养老服务的相关收入免征增值税，对承受或提供房产、土地用于社区养老服务的，免征契税等 6 项收费。不少地方又通过加大经费补贴等方式给予支持。为应对疫情对养老服务机构的影响，采取免除国有房屋租金、减免"六税两费"、减免或缓缴社保费、普惠养老再贷款等措施，帮助养老服务机构渡难关。针对大城市养老服务"一床难求"等问题，实施普惠养老城企联动专项行动。鼓励发展农村互助式养老服务，加快补齐农村养老服务短板。

（二）医养结合稳步推进。为提升老年人健康生活质量，深入推进医养康养相结合的养老服务。优化医疗服务资源，加强老年医学科建设，截至 2021 年底，设有老年医学科的二级及以上综合性医院达 4685 个，医养结合机构达 6492 家、床位数 175 万张。推动医疗服务向居家社区延伸，支持有条件的医疗卫生机构为居家高龄、重病、失能失智等老年人提供家庭病床、上门巡诊等居家医疗服务，约 1.2 亿 65 岁及以上老年人在城乡社区接受健康管理服务。我国有 4000 多万失能半失能老年人，针对他们的照护需求，加强康复医院、护理院、安宁疗护机构建设，提高养老机构护理型床位的比重。截至 2022 年底，护理型床位占比达到 58.1%，提前完成"十四五"规划确定的 55% 的目标。从 2016 年起，在部分省市开展长期护理保险试点，2020 年将试点范围扩大到 49 个城市，参保人数超过 1.45 亿人，制度框架、政策标准、运行机制、管理办法更加完善，受益群体不断扩大。

（三）三孩生育政策及配套支持措施深入实施。为应对人口发展形势变化,党中央、国务院 2021 年出台《关于优化生育政策促进人口长期均衡发展的决定》,作出了实施一对夫妻可以生育三个子女政策的重大决定,并采取一系列配套支持措施。加强生育服务保障,全面落实母婴安全五项制度和三级预防措施,全国孕产妇住院分娩率持续稳定在 99% 以上,2021 年婴儿死亡率下降到 5‰,5 岁以下儿童死亡率下降到 7.1‰。完善托育服务体系,每千人口拥有 3 岁以下婴幼儿托位数从 2020 年的 1.8 个增加到 2022 年的 2.5 个,2021 年学前三年毛入园率达到 88.1%,其中普惠性幼儿园覆盖率达到 87.8%。为减轻家庭养育负担,将 3 岁以下婴幼儿照护费用,按照每个婴幼儿每月 1000 元的标准,纳入个人所得税专项附加扣除。各地还通过延长生育假、发放生育补贴等方式加大支持。目前,出生人口中二孩及以上占比提高到 55% 以上。

(四)妇女、儿童权益得到有力保障。妇女儿童是权益容易受到侵害的重点群体。针对群众反映强烈的拐卖妇女儿童等突出问题,建立反拐部际联席会议制度,党中央、国务院先后 3 次出台国家反拐行动计划,2021 年又制定了《中国反对拐卖人口行动计划(2021—2030 年)》。通过开展打击拐卖妇女儿童犯罪专项行动,从严从重惩处犯罪分子,拐卖妇女儿童犯罪得到有效遏制。深入贯彻实施《妇女权益保障法》、《未成年人保护法》、《反家庭暴力法》等法律法规，严厉打击暴力、虐待、性侵、校园欺凌等侵害妇女儿童权利的违法行为。在做好权益保护工作同时，全面落实儿童福利政策，将事实无人抚养儿童纳入保障范围，集中和分散养育孤儿基本生活保障标准分别达人均每月 1793 元和 1351 元。开展全国未成年人保护示范创建，加快完善家庭监护支持政策，构建未成年人保护工作网络。

（王存宝）

49. 在保障群众基本生活方面主要采取了哪些措施？

围绕保障好群众基本生活，持续合理提高基本养老、城乡低保、失业和工伤等保障水平，扩大社会救助覆盖面，让广大群众共享经济社会发展成果。

（一）**合理提高养老金水平。**我国领取基本养老金人员有3亿多人，其中退休职工1.3亿多人、城乡居民1.7亿多人。对企业退休人员基本养老金，国家2005年以来已经连续十多年上调，2016年起同步调整企业和机关事业单位退休人员基本养老金。综合考虑物价变动、职工工资增长、基金承受能力以及财力状况等因素，2018年以来继续按照一定的比例调整养老金水平，特别是疫情发生后针对退休人员面临的实际困难保持合理的调增幅度，其中2022年总体调整比例为4%。同时，建立健全基本养老金待遇确定和合理调整机制，完善多缴多得、长缴多得的激励约束制度。对城乡居民基础养老金最低标准，自2014年起共作了4次调整，分别是2014年提高到70元、2018年提高到88元、2020年提高到93元，2022年提高到98元。不少地方在最低标准基础上又进一步提高了基础养老金标准，加上个人账户的养老金，目

211

前全国城乡居民养老金水平为每人每月 196 元，待遇水平稳步提高。

（二）稳步提升城乡低保、失业和工伤保障等标准。截至 2022 年底，我国共有 4032 万人享受城乡最低生活保障。低保标准逐年提高，全国城市、农村低保标准分别由五年前的 541 元／人月、358 元／人月，提高到 2022 年底的 752 元／人月、582 元／人月，分别提高 39% 和 62.6%。为支持各地做好困难群众救助保障，中央财政加大转移支付力度，五年来共下达救助补助资金 7537 亿元。我国失业保险参保人员达 2.4 亿人，考虑到近年来就业压力较大、失业人员增多，2020 年以来阶段性扩大了失业保险保障范围，每年有 1000 多万失业人员领取各类失业保险待遇。为保障失业人员基本生活，逐步提高失业保险金标准，失业保险金月人均水平从五年前的 1111 元提高到 2021 年的 1585 元。我国工伤保险参保人数达 2.9 亿人，每年有 200 万人左右享受工伤保险待遇，工伤保障水平根据职工平均工资和物价等情况逐步上调，截至 2021 年底，月平均工伤保险伤残津贴约 4000 元。

（三）加大社会救助实施力度。把兜底保障作为脱贫攻坚的重要举措，全面落实"兜底一批"脱贫任务，将 1936 万建档立卡贫困人口纳入低保或特困供养，占全部脱贫人口的 19.6%。为巩固拓展脱贫攻坚成果，有关部门自 2021 年起建设了低收入人口动态监测信息平台，覆盖约 6300 万低收入人口、其中包括防止返贫监测对象和其他困难人员约600万，及时采集、核实低收入人口信息，动态监测困难情形，切实做好救助帮扶。为应对疫情对困难群众基本生活的影响，适度扩大城乡低保范围，将低保边缘家庭中的重残人员、重病患者等特殊困难人员纳入保障。积极应对超预期因素冲击，为低保对象、特困人员等困难群众增发一次性生活补贴、共4500多万人受益。阶段性扩大社会救助和保障标准与物价上涨挂钩联动机制保障范围，将孤儿、事实无人抚养儿童、艾滋病病毒感染儿童等特殊儿童群体和低保边缘人口纳入保障范围，共惠及6700万人，避免了物价上涨影响困难群众基本生活。

（四）强化临时遇困人员救助帮扶。一方面，适度扩大临时救助范围。特别是疫情发生以来，将临时救助范围扩大到未参加失业保险的失业人员，对符合条件的由务工地或经常居住地发放一次性临时救助金。加大对因疫因灾遇困群众临时救助力度，仅2020年新增救助就超过800万人次。加强受灾人员救助政策衔接，对经过应急期救助、过渡期生活救助后基本生活仍有较大困难的受灾群众及时给予临时救助，防止因灾致贫返贫。对其他基本生活陷入困境，相关社会救助和保障制度暂时无法覆盖的家庭或个人，也通过临时救助给予帮扶。另一方面，提高临时救助的精准性便利性。健全完善及时报告、主动发现、快速响应机制，逐步取消户籍地、居住地申请限制，探索由急难发生地实施临时救助。近年来每年救助都在 1100 万人次左右，有效化解了群众的急难问题。

（五）做好残疾人关爱服务。我国有 8500 万残疾人，是需要格外关心、格外关注的特殊困难群体。加强残疾人基本民生保障，将重残无业、以老养残等特殊困难群体单独纳入低保，1052.9 万残疾人领取最低生活保障。在全面打赢脱贫攻坚战过程中，710 多万农村建档立卡贫困残疾人如期脱贫。在国家层面建立残疾人专项福利补贴制度，1185.6 万困难残疾人得到生活补贴、1543.5 万重度残疾人得到护理补贴。提升残疾预防和残疾人康复服务水平，实施国家残疾预防行动计划，努力控制残疾发生发展，残疾人基本康复服务覆盖率、辅助器具适配率均超过 80%。2018 年，全面建立残疾儿童康复救助制度，为经济困难家庭 0—6 岁残疾儿童接受基本康复服务提供制度性保障，累计约 170 万人次残疾儿童得到康复救助服务。多渠道多层次扶持残疾人就业创业。截至2022 年底，城乡残疾人就业规模达 905.5 万人。

（王存宝）

50. 推动文化事业和文化产业发展有哪些新成效？

文化是民族的精神命脉，文化建设搞好了，才能形成更基础、更广泛、更深厚的文化自信，形成国家和民族发展中最基本、最深沉、最持久的力量。过去五年，我们深化文化改革发展，弘扬中华优秀传统文化，努力为人民群众提供更为丰富、更高质量的文化产品和服务。

持续深化文化领域体制机制改革，不断激发文化创新创造活力。贯彻落实深化文化体制改革实施方案，编制实施《文化强国建设规划纲要（2021—2035年）》和《"十四五"文化发展规划》，深化文化领域供给侧结构性改革，推进《关于深化国有文艺院团改革的意见》、《关于推动国有文化企业把社会效益放在首位、实现社会效益和经济效益相统一的指导意见》等政策文件持续落实落地，具有"四梁八柱"性质的文化发展主体框架基本确立。随着改革不断走向深入，文艺创作生产活力进一步激发，京剧《红军故事》、话剧《桂梅老师》、舞蹈诗剧《只此青绿》以及油画《启航》等一大批优秀舞台艺术、美术作品相继推出，优秀文化文艺人才持续涌现。

（一）加快构建现代公共文化服务体系，促进基本公共文化服务标准化均等化。出台推动公共文化服务高质量发展的意见，促进服务从"有没有"向"好不好"转变。实施文化信息资源共享、广播电视村村通户户通、农家书屋、农村电影放映等文化惠民工程。实现所有公共图书馆、文化馆、美术馆、综合文化站和大部分博物馆免费开放。依托数字化技术建设国家公共文化云、智慧广电、智慧图书馆、智慧博物馆、数字农家书屋等。加快县级文化馆图书馆总分馆制建设、基层综合性文化服务中心建设等。持续开展"春雨工程"、"阳光工程"、"圆梦工程"文化志愿服务活动，举办群众广泛欢迎的全国广场舞展演等活动，不断完善覆盖城乡的公共文化服务设施网络。通过一系列有效举措，进一步促进公共文化服务的质量提升。

（二）提升文化产业和旅游产业发展水平。着眼于更好发挥文化产业体系、市场体系在促进国民经济发展、满足人民文化需求等方面发挥的重要作用，坚持以文塑旅、以旅彰文，着力推动文化事业、文化产业和旅游业融合发展。制定《"十四五"文化发展规划》、《"十四五"旅游业发展规划》等，对推进文旅融合作出部署。推动文化产业和旅游产业数字化转型升级，培育线上演播、沉浸式体验等新型业态，实施文化和旅游创客行动。推动建设国家文化和旅游消费示范城市 15 个、试点城市 243 个，国家级夜间文化和旅游消费集聚区 120 个，红色旅游、旅游演艺等蓬勃发展，旅游产品供给持续丰富。实施文化产业赋能乡村振兴计划，推进区域文化产业带发展，建设 19 家国家级文化产业示范园区。持续推进投融资体系建设，建设国家对外文化贸易基地 3 家。目前我国已成为图书、电视剧、动漫等领域世界第一生产大国，电影市场规模屡创纪录、银幕数和票房收入跃居全球第一，电影《长津湖》，电视剧《觉醒年代》《山海情》等优秀作品广受好评、"破圈"传播。2021 年，我国对外文化贸易额首次突破 2000 亿美元。2022 年，6.9 万家规模以上文化及相关产业企业营业收入达 12.2 万亿元。

（三）文物保护和治理水平不断提高。近年来，历史文化遗产保护工作越来越受到社会关注。我们完成第一次全国可移动文物普查、石窟寺等专项调查，文化遗产资源家底逐步摸清，数千项重大文物保护工程深入实施。推进中华文明探源工程，"考古中国"重大项目取得丰硕成果。构建国家、省、市、县四级非遗名录体系，深入开展中国传统工艺振兴、中国非遗传承人研修培训计划，推进非遗工坊建设。良渚古城遗址、宋元泉州世界海洋商贸中心成功列入世界遗产名录，"太极拳"、"中国传统制茶及其相关习俗"等项目成功列入联合国非遗代表作名录，我国入选两个名录的项目数量分别位列世界第二和第一。加强古籍、革命文物等保护，古代壁画保护、陶质彩绘文物保护等技术水平进入国际第一梯队。强化文物执法督察，严治文物火灾隐患。流失海外文物追索成效显著。

（四）文化遗产进一步"活起来"。 有针对性地加强对历史文化遗产等的保护利用、价值阐释和传播推广，坚持推动中华优秀传统文化创造性转化、创新性发展。实施重大项目工程，建成中国共产党历史展览馆、中国国家版本馆，高标准建设长城、大运河、长征、黄河、长江国家文化公园，推进《复兴文库》、《中国大百科全书》第三版、《新编中国通史》等文化工程。类型丰富、主体多元、普惠均等的现代博物馆体系基本形成，全国备案博物馆6183家，免费开放率91%，"大美亚细亚"、"唐宋八大家"、"万年永宝"、"何以中国"等展览引发社会热烈反响。举办"文化和自然遗产日"非遗宣传展示等活动。充分运用新媒体、新技术、新手段加强文物、古迹、遗址等研究阐释，开展"考古中国"重大项目成果推介，与有关媒体联合制播的《国家宝藏》、《如果国宝会说话》、《中国考古大会》、《古韵新声》等电视节目引爆银屏。"考古热"、"博物馆热"、"非遗热"、"古籍热"蔚然成风，国潮国风成为年轻人新时尚。

（五）文化作为世界认识中国的窗口作用不断强化。 积极推进"一带一路"文化交流与合作。持续深化与联合国教科文组织、联合国世界旅游组织的合作。连续举办"欢乐春节"活动，年均在130余个国家举办约2000场，成为我国与世界人民共享传统节日的重要桥梁。"美丽中国"、"发现中国之旅"等活动深入开展，吸引越来越多外国游客亲身体验中华文化的独特魅力。"东亚文化之都"等品牌活动有力促进城际文化交流，"相约北京"国际艺术节等主场活动向世界展示中华文化发展成就。加快国际传播能力建设，讲好中国故事、传播好中国声音，深化文明交流互鉴，弘扬全人类共同价值。

（章　轩）

51. 过去五年法治政府建设取得哪些新成效?

法治政府建设是全面依法治国的重点任务和主体工程,对法治国家、法治社会建设具有示范带动作用。五年来,各级政府深入贯彻落实习近平法治思想,坚持依宪施政、依法行政,认真实施法治政府建设实施纲要,加快构建职责明确、依法行政的政府治理体系,使经济社会活动更好在法治轨道上运行。

(一)政府立法工作科学有序推进。良法立而政易行。过去五年,严峻复杂的国际形势和接踵而至的巨大风险挑战对重点领域、新兴领域、涉外领域等立法提出了更高要求。度事立法,因时立制。国务院每年都立足政府职责制定立法工作计划,逐项列出拟推进的政府立法任务。五年累计提请全国人大常委会审议法律议案 50 件,制定修订行政法规 180 件次。其中,《外商投资法》《出口管制法》《耕地占用税法》、《资源税法》、《黄河保护法》等 10 余部新制定的法律经国家立法机关通过。另外,依法审查完成立法项目、审核国际条约、审查法规规章 1 万余件。推新不忘理旧。系统清理新中国成立以来全部行政法规和政府规章,建成统一的行政法规库、国家规章库，分别汇集现行有效的行政法规约 600 件、规章约 1.1 万部，其中部门规章 2500 多部、地方政府规章约 8100 部，为经济社会发展健全法治保障。

（二）**行政权力配置运行不断优化。**政府的一切行为必须于法有据。十三届全国人大一次会议后，我国实施了改革开放以来第 8 次集中的政府机构改革。国务院部门和各省市县政府都按照职权法定原则和职能优化配置要求，制定完善了权责清单。决策是行政权力运行的起点，国务院制定《重大行政决策程序暂行条例》，把公众参与、合法性审查等确定为重大行政决策的法定程序，提高行政决策法治化水平。红头文件是权力运行的重要载体，2018 年起全面推行行政规范性文件合法性审核机制，给红头文件戴上了"紧箍咒"。有权不可任性，用权必受监督。各级政府依法接受同级人大及其常委会的监督，自觉接受人民政协的民主监督。五年来，国务院各部门办理代表建议近 3.9 万件、委员提案近 2.3 万件，采纳代表和委员意见建议 1.8 万多条，出台相关政策措施 7800 多项。

（三）**政府依法履职水平有效提升。**依法行政贵在有错必纠。行政复议是防止和纠正违法或不当行政行为的重要制度安排。过去五年里，政府系统持续健全行政复议机制，重点落实《行政复议体制改革方案》，整合不同部门的行政复议职责，实现一级政府"一口对外"受理行政复议，畅通了化解行政争议的主渠道，行政自我纠错能力明显提高。地方特别是基层政府与群众、企业打交道多，为提高地方政府依法履职水平，推动县级以上机关普遍设立公职律师或开展公职律师、法律顾问工作，全国公职律师从1.9万人增加到9.6万人，在重大行政决策、规范性文件制定、合同签订等工作中成为重要参谋助手。2019年起，各地按照中央全面依法治国委员会部署，对标《市县法治政府建设示范指标体系》，推进法治政府建设示范创建，每2年培育1批典型标杆，带动形成各地竞相加强法治政府建设的氛围。

（四）行政执法体制机制持续完善。 我国约有80%的法律法规是由行政机关执行的。行政执法大多直接面向群众和企业，可以说是法治政府建设中的"窗口"工程，直接关系群众对政府的信任、对法治的信心。这五年，行政执法公示、执法全过程记录、重大执法决定法制审核3项制度全面推行，努力让人民群众在每一个执法行为中都能感受到公平正义。法施于人，虽小必慎，不可差以毫厘。行政裁量权基准是行政执法的尺度标准，2021年省级、设区市、县区政府及其部门制定的行政裁量权基准分别有1000多个、1200多个、近3000个，存在制定程序不规范、裁量幅度不合理等问题。2022年7月，国务院出台《关于进一步规范行政裁量权基准制定和管理工作的意见》，首次从国家层面对建立健全行政裁量权基准制度作出全面系统规定，着力解决行政执法领域存在的畸轻畸重、类案不同罚、执法"一刀切"等问题。行政执法指导案例等制度也自上而下建立起来，既宽严相济，又法理相融，带动行政执法更有力度和温度，努力做到让人心服口服。

（五）公共法律服务体系逐步健全。随着人民群众对美好生活的向往向法治、公平等方面拓展，公众对政府提供法律服务的需求日益增加。过去五年里，政府系统立足自身职责深入开展普法教育，"七五"普法规划全面落实，"八五"普法规划扎实推进，编制和实施公共法律服务体系建设规划，丰富和优化公共法律服务供给。公共法律服务平台是直接面向群众的服务窗口，2018 年以来，各地加快推进公共法律服务平台建设，大力推进网络、热线、实体三类平台融合发展，基本建成覆盖城乡、便捷高效、均等普惠的现代公共法律服务体系。截至目前，全国各类法律服务机构超过 75 万个，专业法律服务人员近 400 万人，平均每年办理各类法律服务接近 4000 万件次。"凡事讲法、遇事找法"逐步成为普遍共识，公共法律服务"找得着、用得上"日益成为常态。

（刘　帅）

223

52. 社会治理效能提升体现在哪些方面？

五年来，我国社会治理体系持续完善，党委领导、政府负责、群团助推、社会协同、公众参与的社会治理体制不断健全，社会治理重心进一步向基层下移，共建共治共享的社会治理格局基本形成。

（一）城乡社区治理服务水平持续提升。社区是社会的基本单元，社区治理是社会治理的重要基础。2021 年，党中央、国务院印发《关于加强基层治理体系和治理能力现代化建设的意见》，对统筹推进乡镇（街道）和城乡社区治理作出系统部署。推动明确村（居）民委员会具有基层群众性自治组织法人资格，健全基层党组织领导的基层群众自治机制，城市普遍构建形成居民委员会、居民委员会下属委员会、居民小组长（楼栋长、单元长）上下贯通、左右联动的居民委员会组织体系。农村全面建立以村党组织为领导，村民自治组织和村务监督组织为基础，其他经济社会组织为纽带和补充的村级组织体系。推进全过程人民民主的基层实践，推动村（居）民委员会任期由 3 年修改为 5

年，各地村（居）民委员会依法有序开展换届选举，参选率达到 90.2%。组织开展"社区万能章"治理专项行动，持续改进和规范基层群众性自治组织出具证明工作。积极推进智慧社区建设，健全完善村级综合服务功能。截至 2022 年底，全国城乡社区综合服务设施达到 58.7 万个，城市社区综合服务设施实现全覆盖，农村社区综合服务设施覆盖率达到 83.8%。400 多万城乡社区工作者坚守基层阵地，在促进基层社会和谐稳定、筑牢疫情防控社区防线中发挥了重要作用。

（二）市域社会治理现代化试点工作取得积极成效。市域在国家治理体系中具有承上启下的作用。党的十九届四中全会、十九届五中全会和党的二十大先后对推进市域社会治理现代化作出部署，习近平总书记多次作出重要指示。党中央把推进市域社会治理现代化作为全面建设社会主义现代化国家的一项长期任务。2019 年以来，全国开展了市域社会治理现代化试点工作，出台《全国市域社会治理现代化试点工作指引》等一系列文件，分类指导试点地区探索创新。第一期（2020—2022 年）在 247 个城市开展试点工作，积累了一批市域社会治理的有效创新经验，形成了一系列加快推进市域社会治理现代化的思路举措，推进试点优秀成果从点上"盆景"汇聚为全国"风景"，以"市域之治"助推"中国之治"，推动社会治理在市域整体统筹、工作举措在市域精准落地、重大风险在市域有效化解，社会治理整体效能进一步显现。

（三）社会组织、人道救助、社会工作、志愿服务、公益慈善的积极作用有效发挥。各地区各部门采取有力措施支持社会组织、人道救助、社会工作、志愿服务、公益慈善等健康发展。一是引导社会组织发挥积极作用。改革社会组织管理，健全加强社会组织党的领导、培育扶持社会组织发展等方面的制度机制。截至 2022 年底，全国共登记社会组织 89.1 万个。完成行业协会商会脱钩改革，7 万多家行业协会商会如期实现脱钩。依法严厉打击整治非法社会组织累计超过 1.8 万家。 二是积极开展人道救助。不断拓展人道救助范围，依法开展的无偿献血、造血干细胞捐献等工作取得新进展。助力打赢脱贫攻坚战，实施"博爱家园"项目，惠及 3000 多个贫困村。实施"天使计划"，救助白血病、先天性心脏病等大病患儿 9 万多名。三是促进慈善社工志愿服务事业发展。登记认定慈善组织超过 1.1 万家，全社会慈善捐赠年度总额达 2000 亿元左右。建立初、中、高级相衔接的社会工作者职业资格制度，社会工作专业人才总量达 163 万人，92.9 万人取得社会工作者职业资格证书。推进乡镇（街道）社工站建设，全国建成乡镇（街道）社工站 2.9 万余个，8

个省份已经实现了乡镇（街道）社工站全覆盖，16个省份覆盖率超过80%，全国覆盖率达到78%。建立志愿服务记录与证明出具制度，全国志愿服务信息系统汇集的注册志愿者队伍超过134万支，累计记录志愿服务时间超过52亿小时。发行福利彩票约8500亿元，筹集福利彩票公益金约2500亿元。

（四）公共法律服务和社会信用体系建设不断加强。 通过推动出台加快推进公共法律服务体系建设的意见，编制并落实全国公共法律服务体系建设规划，推进网络、热线、实体三大平台融合发展，基本建成覆盖城乡、便捷高效、均等普惠的现代公共法律服务体系。公共法律服务水平持续提升，更好满足了人民群众多层次、多领域、多样化、高品质法律服务需求。扎实做好律师、法律援助、公证、司法鉴定、仲裁等为民服务工作，统筹推进律师、公证、司法鉴定等体制机制改革，共办理法律援助案件698万余件、公证5095万余件、司法鉴定1052万余件、仲裁208万余件，人民群众法治获得感满意度不断增强。推进社会信用体系建设，在增强社会诚信意识、优化营商环境、提升金融服务实体经济水平等方面取得了积极成效。统一社会信用代码实现全覆盖。信用信息共享水平显著提高，信用承诺和告知承诺制广泛应用，支撑了审批时间大幅度缩短。已建成全球规模最大的征信系统，通过广泛的信息共享，有效缓解金融市场中的信息不对称难题，提升了小微企业与民营企业融资的便利程度。深入推进信用分级分类监管，对守信者无事不扰，对失信者利剑高悬，监管效能进一步提升。

（刘一鸣）

53. 平安中国建设取得哪些新进展？

五年来，平安中国建设体制机制逐步完善，风险防控整体水平稳步提高，一大批影响国家安全和社会稳定的突出问题得到有效解决，人民群众安全感进一步提升。

（一）**应急管理能力显著提高**。2018 年，在深化党和国家机构改革中，我国应急管理体制进行了系统性、整体性重构。各方面通力合作，加强防灾减灾救灾能力，做好洪涝干旱、森林草原火灾、地质灾害、地震等防御和气象服务。开展安全生产专项整治，全国安全生产形势持续好转，2022 年生产安全事故、较大事故、重特大事故起数和死亡人数实现"三个双下降"。加快完善灾害事故风险监测预警能力建设，基本完成第一次全国自然灾害综合风险普查，建设灾害基础数据库，编制全国综合风险区划和灾害防治区划，有效支撑灾害风险隐患监测防范及国土空间安全利用。

（二）**食品药品疫苗监管进一步加强**。严格落实习近平总书记提出的最严谨的标准、最严格的监管、最严厉的处罚、最严肃的问责这"四个最严"要求，进一步完善食品安全法律法规，实行全主体、全品种、全链条监管，提高监管效能。坚持问题导向，聚焦重点领域实施专项行动，严肃处理违法违规行为，食品安全状况稳定向好。持续强化药品研发、生产、流通全链条监管，2018 年以来药品国抽合格率均超过 97%。深化药品审评审批制度改革，一批新药好药加快上市，有力服务保障疫情防控大局。

（三）信访工作扎实推进。信访工作是群众工作的重要组成部分，也是了解社情民意的重要窗口。2022 年，党中央、国务院印发《信访工作条例》，围绕做好新时代信访工作的体制机制、职责任务、处理程序、监督体系等进行顶层设计，为新时代信访工作提供了基本遵循。坚持和发展新时代"枫桥经验"，健全社会矛盾纠纷多元预防调处化解综合机制。推进基层和一线联席会议机制建设，全国县级信访工作联席会议机制覆盖率达到八成，23 个省份实现了乡镇（街道）信访工作联席会议机制全覆盖，信访体制机制不断完善。深入推进信访积案化解，在全国开展为期 3 年的治理重复信访、化解信访积案专项工作。一大批时间长、难度大、涉及面广的"骨头案"、"钉子案"得到妥善解决，一大批群众急难愁盼的民生难题得到有效破解，一些重点领域、重点群体信访突出矛盾明显缓解，推动全国信访形势平稳向好。畅通网上信访，拓展联系群众渠道。积极推进"互联网＋信访"，着力打造畅通便捷、务实高效、规范有序、权威管用的信访渠道，实现"数据多跑路、群众少跑腿"，全国网上信访量在信访总量中的占比上升明显，网上信访已成为群众信访重要渠道。

（四）社会治安状况不断改善。2018 年至 2020 年开展为期 3 年的扫黑除恶专项斗争，依法严惩黑恶势力及其"保护伞"。紧盯人民群众反映强烈的突出违法犯罪问题，深入开展专项行动。打击各类涉毒违法犯罪，毒品犯罪高发势头得到有效遏制。推进网络安全监管保护，严打严治突出网络犯罪。依法严厉打击电信网络诈骗犯罪，持续开展打击拐卖妇女儿童犯罪专项行动，深化打击整治跨境赌博、涉枪涉爆等违法犯罪活动。全国刑事立案总量、八类主要刑事案件和查处治安案件数量保持连年下降，社会治安状况不断改善，我国成为刑事犯罪率最低、命案发案率最低、枪爆犯罪案件最少的国家之一。

（刘一鸣）

54. 培育和践行社会主义核心价值观有哪些新进展?

　　培育和践行社会主义核心价值观是凝魂聚气、强基固本的基础工程。过去五年,着眼弘扬时代精神、树立时代新风、造就时代新人,社会主义核心价值观建设不断推进。

　　(一)坚持用习近平新时代中国特色社会主义思想凝心铸魂。社会主义核心价值观是党团结带领人民在开创和发展中国特色社会主义的伟大实践中形成的,是中国特色社会主义的价值表达,是党的理论创新成果的重要内容。习近平新时代中国特色社会主义思想是马克思主义中国化时代化的最新成果,为党和国家事业发展提供了根本遵循,是必须长期坚持的指导思想。推进社会主义核心价值观建设,首要是推动习近平新时代中国特色社会主义思想深入人心。过去五年,全国学习贯彻习近平新时代中国特色社会主义思想不断走向深入。《习近平谈治国理政》第三、四卷和《习近平新时代中国特色社会主义思想学习纲要》等权威读本先后编辑出版,推动形成全社会读原著、学原文、悟原理的热潮。理论传播的方式方法持续创新,通过推出社会反响热烈的重头文章,制作播出大型电视专题片,编写系列通俗理论读物,建好用好"学习强国"学习平台等，让党的创新理论更加通俗易懂地"飞入寻常百姓家"。引导广大干部群众进一步弄清"中国共产党为什么能、马克思主义为什么行、中国特色社会主义为什么好"的道理，引领全国上下更加坚定沿着中国特色社会主义道路，以中国式现代化推进中华民族伟大复兴的信念信心。

（二）加快构建中国特色哲学社会科学。哲学社会科学是人们认识世界、改造世界的重要工具，体现着一个国家、一个民族的思维能力、精神品格、文明素质，对培育和践行社会主义核心价值观发挥着重要作用。中共中央印发《关于加快构建中国特色哲学社会科学的意见》，要求为实现"两个一百年"奋斗目标、实现中华民族伟大复兴的中国梦提供强大思想理论支撑。过去五年，我们着力抓好这一战略任务的贯彻落实，哲学社会科学事业呈现新的繁荣发展的良好局面。在学科体系建设方面，建立习近平新时代中国特色社会主义思想专门研究机构，加强全国重点马克思主义学院建设，马克思主义理论一级学科建设持续加强。在学术体系建设方面，习近平新时代中国特色社会主义思想的学理化阐释、学术化表达、系统化构建持续深化。哲学社会科学创新工程、中华文化传承工程、国家社科基金项目等重大平台深入实施，学术原创能力日益增强。中国特色新型智库体系逐渐完善。在话语体系建设方面，持续推进政治话语学理化、学术话语大众化、中国话语国际化，提炼出许多具有中国特色、世界影响的标识性概念。加强国际学术交流合作，中国学术"走出去"的步伐明显加快、国际影响力明显提升。

（三）不断强化教育引导、实践养成、制度保障。培育和践行社会主义核心价值观，需要推动其持续融入社会发展和百姓生活，逐步转化为人们的情感认同和行为习惯。过去五年，一是突出主旋律，激活正能量。通过大力宣介阐释新时代党的路线、方针、政策，不断增强广大干部群众对党中央大政方针的认知认同。精心策划开展庆祝中国共产党成立100周年、中华人民共和国成立70周年、改革开放40周年、全面建成小康社会、北京冬奥会和冬残奥会等重大主题宣传，举办一系列重大庆典，组织创作庆祝建党百年大型情景史诗《伟大征程》等大型文艺演出，激发全国人民爱党爱国爱社会主义热情和团结奋斗、砥砺前行的精气神。二是加强顶层设计，做好制度保障。健全完善党和国家功勋荣誉表彰制度体系，维护表彰的荣誉性权威性严肃性，更好发挥其激励作用。制定《新时代公民道德建设实施纲要》、《新时代爱国主义教育实施纲要》、《关于新时代加强和改进思想政治工作的意见》等，制定修订《国歌法》、《国旗法》、《国徽法》、《英雄烈士保护法》等，为培育、践行和弘扬社会主义核心价值观提供有力制度保障和法治支撑。三是选树先进典型，发挥模范作用。做好"时代楷模"、全国道德模范、"最美奋斗者"、"最美人物"、"中国好人"等荣誉称号的表彰授予和宣传工作，大力营造崇德向善、见贤思齐的浓厚氛围。广泛开展"永远跟党走"、"强国复兴有我"等群众性主题教育活动，举办"核心价值观百场讲坛"，播出系列主题公益广告、微电影、微视频，推动社会主义核心价值观入脑入心、融入日常。四是强化价值引领，突出实践养成。深化群众性精神文明创建活动，评选表彰全国文明城市（区）、文明村镇、文明单位、文明家庭、文明校园，充分发挥激励促进作用。全面推开新时代文明实践中心建设，开展扶贫帮困、慈善捐助、支教助学等公益活动，推动学雷锋志愿服务制度化。继续深入开展道德领域突出问题专项治理，推进移风易俗，厉行节约制止餐饮浪费，倡导"光盘行动"、"文明餐桌"等，全社会文明程度显著提升。出台《关于加强网络文明建设的意见》，创办中国网络文明大会，实施"争做中国好网民工程"，加强网络诚信建设，营造清朗网络空间。

（章 轩）

55. 过去五年廉洁政府建设取得哪些新进展?

打铁必须自身硬,自身硬首先要自身廉。五年来,政府系统认真贯彻落实党中央全面从严治党战略部署,一体推进不敢腐、不能腐、不想腐,持续加强党风廉政建设和反腐败斗争,坚决纠正一切损害群众利益的腐败和不正之风,把"严"的主基调贯穿到政府自身建设全过程。

(一)清正廉洁思想根基不断夯实。信仰、信念、信心是最好的防腐剂。加强廉政建设必须强化理论武装,增强政治定力、抵腐定力。过去五年,各级政府把学深悟透做实习近平新时代中国特色社会主义思想作为自身的政治要求、工作需求、精神追求,用理想信念强基固本,用党的创新理论武装头脑,用优秀传统文化正心明德,构筑拒腐防变的思想堤坝。开展集中教育是淬炼思想的有效方式。各级政府机关按照党中央部署,坚持学思用贯通、知信行统一,扎实开展"不忘初心、牢记使命"主题教育和党史学习教育,弘扬伟大建党精神,结合工作职责深入开展"我为群众办实事"实践活动。各级政府工作人员受到全面深刻的政治教育、思想淬炼、精神洗礼,公正用权、依法用权、廉洁用权的自觉性明显增强，清正廉洁的新风正气得到涵养。

（二）**反腐倡廉持续加强**。在以习近平同志为核心的党中央坚强领导下，反腐败斗争取得压倒性胜利并全面巩固。非廉无以行政。过去五年，国务院召开 5 次廉政工作会议，学习贯彻习近平总书记在中央纪委全会上的重要讲话精神，对政府系统党风廉政建设和反腐败工作进行部署。政府各部门积极支持纪检监察组发挥作用，自觉接受派驻监督。各级政府聚焦财政资金管理、国有资产风险管控、土地出让及工程招投标、政府采购、民生保障等权力集中、资金集中、资源富集的重点领域，严查重处违法违规行为。全国共审计 44 万多个单位，向纪检监察、司法等部门移送重大问题线索 3.8 万多件，涉及 9200 多亿元、5.1 万多人；促进增收节支和挽回损失 2 万多亿元，健全完善规章制度 5.8 万多项。政府工作人员严格执行廉洁自律准则，自觉接受法律监督、监察监督和人民监督。

（三）**严格落实中央八项规定及其实施细则精神**。作风建设关系人心向背，任何时候都不能掉以轻心。过去五年各级政府持之以恒纠治"四风"，重点纠治形式主义、官僚主义。事繁易失，冗政难为。政府系统大力精简雷同或相近的会议、培训等公务活动，国务院和国务院办公厅主办的发文数量主动压减近 2/3。这几年，经济下行压力大，一些群众和企业的日子不很宽裕。足国之道，节用裕民。各级政府发扬艰苦奋斗、勤俭节约优良作风，过去五年中央本级"三公"经费财政拨款预算大幅压减，用自身经费的"减法"助力经济社会发展和民生福祉做"加法"。严厉惩处违规建设楼堂馆所和偷税漏税等行为，制止餐饮浪费，推进节约型机关创建行动，全国70%左右的县级及以上机关达到节约型机关创建要求，把过紧日子作为一种习惯和常态，涵养崇清尚俭、厉行节约的良好风尚。

（四）深化改革推动腐败空间压缩。习近平总书记指出，要将正风肃纪反腐与深化改革、完善制度、促进治理贯通起来。过去五年，政府系统落实党中央部署，前移反腐关口，深化源头治理，抓住政策制定、决策程序、审批监管等关键权力，严格职责权限，规范工作程序，强化权力制约，努力铲除腐败滋生的土壤。随着我国经济实力增长，过去五年财政收入从17.3万亿元增加到20.4万亿元、财政支出从20.3万亿元增加到26.1万亿元，河大水涨易渗漏。各级政府严肃财经纪律，健全财会监督机制，2019年在全国启动预算管理一体化建设，推进各地各部门间预算信息互联共享，努力把每一分财政资金纳入全周期的动态监控中，把"国家账本"管得更好。目前各部门及省区市、计划单列市、新疆生产建设兵团均已建设财政预算管理一体化系统，各地3700多个财政部门、60余万个预算单位初步实现预算衔接贯通。国家层面各部门、预算单位已应用一体化系统开展2023年预算编制、预算执行业务，促进部门预算约束更具刚性、财政监督更加精准。公共资源交易涉及资金资源往来多、体量大，2019年以来持续深化公共资源交易平台整合共享，建立交易目录清单，推动各类公共资源交易应进必进平台，做到公开透明、全程留痕、在线监管，防止行政权力插手干预。在深化改革、完善制度带动下，滋生腐败的土壤逐步被铲除。

（五）政务公开不断深化。习近平总书记强调，要坚持以公开促公正、以透明保廉洁，增强主动公开、主动接受监督的意识，让暗箱操作没有空间。五年来，政府系统坚持以制度安排把政务公开贯穿政务运行全过程，权力运行到哪里，公开和监督就延伸到哪里。国务院有关部门编制完成本领域基层政务公开标准指引，教育、卫生健康、供水、供电、供气、供热、环境保护、公共交通等领域还出台了公共企事业单位信息公开规定。全国年均办理政府信息公开申请超过40万件。资金运用是社会和舆论监督的重点，财政信息公开内容进一步细化至部门所属单位预算、决算及相关报表，地方各级部门所属单位预算和决算公开率达到90%以上，惠民惠农政策补贴和资金发放等信息公开向村和社区延伸，给人民群众晒出明白账，让权力在阳光下运行。

（刘　帅）

56. 过去五年中国外交取得哪些新成果?

过去五年，面对复杂多变的国际形势和前所未有的外部风险挑战，在以习近平同志为核心的党中央坚强领导下，中国外交以习近平外交思想为指引，始终紧扣服务民族复兴、促进人类进步这条主线，高举和平、发展、合作、共赢旗帜，推动构建人类命运共同体，坚持敢于斗争、善于斗争，坚决有力维护了主权、安全、发展利益，为国内发展营造了良好外部环境，为促进世界和平与发展作出重要贡献。

（一）充分发挥元首外交引领作用。习近平主席15次出访28个国家，接待100多位国家元首和政府首脑访华，举行元首视频外交80多次、通话180多次，展现世界大国领袖的全球视野和使命担当。习近平主席等党和国家领导人通过线上线下方式出席多场国际多边会议，包括二十国集团领导人峰会、亚太经合组织领导人非正式会议、联合国系列高级别会议、世界卫生大会、东亚合作领导人系列会议、中欧领导人会晤、亚欧首脑会议等一系列重大外交活动。成功举办上合组织青岛峰会、金砖国家领导人会晤、全球发展高层对话会、"一带一路"国际合作高峰论坛、中非合作论坛北京峰会等多场重大主场外交活动。习近平主席深刻阐述推动全球经济复苏、维护世界和平稳定、践行多边主义、促进绿色转型等理念主张，拓展丰富了构建人类命运共同体的思想内涵。

（二）**促进世界经济加快复苏**。中方坚持对外开放的基本国策，坚定奉行互利共赢的开放战略，推动构建开放型世界经济。始终坚持经济全球化正确方向，坚决维护以 WTO 为核心的多边贸易体制，促进国际宏观经济政策协调，推进贸易和投资自由化便利化，反对"脱钩断链"。中国推动《区域全面经济伙伴关系协定》签署生效，申请加入《全面与进步跨太平洋伙伴关系协定》和《数字经济伙伴关系协定》，为深化东亚区域经济一体化和带动世界经济复苏作出积极贡献。中国举办年度博鳌论坛、进博会、服贸会、广交会、消博会等，宣布一系列扩大开放新举措。海南自贸港加快建设，西部陆海新通道稳步推进，成功举办第二届"一带一路"国际合作高峰论坛。迄今已推动 151 个国家、32 个国际组织同中国签署 200 多份"一带一路"合作文件。高质量共建"一带一路"前景广阔。

（三）**积极参与完善全球治理**。中国提出并践行共商共建共享的全球治理观，推动全球治理体系朝着更加公正合理的方向发展。习近平主席出席联合国成立 75 周年纪念峰会、中法全球治理论坛、世界经济论坛等重要会议时，鲜明提出坚定维护以联合国为核心的国际体系、以国际法为基础的国际秩序、以联合国宪章宗旨和原则为基础的国际关系基本准则，坚持真正的多边主义；坚定维护国际公平正义，反对干涉别国内政和搞冲突对抗，主张对话协商解决国家间争端，坚持劝和促谈；呼吁各国应秉持包容普惠的可持续发展观，加强宏观政策协调，推进世贸组织改革，积极参与应对气候变化国际合作，建立促进南北共同发展的全球伙伴关系；发布《全球数据安全倡议》，积极参与联合国维和行动和国际反恐合作，在解决全球性挑战和地区热点问题上继续发挥重要建设性作用；倡导各国应弘扬全人类共同价值，提出全球发展倡议和全球安全倡议，为推动全球发展合作、实现世界持久和平贡献了中国方案和智慧。

（四）巩固拓展全球伙伴关系。中国坚持在和平共处五项原则基础上发展同各国的友好合作，推动构建新型国际关系，深化拓展平等、开放、合作的全球伙伴关系，致力于扩大同各国利益的汇合点，不断完善全方位外交布局。

维护大国关系总体稳定。中国积极推动构建和平共处、总体稳定、均衡发展的大国关系格局。中俄新时代全面战略协作关系保持高水平发展，两国元首多次会晤通话，隆重纪念《中俄睦邻友好合作条约》签署 20 周年并宣布延期，两国在全球战略稳定、国际和地区事务等领域保持沟通协调。中美两国领导人多次通电话并举行会晤，中方强调应该摒弃你输我赢、你兴我衰的零和博弈思维,确立对话而非对抗、双赢而非零和的交往基调,按照相互尊重、和平共处、合作共赢三原则,推动两国关系重回健康稳定发展的正轨。中欧关系稳中有进,保持战略对话与沟通,推动如期完成中欧投资协定谈判,签署并实施地理标志协定,加强在维护多边主义、完善全球治理、应对气候变化等方面协调合作。

拉紧周边命运共同体纽带。坚持亲诚惠容和与邻为善、以邻为伴周边外交方针,深化同周边国家友好互信和利益融合。习近平主席访问亚洲多国,宣布将中国—东盟关系提升为全面战略伙伴关系,双方携手共建更为紧密的中国—东盟命运共同体,向着共建"五大家园"方向前进。中国—东盟合作日益深化,中国—东盟自贸区3.0版建设加快推进。中国同中亚各国建立元首集体会晤机制,构建更加紧密的中国—中亚命运共同体。上合组织迎来新一轮扩员,为亚欧大陆和平发展提供更有力保障。中国与巴基斯坦、韩国、蒙古等邻国保持友好合作势头。坚持建设性解决阿富汗、朝核、伊核、缅甸等地区热点问题,发挥劝和促谈作用。

推动发展中国家共同发展进步。秉持真实亲诚理念和正确义利观,加强同发展中国家团结合作,维护发展中国家共同利益。成功举办中非合作论坛北京峰会和中非合作论坛第八届部长级会议,扎实落实"八大行动"、"九项工程"、"十大合作计划"，加强在贸易投资、卫生健康、数字经济、绿色发展、基础设施、和平安全等领域合作。习近平主席出席首届中国—阿拉伯国家峰会、中国—海合会峰会并访问沙特，为加强中阿命运共同体建设和中海战略伙伴关系注入强大动力。习近平主席向拉共体第六届峰会和中拉论坛第三届部长级会议发表视频致辞，该地区 21 国正式加入"一带一路"倡议。中国同太平洋岛国全面战略伙伴关系持续加强，同建交岛国交往"全覆盖"，举行中国—太平洋岛国外长会，打造应对未来挑战的合作平台。

（刘武通）

第二部分

对今年政府工作的建议

57. 如何理解今年政府工作的总体
要求和需要把握的重点？

2023 年是全面贯彻党的二十大精神的开局之年。十四届全国人大一次会议审议通过的《政府工作报告》提出了今年政府工作的总体要求和重点工作建议，可从以下方面把握。

以习近平新时代中国特色社会主义思想为指导，全面贯彻落实党的二十大精神，扎实推进中国式现代化

习近平新时代中国特色社会主义思想是马克思主义中国化时代化的最新成果，为新时代党和国家事业发展提供了根本遵循，是必须长期坚持的指导思想。过去一年，我国发展取得来之极为不易的新成就。过去五年，我们经受住国内外诸多风险挑战的考验，党和国家事业取得历史性成就、发生历史性变革。这些成绩的取得，根本在于有习近平总书记作为党中央的核心、全党的核心掌舵领航，有习近平新时代中国特色社会主义思想的科学指引。

全面贯彻落实党的二十大精神是今年的首要政治任务。党的二十大擘画了全面建设社会主义现代化国家的宏伟蓝图，要切实把思想和行动统一到党的二十大作出的各项决策部署上来。党的二十大概括提出并深入阐述了中国式现代化理论，这是科学社会主义的最新重大成果。新中国成立以来，我们用几十年时间走完西方发达国家几百年走过的工业化历程，实践证明中国式现代化走得通、行得稳。同时，推进中国式现代化还有许多未知领域和风险挑战，要加强系统谋划，坚持守正创新，在实践中大胆探索、积极进取，确保现代化建设朝着正确方向稳健前行。

《报告》强调，做好今年政府工作，要在以习近平同志为核心的党中央坚强领导下，以习近平新时代中国特色社会主义思想为指导，全面贯彻落实党的二十大精神，按照中央经济工作会议部署，扎实推进中国式现代化。这些是管总的要求。要坚持不懈用习近平新时代中国特色社会主义思想凝心铸魂，深刻领悟"两个确立"的决定性意义，牢记"国之大者"，增强"四个意识"、坚定"四个自信"、做到"两个维护"，把习近平总书记重要讲话精神、重要指示批示和党的二十大精神、党中央决策部署全面贯彻落实到政府工作的各个方面。

完整、准确、全面贯彻新发展理念，加快构建新发展格局，着力推动高质量发展

贯彻新发展理念是新时代我国发展壮大的必由之路。当前我国发展中的矛盾和问题集中体现在发展质量上，过去的粗放发展模式已难以为继，创新、协调、绿色、开放、共享的新发展理念作为一个整体，更有利于引导发展的重心从解决"有没有"向"好不好"转变，五个方面必须协同发力、形成合力。

高质量发展是全面建设社会主义现代化国家的首要任务。自 20 世纪 60 年代以来，全球 100 多个中等收入经济体中只有十几个成为发达经济体，无一不是在经历高速增长阶段后实现了经济发展从量的扩张转向质的提高。2022 年我国人均 GDP 达到 1.27 万美元，已接近高收入国家的门槛，必须坚持发展这个第一要务，稳步推进高质量发展。高质量发展强调质和量的有机统一，与新发展理念的内在要求高度一致。实现高质量发展，关键在于完整、准确、全面贯彻新发展理念，推动形成创新成为第一动力、协调成为内生特点、绿色成为普遍形态、开放成为必由之路、共享成为根本目的的发展。

着力推动高质量发展，必须加快构建新发展格局。近年来，构建新发展格局扎实推进，取得了一些进展。要坚持问题导向，着力破除制约加快构建新发展格局的主要矛盾和问题，实现国民经济良性循环。新发展格局不是封闭的国内循环，而是更加开放的国内国际双循环。要进一步扩大高水平开放，增强国内外大循环的动力和活力。

更好统筹国内国际两个大局，更好统筹疫情防控和经济社会发展，更好统筹发展和安全

经济社会发展是一个复杂系统，必须坚持系统观念、统筹兼顾，更好实现多重目标间的动态平衡、整体推进。《报告》强调，做好今年政府工作要更好统筹国内国际两个大局，更好统筹疫情防控和经济社会发展，更好统筹发展和安全。三个"更好统筹"既各有侧重，又相互联系。当前，中华民族伟大复兴战略全局稳步展开，世界百年未有之大变局加速演进，两个大局是我们谋划工作的基本出发点。要深刻理解两个大局相互制约又相互促进的辩证关系，正确处理国内与国际的关系，调动一切可以调动的积极因素，特别是要集中精力办好自己的事。

过去 3 年多，以习近平同志为核心的党中央团结带领全党全国各族人民同心抗疫，取得疫情防控重大决定性胜利。当前全国疫情防控形势进入"乙类乙管"常态化防控阶段，各地区各部门仍要以时时放心不下的责任感，更好统筹疫情防控和经济社会发展，坚决巩固住来之不易的重大成果。

当前我国发展正经历一个各类矛盾和风险易发期，必须坚持统筹发展和安全，有效防范化解重大风险。去年我国经济经受住多重考验，一个重要方面就是守住了发展的安全底线，有力保障粮食、能源、产业链供应链安全，妥善化解经济金融领域风险。新形势下要增强风险意识和底线思维，把困难估计得更充分一些。要切实提升产业链供应链韧性和安全水平，稳妥防范化解房地产业、金融领域、地方政府债务风险，避免引发系统性风险。

全面深化改革开放，把实施扩大内需战略同深化供给侧结构性改革有机结合起来

改革开放是决定当代中国命运的关键一招。《报告》就今年深化国资国企、金融体制等领域改革提出建议。这些改革举措的根本出发点是坚持社会主义市场经济改革方向、依靠改革的办法破解发展难题，核心是处理好政府和市场的关系，进一步完善社会主义市场经济体制。改革进入攻坚期，必须以更大的政治勇气和智慧，不失时机、蹄疾步稳深化重要领域和关键环节改革。

供给侧结构性改革是全面深化改革的重要内容。近年来这项改革持续深化，我国供给体系质量和效率明显提升。《报告》强调，要把实施扩大内需战略同深化供给侧结构性改革有机结合起来。要主动适应新形势新要求，扩内需、强改革并举，充分发挥我国超大规模市场优势，打通经济循环卡点堵点。一方面扩大有效需求，把恢复和扩大消费摆在优先位置，通过政府投资和政策激励有效带动全社会投资。一方面加快建设现代化产业体系，形成需求牵引供给、供给创造需求的更高水平动态平衡。这既有利于增强我国发展主动性，也能够为世界经济注入新动能。

开放是当代中国的鲜明标识。去年我国对外贸易和利用外资继续保持较快增速，有力拉动了经济。当前我国开放发展面临更加复杂的外部环境，今年稳外贸稳外资将面临较大压力。《报告》强调，要更大力度吸引和利用外资，继续发挥进出口对经济的支撑作用。要促进外资稳存量、扩增量，扩大市场准入，落实好外资企业国民待遇。要推动外贸稳规模、优结构，聚焦优势产品和重点市场增加出口，同时积极扩大先进技术、重要设备、能源资源等产品进口。发挥好自贸试验区、海南自贸港等开放平台的先行先试作用。积极推动加入全面与进步跨太平洋伙伴关系协定等高标准经贸协议。推动共建"一带一路"高质量发展。

坚持稳中求进工作总基调，推动经济运行整体好转，实现质的有效提升和量的合理增长

坚持稳中求进工作总基调，是我们党治国理政的重要原则。《报告》强调今年要坚持稳中求进工作总基调，大力提振市场信心，突出做好稳增长、稳就业、稳物价工作，推动经济运行整体好转，实现质的有效提升和量的合理增长，对"稳"和"进"都提出了明确要求。

推动经济运行整体好转，节奏要"稳"、指向在"进"，目的是要实现质的有效提升和量的合理增长，重点要做好稳增长、稳就业、稳物价工作。今年经济增长预期目标定为5%左右，主要考虑是与2035年远景目标相衔接，也与现阶段我国经济潜在增长率相适应。各地区各部门要全力以赴稳增长促发展，经济大省要继续发挥挑大梁作用。就业是民生之本。今年就业总量压力依然存在，结构性就业矛盾更加凸显，特别是新增高校毕业生再创历史新高。今年要落实落细就业优先政策，确保完成今年城镇新增就业 1200 万人左右的目标，把促进高校毕业生、农民工等重点群体就业摆在更加突出的位置。价格是市场经济最灵敏的信号。近年来不少国家推行量化宽松、超发货币，出现严重通货膨胀，引发社会动荡。我们在应对经济冲击时没有超发货币，同时做好粮食能源等保供稳价，居民消费价格稳定在 2% 左右，殊为不易。今年各项政策要继续统筹兼顾，保持物价总体平稳。大力提振市场信心，关键要稳预期。只有预期"稳"了，信心才会"进"，微观主体才敢消费敢投资。要保持政策稳定性，进一步增强政策透明度和可预期性。切实落实"两个毫不动摇"，特别是充分调动民营企业和企业家积极性，激发民间投资的活力。

坚持以人民为中心的发展思想，持续改善民生

坚持以人民为中心的发展思想体现了党的初心使命和性质宗旨。过去五年，在以习近平同志为核心的党中央坚强领导下，我们如期打赢脱贫攻坚战，历史性地解决了绝对贫困问题。政府工作确保民生投入只增不减，着力保基本、兜底线、促公平。特别是面对延宕反复的世纪疫情，最大限度保障人民生产生活，努力将疫情对民生的影响降到最低。但民生改善与群众的期待还有差距。

新征程上，我们必须坚持在发展中保障和改善民生，同时也要坚持尽力而为、量力而行。我国是世界最大发展中国家的基本国情仍未改变，不能脱离实际提出过高目标。当前要着力解决好人民群众急难愁盼问题，健全基本公共服务体系，提高公共服务水平，增强均衡性和可及性，扎实推进共同富裕。《报告》提出了具体要求。要促进教育公平与质量提升，推进义务教育优质均衡发展和城乡一体化。要稳步推进社会保障体系建设，扩大基本医疗、基本养老等社会保险覆盖面，进一步做好社会救助兜底保障工作。要积极应对人口老龄化少子化，发展养老事业和养老产业，完善生育支持政策体系。要坚持房子是用来住的、不是用来炒的定位，持续完善住房保障基础性制度和支持政策。分配制度是促进共同富裕的基础性制度，要完善分配制度，构建初次分配、再分配、第三次分配协调配套的制度体系。

（向　东）

58. 如何理解今年工作要为全面建设社会主义现代化国家开好局起好步?

《报告》强调做好今年政府工作,要为全面建设社会主义现代化国家开好局起好步。可从以下方面理解和把握。

(一)今年对全面建设社会主义现代化国家开局起步意义重大

开局关乎全局,起步决定全程。今年是全面贯彻党的二十大精神的开局之年。党的二十大擘画了全面建设社会主义现代化国家的宏伟蓝图。要把这一蓝图转化为生动现实,就必须把党的二十大精神和作出的各项决策部署贯彻落实好,这是当前和今后一个时期的首要政治任务。要在全面学习、全面把握、全面落实党的二十大精神上下功夫。贯彻落实中要有计划、有部署,在把握总目标、总方向、总要求的前提下,制定明确的时间表、施工图,扎扎实实向前推进。既要全面推进,又要突出重点;既要狠抓当前,又要着眼长远,多办打基础、利长远的事。

今年是实施"十四五"规划承前启后的关键一年。"十四五"时期是我国全面建成小康社会、实现第一个百年奋斗目标之后，乘势而上开启全面建设社会主义现代化国家新征程、向第二个百年奋斗目标进军的第一个五年。过去两年经过艰苦努力，我们成功实现"十四五"良好开局，各项工作稳步推进。今年是"十四五"的第三年，发挥着承前启后的重要作用，必须铆住既定方向，盯紧主要问题，有力有序推动"十四五"规划纲要顺利实施，确保各项目标任务能够如期完成。

今年是为全面建设社会主义现代化国家奠定基础的重要一年。我们党提出分两步走全面建设社会主义现代化国家的战略目标，即从 2020 年到 2035 年基本实现社会主义现代化，从 2035 年到本世纪中叶把我国建成富强民主文明和谐美丽的社会主义现代化强国。党的二十大对这一战略安排进行宏观展望，确定了到 2035 年我国发展的总体目标和未来五年的主要目标任务。未来五年是全面建设社会主义现代化国家开局起步的关键时期，搞好这五年的发展对于实现第二个百年奋斗目标至关重要。今年作为五年中的第一个年头，更要拿出谋新篇、拓新路、谱新曲的智慧、勇气和干劲，推动工作不断取得新成绩、再上新台阶，为夺取新征程上更大胜利打下坚实基础。

（二）坚持稳中求进工作总基调，推动经济运行整体好转

全面建设社会主义现代化国家是一项伟大而艰巨的事业，前途光明，任重道远。特别是当前世界百年未有之大变局加速演进，我国发展进入战略机遇和风险挑战并存、不确定难预料因素增多的时期，国内改革发展稳定依然面临不少深层次矛盾，需求收缩、供给冲击、预期转弱三重压力仍然较大，经济恢复的基础尚不牢固，各种超预期因素随时可能发生。越是面对这样的复杂形势，越要坚持稳中求进工作总基调，这是我们党治国理政的重要原则，也是在经济工作实践中被反复证明的一条成功经验。

《报告》强调今年工作要坚持稳中求进工作总基调，突出做好稳增长、稳就业、稳物价工作，推动经济运行整体好转。对我国这么大的经济体而言，只要保持合理增长速度、稳定就业、稳住物价，经济大盘就有支撑，经济运行整体好转就有坚实基础。在稳增长方面，今年经济增长预期目标定为5%左右，主要考虑是与2035年远景目标相衔接，需要在提高质量效益基础上长期保持合理经济增速，同时也是防范化解内外部风险的需要，这也与现阶段我国经济潜在增长率相适应。各地区各部门都要全力以赴，形成稳增长促发展的合力。稳就业方面，去年我国城镇新增就业1206万人，超额完成1100万人的全年目标任务。今年稳就业仍面临不少挑战，要落实落细就业优先政策，确保完成城镇新增就业1200万人左右的目标。稳物价方面，去年我国居民消费价格上涨2%，在全球高通胀背景下殊为不易。但不能掉以轻心，尤其是对全球通胀的外溢影响不可低估。要坚持实施积极的财政政策和稳健的货币政策，保障好粮食能源安全稳定供应，为稳物价创造条件。同时还要稳预期，通过大力提振市场信心，让微观主体敢消费敢投资，激发经济的内生动力。

（三）纲举目张做好今年工作，确保实现新征程良好开局

《报告》提出今年政府工作的总体要求和重点工作建议，要准确把握，认真做好贯彻落实。面对复杂多变的困难挑战，要坚持系统观念、守正创新，更好统筹疫情防控和经济社会发展，更好统筹经济质的有效提升和量的合理增长，更好统筹供给侧结构性改革和扩大内需，更好统筹经济政策和其他政策，更好统筹国内循环和国际循环，更好统筹当前和长远。面对千头万绪的工作任务，要从战略全局出发，从改善社会心理预期、提振发展信心入手，纲举目张做好工作，努力以新气象新作为推动高质量发展取得新成效，为全面建设社会主义现代化国家开好局起好步。

着力扩大国内需求。总需求不足特别是消费不振，是当前经济运行面临的突出矛盾。在世界经济放缓、外需减弱背景下，必须大力实施扩大内需战略，充分发挥消费的基础作用和投资的关键作用，把恢复和扩大消费摆在优先位置，通过政府投资和政策激励有效带动全社会投资。加快建设现代化产业体系。目前全球产业链供应链安全稳定面临严峻挑战，我国有世界最完整的产业体系和潜力最大的内需市场，要练好内功、站稳脚跟，切实提升产业链供应链韧性和安全水平，确保国民经济循环畅通。要加快实现产业体系升级发展，既巩固传统优势产业领先地位，又创造新的竞争优势。切实落实"两个毫不动摇"。针对社会上的不正确议论必须亮明态度、毫不含糊，深化国资国企改革，提高国企核心竞争力，优化民营企业发展环境，促进民营经济发展壮大。要从制度和法律上把对国企民企平等对待的要求落下来，从政策和舆论上鼓励支持民营经济和民营企业发展壮大，依法保护民营企业产权和企业家权益。更大力度吸引和利用外资。去年我国利用外资继续保持较快增速。但随着我国发展面临的外部环境更为复杂，吸引和利用外资压力较大。要推进高水平对外开放，依托我国超大规模市场优势，以国内大循环吸引全球资源要素，通过扩大市场准入、全面优化营商环境、有针对性做好外资企业服务工作等，既要把优质存量外资留下来，还要把更多高质量外资吸引过来。有效防范化解重大经济金融风险。经过三年攻坚战，我国金融风险已经有所收敛，金融体系总体稳健。针对近期出现的一些新情况，必须坚持标本兼治、远近结合，稳妥防范化解房地产业、金融领域、地方政府债务等风险，牢牢守住不发生系统性风险底线。同时，还要持续改善民生，强化基本公共服务，兜牢民生底线。全面推进乡村振兴，坚决防止出现规模性返贫。

谋划新一轮全面深化改革。推动共建"一带一路"高质量发展。深入实施区域重大战略和区域协调发展战略。推动经济社会发展绿色转型，建设美丽中国。

（向　东）

59. 怎样认识今年经济社会发展主要预期目标?

《政府工作报告》提出,今年发展主要预期目标是:国内生产总值增长 5% 左右;城镇新增就业 1200 万人左右,城镇调查失业率 5.5% 左右;居民消费价格涨幅 3% 左右;居民收入增长与经济增长基本同步;进出口促稳提质,国际收支基本平衡;粮食产量保持在 1.3 万亿斤以上;单位国内生产总值能耗和主要污染物排放量继续下降,重点控制化石能源消费,生态环境质量稳定改善。我们要认真学习领会,全面理解和把握。

(一)**实现经济质的有效提升和量的合理增长。**今年国内生产总值增长 5% 左右,是全面贯彻党的二十大精神开好局起好步的要求。党的二十大明确到 2035 年我国经济实力、科技实力、综合国力大幅跃升,人均国内生产总值迈上新的大台阶,达到中等发达国家水平。实现这一目标,必须在提高质量效益基础上长期保持合理经济增长,续写经济快速发展和社会长期稳定两大奇迹新篇章。这个速度体现了稳增长、稳就业、稳物价的要求。当前我国经济恢复的基础尚不牢固,需求收缩、供给冲击、预期转弱三重压力仍然较大,经济社会风险点增多。保持合理的经济增长速度有利于向市场传递积极信号、提振信心、引导预期，有利于扩大就业、改善民生，有利于在发展中化解各类风险隐患。这个速度与我国经济潜在增长率大体一致，符合市场预期，资源要素条件可支撑，经过奋斗是可以实现的。各地区各部门要全力以赴、集中精力推动高质量发展，优势地区要走在前，经济大省要挑大梁，各地区要多作贡献。

（二）千方百计扩大就业。就业是最大的民生。今年城镇新增就业 1200 万人左右，充分考虑了就业形势，是保障和改善民生的需要，与经济增长目标也是相匹配的。今年就业总量压力和结构性矛盾并存，需要在城镇就业的新成长劳动力 1662 万人，其中高校毕业生规模将达到 1158 万人、再创新高。综合考虑新成长劳动力就业、新转移农民工就业，以及退休腾退岗位等因素，实现城镇新增就业 1200 万人左右，是稳就业的基本要求。在就业压力仍然较大的情况下，提出城镇调查失业率 5.5% 左右，体现了就业优先的政策导向，有利于稳定社会预期。随着今年经济持续恢复，稳就业政策落实落细，这一目标是可以实现的。

（三）保持物价总水平基本稳定。物价问题涉及民生、关系全局、影响稳定，是宏观调控的重要目标之一。今年居民消费价格涨幅 3% 左右，综合考虑了输入性通胀、翘尾等因素。预计今年国际大宗商品价格可能高位波动，输入性通胀压力仍然存在。同时，我国工农业产品供应总体充裕，特别是粮食生产连续丰收，生猪产能合理充裕，重要民生商品供应充足，基础能源保障有力，保供稳价体系进一步健全，完全有信心、有能力继续保持物价总体稳定。

（四）**实现居民收入增长与经济增长基本同步。**实现居民收入增长与经济增长基本同步，是高质量发展的应有之义，是增进人民福祉、促进社会公平的重要体现。党的二十大报告提出到2035年居民人均可支配收入再上新台阶，人的全面发展、全体人民共同富裕取得更为明显的实质性进展。今年居民收入增长和经济增长基本同步，体现了坚持以人民为中心的发展思想，同时也是为夯实消费基础、扩内需稳增长提供重要支撑。随着持续实施完善收入分配制度、扩大中等收入群体、增加低收入群体收入等政策措施，今年居民收入增长有望与经济增长基本同步。

（五）**保持国际收支基本平衡。**我国是世界第二经济大国、第一制造大国，还是世界上外汇储备最多的国家。今年进出口促稳提质、国际收支基本平衡，有利于稳定宏观经济，也是建设贸易强国、实现高水平对外开放的必然要求。今年世界经济贸易增速放缓，国际贸易和利用外资的竞争将更趋激烈，需要在外贸稳规模优结构、吸引和利用外资上下更大力气，为经济增长提供重要支撑。随着我国超大规模市场和全产业链优势继续显现，区域经济合作持续深化、外商投资环境不断改善、外贸新业态新模式蓬勃发展，稳外贸稳外资、保持国际收支基本平衡是可以实现的。

（六）保持粮食产量总体稳定。粮食安全是"国之大者"，解决 14 亿多人口的吃饭问题，始终是治国理政的头等大事。今年要全方位夯实粮食安全根基，保障市场供应和价格稳定。统筹考虑国内粮食消费需求、综合生产能力、全球粮食市场变化等因素。粮食产量需要也能够保持在 1.3 万亿斤以上。要坚持把抓好粮食生产作为"三农"工作的首要任务，以新一轮千亿斤粮食产能提升行动为抓手，着力稳定粮食播种面积，努力扩大大豆油料，主攻提高单产，全力以赴保持粮食稳产增产好势头。

（七）稳定改善生态环境质量。过去五年，我们深入推进污染防治攻坚，促进绿色低碳发展，加强生态环境保护，美丽中国建设迈出重大步伐。今年单位国内生产总值能耗和主要污染物排放量继续下降，主要是体现对节能工作的引导约束，并考虑到"十四五"统筹考核的要求。强调主要污染物排放量继续下降，重点控制化石能源消费，生态环境质量稳定改善，体现了践行绿水青山就是金山银山的理念，推进生态优先、节约集约、绿色低碳发展的要求。

（肖炎舜）

60. 积极的财政政策如何加力提效？

《政府工作报告》提出，积极的财政政策要加力提效。这是坚持稳字当头、稳中求进，加大宏观政策调控力度的重要举措。

当前外部环境不稳定、不确定、难预料因素增多，国内需求收缩、供给冲击、预期转弱三重压力仍然较大，财政收支矛盾仍然突出。积极的财政政策要加力提效，在合理增加和优化支出上再下功夫，注重与货币政策、产业政策、科技政策、社会政策等协同发力。加力主要是加强财政资金统筹，优化组合财政赤字、专项债、贴息等工具，适当提高财政赤字率，适度增加地方政府专项债券规模，加大中央对地方转移支付力度，扩大财政支出规模，保持必要的支出强度。提效主要是通过深化改革、加强管理，持续优化财政支出结构，增强税费优惠政策的精准性针对性，强化预算绩效管理，提高财政资源配置效率、财政政策效能和资金使用效益。

（一）适当提高财政赤字率，保持必要的财政支出强度。2023 年赤字率按 3% 安排，比上年提高 0.2 个百分点。全国财政赤字 38800 亿元，比上年增加 5100 亿元，其中，中央财政赤字 31600 亿元，增加 5100 亿元；地方财政赤字 7200 亿元，与上年持平。作出这种安排，综合考虑了财政收支情况、减税降费、发行地方政府专项债券等因素，也考虑了改善社会心理预期、提振发展信心的需要，以及为应对今后可能出现的风险留出政策空间。

2023 年财政支出规模进一步增加，全国一般公共预算支出安排 27.51 万亿元、增长 5.6%。其中，中央一般公共预算支出 13.9 万亿元、增长 4.7%，包括对地方转移支付 10.06 万亿元；地方一般公共预算支出 23.67 万亿元、增长 5.2%。

（二）完善税费优惠政策，增强精准性针对性。全面评估分析现行减税降费退税缓税等政策措施，考虑当前经济发展中企业实际需求，分类采取延续、优化、调整、加强等举措，防止出现政策断档或急转弯。将小规模纳税人增值税征收率阶段性降至 1%，继续对月销售额 10 万元以下的小规模纳税人免征增值税，对生产、生活性服务业纳税人分别实施 5%、10% 增值税加计抵减。适当延长个人所得税优惠等到期政策实施期限。聚焦科技创新、重点产业链等领域，结合实际新增出台针对性的减税降费政策。根据企业困难程度，依法对及时纳税存在困难的制造业中小微企业适当延长缓税时间。持续整治涉企违规收费，防止乱收费、乱罚款、乱摊派。

（三）**优化财政支出结构，提升财政资金使用效益**。在保持必要的支出强度的前提下，大力优化支出结构，坚持有保有压，该保的支出必须保障好，该压的支出一定要压下来。一是加强国家重大战略任务财力保障。围绕推动高质量发展，加大对经济社会发展薄弱环节和关键领域的投入，积极支持科技攻关、乡村振兴、区域重大战略、教育、基本民生、绿色发展等重点领域。中央本级支出优先保障中央储备支出、中央国债发行付息支出等刚性和重点支出。二是从严控制一般性支出。坚持党政机关过紧日子，加强"三公"经费预算管理，努力降低行政运行成本。中央财政带头落实过紧日子要求，扣除中央储备支出、国债发行付息支出、国防武警支出后，今年安排的中央部门支出仅增长 0.8%。地方政府也要主动挖潜，大力优化支出结构，多渠道盘活各类资金和资产。三是强化预算绩效管理。花钱要问效，无效要问责。推动绩效理念和方法深度融入预算管理全过程。严格绩效目标管理，提高绩效指标体系的系统性、精准性、实用性。完善重大政策、项目预算绩效评价机制，充分运用绩效评价结果，将评价结果作为完善政策、安排预算和改进管理的重要依据。积极推进绩效信息公开，主动接受社会公众监督。

（四）**加大财力下沉力度，做好基层"三保"工作**。坚持县级为主、市级帮扶、省级兜底、中央激励，足额保障"三保"支出，确保基层财政运行安全、可持续。今年中央对地方转移支付安排 10.06 万亿元、增长 3.6%（剔除一次性安排的支持基层落实减税降费和重点民生等专项转移支付后增长 7.9%），占中央财政支出的 72.4%。其中，一般性转移支付 8.71 万亿元、增长 7.6%；专项转移支付（包含中央预算内投资）8499.29 亿元、增长 11.6%。此外，安排支持基层落实减税降费和重点民生等专项转移支付 5000 亿元。通过上述措施，切实增强基层财政的可持续能力。中央财政依托预算管理一体化系统完善"三保"支出预算编制和审核，加强监测预警，对地方"三保"支出预算安排执行、债务还本付息、国库库款等开展联动监测和动态预警，对问题早发现、早介入、早处置，确保基层"三保"不出风险。地方各级政府要加强预算编制审核，确保县区足额编制"三保"支出预算，同时关注库款保障水平长期偏低的县区，加强库款调度，有效保障"三保"等资金需求，把保障基本民生的底兜住兜牢。加快健全地方税体系，持续推进省以下财政体制改革，优化省以下财力分配，更多向困难地区和欠发达地区倾斜，建立基层财力保障的长效机制。

（五）有效发挥地方政府债券作用，积极防范化解地方政府债务风险。 2023 年，我国新增地方政府债务限额 4.52 万亿元，其中一般债务 7200 亿元、与上年持平，专项债务 3.8 万亿元、比上年增加 1500 亿元，主要是支持地方正常融资需求，也为更好防范化解地方政府债务风险创造条件。为更好发挥地方政府债券作用,既要开好用好合法合规举债的"前门",又要坚决堵住违法违规举债的"旁门"。在开好用好"前门"方面,将专项债券发行进度和资金使用进度相匹配,科学设计发行计划,适当提高发行频次,优化发行安排,加强债券发行与库款管理的统筹协调,避免债券资金闲置;加强专项债券投后管理,严禁"以拨代支"、"一拨了之"等行为,健全项目管理机制,按时足额还本付息,确保不出任何风险。在堵住"旁门"方面,进一步强化跨部门协作监管,压实各方责任,从资金需求端和供给端同时加强监管,阻断新增隐性债务路径。保持高压监管态势,对新增隐性债务等问题及时查处、追责问责。

(肖炎舜)

61. 稳健的货币政策怎样体现精准有力?

当前，我国经济整体向好，但仍面临许多不确定因素和诸多困难挑战，经济恢复基础还需进一步巩固。货币政策必须更好发挥应有的宏观调控作用，坚持问题导向和系统思维，在稳健的总基调下，更好满足宏观经济运行的实际金融需求，提升货币政策的综合效能，为经济高质量发展营造适宜的货币金融环境。

（一）保持流动性合理充裕。今年我国经济企稳回升趋势是确定的，顺利完成全年 5% 左右的增速是市场普遍预期，不少国际机构还进一步上调了中国经济增速预测。随着经济活动的活跃、经济体量的增大，对于经济运行中的货币信贷总量的需求也会自然增多。因此，保持与经济活动相适应的、合理规模的货币供应量，让企业可以便利获得融资，这对于保持经济平稳增长十分必要。2018 年以来，人民银行累计 14 次降低存款准备金率，释放长期流动性超过 11 万亿元。2022 年，新发放企业贷款平均利率 4.17%，其中普惠小微贷款平均利率 4.9%，都是历史较低水平，企业融资更便利、融资需求得到更好满足，这对稳就业、保民生、促进经济恢复发展起到了至关重要的作用。

今年对于货币政策总量调控的总体要求是，保持广义货币供应量和社会融资规模增速同名义经济增速基本匹配。要坚持以促进国内经济稳定发展为主要目标，根据实体经济运行情况，及时进行适时适度的调节，综合运用多种货币政策工具，保持货币信贷总量适度、调控节奏平稳，促进社会融资规模合理稳定增长，多措并举降低实体经济融资成本。同时，也要兼顾好物价稳定目标，虽然现在我国物价水平基础良好，但在外部输入性通胀和国内经济恢复带来的结构性通胀双重压力下，仍须对通胀风险保持警惕。这也要求货币政策综合考量各方面因素，平衡好稳增长和防通胀的关系，维持合理适度的货币供给，为物价稳定创造良好条件。

（二）加大对实体经济特别是小微企业、科技创新和绿色发展等领域支持力度。支持实体经济发展，保持货币信贷总量充足只是一方面，如果货币信贷供需不能精准匹配、有融资需要的企业无法得到有效满足，那货币政策效用会大打折扣。近年来，在保持总量合理充裕的同时，更加重视发挥货币政策总量和结构双重功能，创新运用结构性货币政策工具，为实体经济重点领域和薄弱环节提供直接有力的支持。目前，结构性货币政策工具的余额有 6.4 万亿元，占人民银行资产负债表规模的 15% 左右，特别是在支持小微企业、民营经济、绿色金融等方面亮点突出。2022 年，普惠小微贷款余额接近 24 万亿元，授信户数超过 5600 万户。碳减排支持工具和煤炭清洁利用专项再贷款带动碳减排相当于 1 亿吨二氧化碳。

下一步，要在总结评估过去经验的基础上，进一步完善结构性货币政策工具体系，做好分类管理，做到有进有退。对一些需要长期支持的重点领域和薄弱环节，如恢复和扩大消费、重点基础设施和重大项目、民营小微企业、科技创新、制造业、绿色低碳发展和能源保供等方面，要继续完善和创新货币政策工具，对相关领域给予较长期的、持续的低成本资金支持。同时，要着重疏通货币政策传导机制，完善激励约束机制，引导金融机构加大对重点领域和薄弱环节的信贷投放，解决好企业，特别是民营、小微企业融资面临的突出问题，满足房地产企业合理融资需求，让货币政策释放的资金更加有效精准地匹配实体经济需要，支持实体经济更好发展。

（三）保持人民币汇率在合理均衡水平上的基本稳定。人民币币值稳定对于宏观经济和人民生活水平都十分重要。从国际案例看，一些国家因为汇率大幅贬值，使得他们难以跨越中等收入陷阱。从经济运行需要看，保持人民币汇率稳定对于进出口稳定、金融市场稳定都有直接影响，特别是当前全球经济增速放缓、欧美国家大概率陷入衰退的情况下，维持人民币汇率稳定对稳外需的意义更加凸显。自 2005 年人民币汇率形成机制改革以来，经过多年发展，我们形成了以市场供求为基础，参考一篮子货币，有管理的浮动汇率机制，在多年运行中对维持人民币汇率稳定发挥了重要作用。近五年，人民币对美元汇率三度破"7"又回到"7"以下，汇率波动率大约是4%，弹性显著增强。在全球各种货币中，人民币都是非常稳健的，为调节宏观经济和国际收支起到了自动稳定器的作用。

下一步，要继续深化外汇领域改革开放，继续完善人民币汇率市场化形成机制，坚持市场在其中起决定性作用，增强人民币汇率的弹性，让市场在供求平衡中形成合理的汇率价格。要加强跨境资金流动监测分析和风险防范，注重引导好市场预期，继续保持人民币汇率在合理均衡水平上的基本稳定。同时，要进一步发展外汇市场，引导企业和金融机构树立"风险中性"理念，指导金融机构积极为中小微企业提供汇率避险服务，维护外汇市场平稳健康发展。

（杨　祎）

62. 产业政策如何做到发展和安全并举？

发展是安全的基础，安全是发展的前提，产业政策是统筹发展和安全的重要结合点。改革开放以来，我国在经济全球化过程中，充分发挥比较优势，积极参与全球分工，为国家发展和世界经济增长都作出重要贡献，很长一段时期内产业政策重心主要在产业发展上。但近年来，逆全球化、单边主义、贸易保护主义明显抬头，一些国家在产业发展规律之外，不断强化本土产业链供应链韧性，推动产业"脱钩"、"断链"，对我国产业链供应链进行打压遏制，我国产业发展面临安全挑战。去年 12 月份召开的中央经济工作会议指出，要切实提升产业链供应链韧性和安全水平，确保国民经济循环畅通。《政府工作报告》贯彻落实去年中央经济工作会议部署，明确产业政策要发展和安全并举。这是有效应对国际环境深刻复杂变化的客观要求，也是贯彻新发展理念、构建新发展格局、推动高质量发展的基础。政策导向主要体现在以下几个方面：

（一）**加大对制造业支持力度**。制造业是实体经济的根基，是保障产业安全发展的基础。去年全国制造业投资同比增长 9.1%、制造业增加值同比增长 3%，低于同期工业投资、工业增加值平均水平。特别是制造业企业利润下降较多，部分地区制造业增速过缓等问题突出。我国是世界第一制造业大国，而且制造业门类齐全、技术多样，财税、金融等政策应继续强化对制造业的支持，巩固和发展实体经济尤其是制造业优势。扩大制造业有效投资，应做好已开工项目的接续推进工作，同时聚焦"十四五"规划实施，加快重大项目开工建设，保障好项目建设所需的要素资源，加快形成实物工作量。用好地方政府专项债券和中央预算内投资，撬动更多制造业民间投资。提高产品和服务质量是增强制造业核心竞争力的重要途径，应完善质量基础设施，推进品牌建设，鼓励和帮扶更多企业提高质量、打造品牌。弘扬工匠精神，在全社会营造尊重工匠的价值导向和发展环境。加强制造业人才培养，特别是中高端技能人才的培养。

（二）支持传统产业改造升级和战略性新兴产业培育壮大。产业安全发展需要建立更为完备的产业体系。传统产业量大面广，应继续发挥传统产业的"压舱石"作用，加大设备更新和技术改造力度，推进新一代信息技术与制造业深度融合，加快制造业数字化智能化绿色化转型，发展智能制造、绿色制造，提升产业链价值链水平，提高传统产业在国际分工中的地位和竞争力。战略性新兴产业代表新一轮科技革命和产业变革方向，是推动产业转型升级的关键力量。近年来，我国 5G、新能源汽车、光伏发电等新兴产业发展迅速，在国际市场具有较强的竞争力。应紧紧抓住全球产业结构和布局调整过程中孕育的新机遇，把培育战略性新兴产业作为重点任务，加快新能源、人工智能、生物制造、绿色低碳、量子计算等前沿技术研发与应用推广，培育壮大一批战略性新兴产业，抢占国际产业竞争制高点，使其成为经济增长的新引擎。绿色低碳是产业发展新趋势，应解决好推进绿色低碳发展的科技支撑不足问题，加强碳捕集利用和封存技术、零碳工业流程再造技术等科技攻关，支持绿色低碳技术创新成果转化，在落实碳达峰碳中和目标任务过程中锻造产业竞争新优势。

（三）强化对产业链薄弱环节的支持。 当前我国产业链供应链仍存在不少短板弱项，"断链"风险是威胁产业安全发展的直接因素。应找准关键核心技术和零部件薄弱环节，发挥我国制度优势和治理效能，集中优质资源合力攻关，攻克一批受制于人的关键核心技术，加快突破一批产业链短板瓶颈，保证产业链自主可控和安全可靠，推动产业链和创新链融合对接、实现良性循环。扎实开展强链补链稳链行动，促进产业链上下游、大中小企业协同攻关。大力实施产业基础再造工程，在重点领域布局一批产业基础共性技术中心，再培育若干国家制造业创新中心，努力突破一批关键急需基础产品，培育更多专注产业基础的优质企业。粮食、能源资源是经济社会发展的基础性产业, 应抓好粮食生产, 做好重要能源、矿产资源的国内勘探开发和增储上产, 拓宽多元化进口渠道, 大力提升安全保障能力。同时也要看到, 产业政策更加关注安全, 目的是提高自主可控水平, 与坚持高水平对外开放、提升国际循环的质量和水平并不矛盾, 而是相辅相成、互为促进, 有利于更好利用全球技术、资源、人才等, 提升我国产业竞争能力和产业安全水平。

（四）大力支持数字经济发展。 数字经济蕴含着巨大机遇, 也潜藏着安全隐忧。近年来, 我国数字经济蓬勃发展, 总规模稳居世界第二, 数字经济作用日趋凸显。我国数据和应用场景丰富, 应以数字技术创新突破和应用拓展为主攻方向, 支持企业加大研发投入, 促进数字经济和实体经济深度融合, 赋能传统产业转型升级, 催生新产业新业态新模式, 不断做强做大我国数字经济。聚焦集成电路、5G、新型显示、关键软件、人工智能、大数据等重点领域, 引导支持企业加大研发投入。前瞻谋划和推进数字安全基础设施建设, 加强网络和数据安全防护, 为数字经济发展筑牢安全屏障。平台企业在引领发展、创造就业、国际竞争中都大有作为, 是保障数字安全的重要枢纽, 应提升常态化监管水平, 推动平台企业健康规范发展。

（牛发亮）

63. 科技政策聚焦自立自强应做好哪些工作?

科技是第一生产力,人才是第一资源,创新是第一动力。习近平总书记指出,加快实现高水平科技自立自强,是推动高质量发展的必由之路。在激烈的国际竞争中,我们要开辟发展新领域新赛道、塑造发展新动能新优势,从根本上说,还是要依靠科技创新。科技政策联结宏观与微观,强调科技政策聚焦自立自强,既是着眼发展问题,更是保障生存问题。政策导向主要体现在以下五个方面。

(一)加大对基础研究的投入。 实现高水平自立自强,迫切需要加强基础研究,从底层解决关键技术问题。应坚持目标导向和自由探索"两条腿走路",把世界科技前沿同国家重大战略需求和经济社会发展目标结合起来,统筹遵循科学发展规律提出的前沿问题和重大应用研究中抽象出的理论问题,凝练基础研究关键科学问题,集中开展攻关。强化基础研究前瞻性、战略性、系统性布局,优化基础学科建设布局,支持重点学科、新兴学科、冷门学科和薄弱学科发展。基础研究有其自身规律,研究成果不确定性相对较大,不少都需要长期稳定投入。应增加基础研究财政稳定投入,优化国家科技计划基础研究支持体系，完善基础研究项目组织、申报、评审和决策机制，实施差异化分类管理和国际国内同行评议，组织开展面向重大科学问题的协同攻关。适应大科学基础研究组织化程度高的要求，深化基础研究体制机制改革，发挥好制度、政策的价值驱动和战略牵引作用。

（二）发挥政府在关键核心技术攻关中的组织作用。关键核心技术是关乎国家发展和安全的重中之重，实现科技自立自强需要更有力的领导和组织。应完善新型举国体制，面向国家战略需求和长远发展，加快推进国家实验室建设和全国重点实验室重组，优化国家科研机构、高水平研究型大学、科技领军企业定位和布局，形成突破型、引领型、平台型一体化的大型综合性研究基地。围绕国家战略利益和国之重器，完善工作机制，不断强化各类科技计划的统筹协调，系统化布局技术攻关任务。支持顶尖科学家领衔进行原创性、引领性科技攻关，努力突破关键核心技术难题，在重点领域、关键环节实现自主可控。坚持场景驱动，发挥我国超大规模市场优势，加快攻关产品推广应用，为新产品新技术迭代创新提供应用场景，着力提升产业链供应链韧性和安全水平。

（三）支持企业发挥科技创新主体作用。夯实企业科技创新主体地位是实现科技自立自强的关键所在。去年全国技术合同成交额达到 4.8 万亿元，企业贡献了超过 80% 的技术吸纳，国家重点研发计划中企业参与的占比接近 80%。党的二十大对强化企业科技创新主体地位作出了明确部署。技术路线选择关乎研发项目前景甚至成败，应建立企业常态化参与国家科技创新决策的机制，强化企业在技术路线选择方面的主体地位，支持更多企业布局基础前沿研究和牵头组织国家科技计划项目。我国企业研发投入强度与发达国家相比还有不小差距，应深入落实企业研发费用加计扣除等税收激励政策，加大对企业创新的风险投资、科技创新再贷款等金融支持，利用市场优势培育自主创新能力。科技成果转化是科技转变成现实生产力的重要途径，应推进创新链产业链资金链人才链深度融合，健全产学研成果对接和产业化机制，不断提高科技成果转化和产业化水平，同时加强知识产权全链条保护，让真正创新的企业获得应有回报。

（四）深化科技管理体制改革。 科技自立自强需要培植与之相适应的创新土壤。深化科技管理体制改革，是实现科技自立自强、提升我国发展独立性自主性安全性的关键举措。应完善党中央对科技工作统一领导的体制，落实好科学技术、知识产权机构职责优化和调整要求，遵循科学、技术发展规律，深化科技管理体制改革。我国新修订的《中华人民共和国科学技术进步法》去年已正式实施，为促进高水平科技自立自强健全了法治保障,应深入贯彻落实,进一步完善科技依法行政制度规范。加强科技政策与其他政策的统筹协调,加快实施科技体制改革三年攻坚方案,加强科技基础能力建设,强化科技战略咨询,清理和废止有悖高质量发展的政策规定。财政科技经费分配使用机制改革是深化科技管理体制改革的重点任务。应加快推进已有政策落地见效,扎实推动科技评价、奖励和激励改革举措落地,做好科技成果评价、学科学术评价试点等,不断健全以信任和绩效为核心的科研经费管理制度。在全社会大力弘扬追求真理、勇攀高峰的科学精神,深入开展学风作风和科研诚信建设,夯实创新文化基础。

(五)推进人才引进、培育、使用制度改革。功以才成,业由才广,科技创新本质上是人才驱动。提高人才自主培养质量和能力是实现科技自立自强、形成高水平战略科技力量的应有之义。应依托国家科技计划项目、科技创新平台基地、人才计划工程等,努力培养造就更多大师、战略科学家、一流科技领军人才和创新团队、青年科技人才。培养人才是基础,用好人才是关键。应深化科技人才评价改革,探索科技人才分类评价的新标准、新方式、新机制,完善激励措施,进一步减轻科研人员非科研负担,充分激发各类创新人才的活力和潜能。引进和用好外国人才是建设高水平科技人才队伍的重要补充。应坚持聚天下英才而用之，实行更加积极、更加开放、更加有效的人才政策，构建具有国际竞争力的人才制度环境。

（牛发亮）

64. 社会政策如何兜牢民生底线？

民生无小事，枝叶总关情。保障基本民生是各级政府的重要职责。习近平总书记强调，江山就是人民，人民就是江山，中国共产党领导人民打江山、守江山，守的是人民的心。社会政策注重兜牢民生底线，就是强调要坚持以人民为中心的发展思想，加大对特殊群体的关心关爱，重视解决好群众急难愁盼问题，增强公共服务的均衡性和可及性，不断增进民生福祉。政策导向主要体现在以下四个方面。

（一）落实落细就业优先政策。就业是最基本的民生。近年来，我国青年失业率持续高位运行，结构性失业成为比较突出的问题。特别是今年高校毕业生预计达到1158万人，再创历史新高。应全面落实就业优先战略，继续实施就业优先导向的宏观调控，财政、货币、产业等政策都要支持稳定和扩大就业，进一步加大就业服务、技能培训等方面的政策支持力度，支持和规范发展新就业形态，实现就业增长与经济运行协同恢复。调整优化即将到期的阶段性减负稳岗扩就业政策，支持发展吸纳就业能力强的产业和企业。健全促进就业长效机制，研究建立促进高质量充分就业政策体系。支持拓宽就业渠道，对未就业毕业生加强跟踪服务，对困难毕业生开展结对帮扶，帮助他们尽快就业。同时，完善青年就业支持体系，促进失业青年尽快融入市场。促进脱贫人口就业，是守住不发生规模性返贫底线的重要任务。2022年，我国脱贫劳动力就业规模达到3277.9万人。应把促进脱贫县加快发展作为主攻方向，聚焦产业就业，着力用发展的办法，不断缩小收入差距、发展差距，增强脱贫地区和脱贫群众内生发展动力。深化东西部劳务协作，实施防止返贫就业攻坚行动，保持脱贫劳动力就业规模稳定。加强失业人员生活保障，及时兑现各项失业保险待遇，推动生活救助与就业促进相协同。强化劳动者权益保护，破除妨碍劳动力、人才流动的体制机制障碍，消除影响平等就业的不合理限制和就业歧视。灵活就业和新就业形态发展迅速，应完善劳动关系协商协调机制，加强灵活就业和新就业形态劳动者权益保障。

（二）完善社会保障体系。我国已全面建成小康社会，但目前仍有不少困难群体，城乡低保对象4000万人左右，城市和农村特困人员救助供养人数超过450万，还有不少残疾人、因灾遇困人员、失业人员等困难群体。应持续做好低保等社会救助兜底保障工作，强化低保扩围增效。完善全国低收入人口动态监测信息平台，拓展功能应用，健全信息交换机制，提高主动发现能力，分层分类实施救助帮扶。健全完善相关基本生活救助制度，规范低保、特困供养审核和动态管理流程，科学优化救助标准，健全社会救助家庭经济状况核对机制。完善临时救助制度，及时帮助解决突发性、紧迫性、临时性基本生活困难，加大对非本地户籍人口临时救助力度，防止冲击道德底线的事情发生。及时启动社会救助和保障标准与物价上涨挂钩联动机制，确保足额发放补贴。简化救助保障补贴申领程序，优化经办服务，畅通群众求助渠道，积极利用信息化等手段，提高社会救助办理效率和便利度，让救助更加暖心贴心。建立健全政府救助与慈善帮扶衔接机制，推行"物质＋服务"救助方式。我国残疾人有8500万人左右，应着力做好残疾预防和残疾人康复服务，支持有条件的残疾人就业创业，更好走出家门、融入社会、实现发展。

（三）提高医疗卫生服务能力和水平。我国医疗服务发展不平衡不充分问题突出，应推动优质医疗资源扩容下沉和区域均衡布局，特别是增加农村和欠发达地区的医疗资源，以农村和社区为重点补上医疗卫生队伍短板。推进国家医学中心、区域医疗中心布局。持续实施"千县工程"，提升县医院综合能力，开展优质服务基层行活动，遴选一批中心卫生院加强能力建设。推广"县聘乡用"和"乡聘村用"，分类解决乡村医生社会保障问题。医疗保障事关群众切身利益，应全面落实困难群众资助参保政策，重点强化学生、流动人口、灵活就业人员等群体参保工作。精准提升大病保险保大病能力，夯实医疗救助托底保障功能，完善防范化解因病返贫致贫长效机制，提升基本医保综合保障能力。近年来异地就医群众数量不断增加，应落实好异地就医结算等政策，让群众少跑腿。

（四）支持人口长期均衡发展。"一老一小"问题已成为困扰许多家庭生活的突出问题。有效应对我国人口老龄化，事关国家发展全局，事关亿万百姓福祉。应针对我国国情实际，完善扶持政策体系，健全以居家养老为基础、社区为依托、机构充分发展、医养有机结合的多层次养老服务体系。目前我国不少地区养老机构还存在床位数量不够、服务质量不高等问题，应完善养老事业和产业统筹发展政策，深化养老服务供给侧改革，加强养老服务综合监管。推动建立长期护理保险制度，促进失能、半失能老年人长期照护服务发展。稳妥推进养老保险全国统筹，确保养老金按时足额发放。近年来，我国人口结构变化还存在少子化倾向。影响生育行为的主要是公共服务发展水平滞后，生出来的孩子没有人带、养孩子的成本高。应优化人口发展战略，完善生育支持政策体系，降低生育、养育、教育成本。构建普惠托育服务体系，支持社会力量提供多元化、规范化托育服务。加强妇幼保健机构基础设施建设。

（牛发亮）

65. 疫情防控进入新阶段后如何做好有关工作?

当前,全国疫情形势总体向好,平稳进入"乙类乙管"常态化防控阶段。但要看到,全球疫情仍在流行,病毒株还在不断变异,我国仍存在经历不同波次疫情的风险,防控工作一刻都不能放松,必须压实各方责任,统筹当前和长远,加快完善平急结合的机制和举措,建强卫生健康服务体系,进一步提升新阶段防控和应急处置能力,坚决巩固住来之不易的重大成果。

(一)加强疫情监测和常态化预警能力建设。这是落实"四早"要求的关键举措。在疫情防控中,我国已经初步建立了覆盖病例报告、发热门诊、社区哨点、重点场所、口岸城市等多个渠道、多种方式的监测网络,总体能够满足当前疫情防控需要。要进一步健全监测体系和信息报告制度,加快病毒株实验室检测,优化诊断、检测、审核流程,最大限度缩短报告时间,提升监测预警的灵敏性和准确度。现在,我国暴发疫情的风险主要来自境外,要密切跟踪世界各国新冠病毒变异情况和疫情发展态势,加强国际疫情形势特别是周边国家和地区疫情形势分析和风险研判,对出现新变异毒株的国家和地区的入境人员，要适当提高抽检比例。要加大口岸、沿边、沿海等地监测力度，科学设计人、物、环境抽样检测的范围和频次，严防新的变异毒株输入。同时，考虑到社会上还有散发病例，要加强学校、养老机构等重点场所和重点人群的监测。一旦发现聚集性疫情或新变异毒株的感染者，要迅速激活应急响应机制，第一时间开展流调排查，及时准确发出预警并采取必要的应急防控措施，坚决避免零星散发病例拖成局部暴发、局部暴发演变为大范围蔓延。

（二）持续抓好常态化分级分层分流医疗卫生服务体系建设。 在疫情防控转段中，各级各类医疗卫生机构积极参与医疗救治，特别是基层医疗卫生机构承担了大量首诊工作，有效缓解了大医院的救治压力，避免了医疗资源挤兑。同时要看到，在疫情防控过渡转段中，也暴露出我国医疗资源分布不均衡、优质资源短缺、重点专科以及农村地区救治、急救、转运等能力不足问题。要继续深化医药卫生体制改革，立足平战结合、补齐短板，谋划推进新一轮医疗卫生服务能力建设，进一步推动优质医疗资源扩容和区域均衡布局，抓紧推进国家医学中心和区域医疗中心建设，把增强传染病救治能力作为建设的重要方面，加强重症医学、呼吸、麻醉等专业学科和院前急救建设，全面提升重大疫情应急医疗救治储备能力。要以城市社区、农村基层、县级医院为重点，完善基层医疗服务功能，建强以公立医疗机构为主体的三级医疗卫生服务网络,同时逐步提高基层看病费用报销比例,促进形成基层首诊、上下转诊的分级诊疗格局。

(三)**加快推进疾病预防控制体系改革**。疾病预防控制体系是保护人民健康、保障公共卫生安全、维护经济社会稳定的重要保障。地方各级党委和政府要加快推进疾病预防控制体系改革,理顺管理体制和运行机制,着力加强流行病学调查、病原实验室检测、健康教育等专业能力。乡镇卫生院、社区卫生服务中心等基层医疗卫生机构,是疫情防控的最前沿阵地,要充实公共卫生专业力量,加强防控政策和知识培训,提升基层疫情防控能力。爱国卫生运动是我们党把群众路线运用于卫生防病工作的成功实践和伟大创举,在控制重大疫病流行方面发挥了重要作用。要结合健康中国建设和疫情防控需要,开展城乡环境卫生综合治理,加强卫生环境基础设施建设和卫生城镇创建,全面改善人居环境。要继续加强健康知识的普及,提高全民健康素养,保持良好卫生习惯,做好自我防护和个人健康管理。

(四)**持续加强医疗物资生产保供**。做好医疗物资生产保供是国家应急管理体系建设的重要内容。要完善分级储备制度,除了中央要做好主要应急医疗物资储备外,地方也要加大储备力度。各地要结合本轮疫情救治药品使用情况和当地群众用药习惯,明确省、市、县需要储备的品种和数量。要充分发挥公立医疗机构特别是区域医疗中心、大型综合医院的作用，建立动态平衡调节机制，不断提高储备效能。要完善储备目录，适当扩大医疗物资储备种类，研判新的变异毒株可能导致的健康危害，适时科学调整储备的品类和规模，增强应急医疗物资储备的针对性、前瞻性。要建立应急医疗物资生产企业名单，确保需要时迅速生产、及时供应。要加强应急医疗物资的统筹调配，强化供需对接，打通配送堵点，完善生产收储、调运接收等机制，切实解决好基层一线药品、设备保障问题，更好满足基层群众看病用药需求。

（五）统筹推进卫生健康领域科技攻关。抗疫三年多来，我国在疫苗、药品、检测试剂等研发方面，总体保持全球优势地位，但在一些前沿领域与西方发达国家相比还有一定差距，有些方面甚至受制于人。要根据新冠病毒变异和疫苗保护情况，继续做好新型药物和疫苗研发，科学谋划下一阶段疫苗接种工作，促进老年人接种率持续提升。要加强疫病防控和公共卫生科研攻关体系和能力建设，将应急性科研攻关纳入常态化科研项目，理顺医药科技重大专项管理体制机制，加强卫生健康领域的基础研究和关键核心技术突破，加快补齐我国新药创制、高端医疗装备的短板，为保障人民生命安全和身体健康提供有力科技支撑。

（王汉章）

66. 如何恢复和扩大消费？

消费对经济发展具有基础性作用。随着疫情防控措施优化调整，今年以来我国消费有所恢复，但目前仍没有达到正常增长水平。习近平总书记在中央经济工作会议上指出，要把恢复和扩大消费摆在优先位置。要增强消费能力，改善消费条件，创新消费场景，使消费潜力充分释放出来。

（一）多渠道增加城乡居民收入。消费是收入的函数。促进消费恢复和扩大，关键在增加居民收入，特别是要提高消费倾向高、但受疫情影响大的中低收入居民的消费能力。一是稳定扩大就业岗位。就业是居民获取收入的主渠道。今年城镇就业压力较大。要落实落细就业优先政策，把促进青年特别是高校毕业生就业工作摆在更加突出的位置，做好退役军人、农民工、就业困难人员等重点群体就业工作。支持企业稳岗扩岗，促进创业带动就业，加强灵活就业和新就业形态劳动者权益保障。强化职业技能培训，健全就业公共服务体系，促进劳动力供求更好匹配。二是促进农村居民增收。我国有 4.9 亿人常住在乡村，1.6 亿多人主要从事农业生产，他们的收入和生活与农业农村发展息息相关。要持续抓好农业生产，完善强农惠农政策，在端牢 14 亿多中国人饭碗的同时，提高种粮农民收益。发展新型农村集体经济、新型农业经营主体和社会化服务、农业适度规模经营，支持乡村特色产业发展，让农民增收致富有更多门路。巩固拓展脱贫攻坚成果，接续推动脱贫地区发展，坚决防止出现规模性返贫。三是进一步健全社会保障体系。2022 年转移净收入占到居民人均可支配收入的 18.7%，是居民仅次于就业工资的第二大收入来源。要完善基本养老保险全国统筹制度，推动基本医疗保险、失业保险、工伤保险省级统筹，健全农民工、灵活就业人员、新就业形态劳动者等重点群体参加社会保险机制，推进分层分类社会救助体系建设，确保兜住兜牢民生底线。四是改善收入分配。努力提高居民收入在国民收入分配中的比重，提高劳动报酬在初次分配中的比重。健全工资合理增长机制。完善按要素分配政策制度，探索多种渠道增加中低收入群众要素收入，多渠道提高居民财产性收入。

（二）稳定大宗消费。汽车及直接相关的汽油、家电、家具、建材等的销售占到社会消费品零售总额的 15% 左右，对整体消费走势具有重要影响。受 2022 年基数较高等因素影响，今年汽车销售可能出现下降。前两个月，限额以上单位汽车类商品零售额同比下降 9.4%。要稳住汽车消费，为消费恢复和扩大提供助力。推动汽车消费由购买管理向使用管理转变，推进汽车电动化、网联化、智能化。强化停车设施建设改造，优化停车设施供给结构，加快推进公路沿线、交通枢纽场站、居住区等充电设施设备建设，推动公共领域车辆全面电动化。便利二手车交易。我国家电更新消费潜力十分巨大，每年应报废家电规模据估算超过 2 亿台。要继续引导消费者转变观念，鼓励有条件的地方对购买绿色智能家电等予以支持，持续开展家电生产企业回收目标责任制行动。房地产市场发展与家电、家具、建材等消费直接相关。要确保房地产市场平稳发展，支持刚性和改善性住房需求，解决好新市民、青年人等住房问题，鼓励地方政府和金融机构加大保障性租赁住房供给，探索长租房市场建设。

（三）推动生活服务消费恢复。今年以来，生活服务消费快速反弹。春节期间国内旅游人数、旅游收入同比分别增长 23.1%、30%，电影票房收入为春节档次高。1—2 月份，餐饮收入同比增长 9.2%。但要看到，一些领域同比增长较快，与 2022 年同期基数偏低有关。相比疫情前 2019 年同期，春节假期国内旅游人数和收入仍分别下降 11.4%、26.9%；春运期间发送旅客数下降 46.5%。要采取有效措施，推动生活服务消费尽快恢复。新冠病毒还在变异，新的疫情仍可能发生，要更加科学、精准、高效做好防控工作，维持正常生产经营和生活秩序。目前生活服务业企业特别是商户小店仍较困难，要继续给予政策支持，帮助恢复元气。要持续完善"一老一小"服务体系，创新实施文化惠民工程，大力发展城市微旅游、乡村旅游和短途周边游，推动健身场地全面开放共享，持续推动户外运动发展，通过高质量供给创造有效需求。

（四）**优化消费环境。**消费环境对居民消费意愿有直接影响。当前，我国消费环境仍有不完善的地方。比如，很多城市社区特别是老旧社区商业发展空间不足，商品和服务难以完全满足居民日常生活所需，消费便利度不高。又如，全国仍有近1/3的乡镇没有商贸中心，加上物流快递不健全等问题，制约了农村居民消费潜力释放。再如，掺杂掺假、以次充好、宣传与实际不符等损害消费者权益的现象仍时有发生。要加快推进国际消费中心城市培育建设，积极建设一批区域消费中心，有序推进商业街设施改造和业态升级，打造便民生活圈，改善基础设施和服务环境，提升流通循环效率和消费承载力。建立完善县域统筹，以县城为中心、乡镇为重点、村为基础的县域商业体系，健全农村流通网络，扩大电商进农村覆盖面，发展县乡村三级物流配送，加快补齐冷链设施短板，推动农产品上行和供应链、物流配送、商品服务下沉。保护消费者权益是优化消费环境的重要内容。要规范消费市场秩序，加大消费品质量安全监管力度，推进消费信用体系建设，畅通消费维权渠道，让消费者买得放心、用得安心。

（五）培育壮大新型消费。消费新业态新模式顺应消费升级趋势，能够较好克服疫情等的不利影响，有利于创新消费场景、丰富消费体验，不断催生消费新增长点。要鼓励发展消费新业态新模式新场景，推动线上线下消费深度融合。推进即时零售、直播电商、云展会等新模式健康发展，拓展沉浸式交互式购物体验。开展智慧商圈、智慧商店、智慧景区等的示范创建。支持传统商业企业加快数字化、智能化改造和跨界融合。鼓励有条件的地方积极发展首店经济、首发经济。

（黄　涛）

67. 如何促进有效投资？

促进有效投资有利于应对经济周期性波动、优化供给结构、增强发展后劲。习近平总书记在中央经济工作会议上指出，总需求不足是当前经济运行面临的突出矛盾，必须着力扩大国内需求。其中一个重要方面就是要通过政府投资和政策激励有效带动全社会投资。具体要抓好以下工作。

（一）推进重点领域和重大项目建设。要找准投资方向和重点、优选项目，用好宝贵的资金，尽可能发挥投资效益。一是持续推进重大基础设施建设。重大基础设施关系国计民生，具有很强的社会效应，是政府投资的重要领域。政府投资要在打基础、利长远、补短板、调结构上加大力度，加快实施"十四五"重大工程，加强交通、能源、水利、农业、信息等基础设施建设。二是加强新型城镇化建设。城镇化是扩大内需的重要支撑。要支持城市群和都市圈建设现代化基础设施体系，推进县城公共服务、环境卫生、市政公用、产业配套等设施提级扩能，实施城市更新行动，加快城镇老旧小区改造。实施乡村建设行动，完善乡村基础设施和综合服务设施，提升农房品质，加强农村生态文明建设和农村人居环境整治。三是推动区域协调发展。区域协调发展蕴藏巨大内需潜力。要深入实施区域重大战略、区域协调发展战略，加强区域间基础设施联通，促进区域优势互补、各展其长。四是加大科技和产业投资。超前开展重大科技基础设施和关键核心技术研发能力建设，扩大工业和技术改造投资，推动企业技术改造和设备更新。五是强化生态环境建设。深入推进环境污染防治，加强城乡环境基础设施建设，推进能源清洁高效利用和技术研发，推进资源节约集约利用，推动重点领域节能降碳减污。六是扩大社会民生领域投资。这既能改善民生福祉，又能带动相关消费。要改善各级各类学校办学条件，加强医疗卫生能力建设，增加普惠性养老和医养结合服务设施，提升县级公共文化设施水平，持续改善群众身边健身设施，加强住房保障体系建设。

（二）统筹用好各类政府投资资金。今年政府投资力度是比较大的，安排中央预算内投资 6800 亿元，新增地方政府专项债券 3.8 万亿元，规模分别比 2022 年增加 400 亿元、1500 亿元。要进一步优化调整中央预算内投资结构，聚焦国家重大发展战略，重点向粮食安全、能源安全、产业链供应链安全、国家安全以及民生等领域倾斜。在重点支持现有 11个领域项目建设基础上，适度扩大专项债资金投向领域和用作项目资本金范围，持续加力重点项目建设，形成更多实物工作量。加强项目储备，提高项目储备质量，做好项目前期工作，适当提高资金使用集中度，优先支持成熟度高的项目和在建项目。坚持"项目跟着规划走"、"资金、要素跟着项目走"，统筹用好中央预算内投资、地方政府专项债券、结构性货币政策工具、制造业中长期贷款等资金，强化土地、用能、环评等要素保障。

（三）**激发民间投资活力**。民间投资是投资的大头，占全社会投资的比重在 55% 左右。当前，民间投资预期较弱。要切实落实"两个毫不动摇"，坚定不移支持民营企业发展，提振民营企业信心。一是继续对困难行业企业予以纾困支持。要完善税费优惠政策，对现行减税降费、退税缓税等措施，该延续的延续，该优化的优化，突出对制造业、中小微企业、个体工商户以及特殊困难行业的支持。支持金融机构按照市场化法治化原则满足实体经济有效融资需求，引导金融机构加大制造业中长期贷款投放力度，推动普惠小微贷款增量、扩面，推动企业综合融资成本稳中有降。二是放宽民间投资市场准入。要进一步拆除妨碍民间投资的各种藩篱，严禁在项目核准、土地使用、环评审批等方面对民间投资设置附加条件。发挥好政府投资撬动作用，完善支持社会资本参与政策，鼓励和吸引更多民间资本参与国家重大工程和补短板项目建设。三是营造公平竞争的市场环境。依法保护民营企业产权和企业家权益，保障民营企业平等获取和使用资金、能源原材料、土地等生产要素，在财政补助、税费优惠、政府采购等方面受到公平对待。

（四）深化投融资体制改革。破除制约投资的体制机制障碍，有利于提升投资建设便利化水平，降低投资成本，增强投资意愿。要继续推进投资项目审批制度改革，优化投资审批服务，修订投资管理有关规章和规范性文件，增强投资法规的统一性和协同性。要用好推进有效投资重要项目工作协调机制经验，加快资金和项目落地。扩大有效投资需要拓宽资金来源。要推进基础设施领域不动产投资信托基金（REITs）常态化发行，盘活存量资产。规范有序推广政府和社会资本合作（PPP），鼓励各类企业特别是民营企业作为社会资本方平等参与 PPP 项目。政策性金融要发挥逆周期调节作用，加大对符合国家发展规划和产业政策导向重大项目的融资支持力度，兼顾好经济效益和社会效益。

（黄　涛）

68. 如何加快建设现代化产业体系?

加快建设现代化产业体系,是以习近平同志为核心的党中央从全局出发作出的重大战略决策,对构建新发展格局、推动高质量发展、应对全球产业竞争和推进中国式现代化意义重大。要坚持以习近平新时代中国特色社会主义思想为指导,深入贯彻习近平总书记关于建设现代化产业体系的重要论述精神,坚持问题导向、树牢系统观念,明确主攻方向、突出重点关键,统筹推进短板产业补链、优势产业延链、传统产业升链、新兴产业建链等各项工作,增强产业发展接续性和竞争力。

(一)大力发展实体经济。以制造业为代表的实体经济是产业体系的基本支撑。我国是靠实体经济起家的,也要靠实体经济走向未来。要坚持把发展经济的着力点放在实体经济上,推进新型工业化,建设制造强国、质量强国、航天强国、交通强国、网络强国、数字中国,特别是要引导各方面资源要素向制造业流动集聚,保持制造业占国民经济合理比重,巩固提升制造业基础和支柱地位。当前要把实施扩大内需战略和深化供给侧结构性改革有机结合起来,继续落实和完善支持制造业发展的各项政策措施，巩固重点地区、支柱产业、重点企业回升向好势头，努力促进工业经济平稳增长。

（二）着力提升产业链韧性和安全水平。针对外部遏制打压不断升级形势，要立足底线思维、极限思维，抓紧补短板、强弱项、堵漏洞，确保产业链在极端情景下能保持正常运转。聚焦国家战略需求，围绕制造业重点产业链，梳理找准"卡脖子"薄弱环节，深入实施产业基础再造工程和重大技术装备攻关工程，集中优质资源合力推进关键核心技术攻关，力争尽快在基础零部件、基础元器件、基础软件、基础材料等方面取得更多突破，同时加快自主技术和产品推广应用，通过推进高水平科技自立自强来保证产业体系自主可控和安全可靠、增强抗风险能力。重要能源、矿产资源是产业发展基本要素，要加强国内勘探开发和增储上产，积极拓展多元化供应来源渠道，切实提升国家战略物资储备保障能力。

（三）加快实现产业体系升级发展。建设现代化产业体系不仅要补短板，也要锻长板、扬优势。要支持开展技术改造和设备更新，大力培育先进制造业集群，持续深化质量提升行动，鼓励企业深入实施智能制造工程，全面落实工业领域以及重点行业碳达峰实施方案，着力提升高端化、智能化、绿色化水平，提升传统产业在全球产业分工中的地位和竞争力。战略性新兴产业是引领未来发展的新支柱、新赛道，要主动把握新一轮科技革命和产业变革机遇，加快新能源、人工智能、生物制造、绿色低碳、量子计算等前沿技术研发和应用推广，推动战略性新兴产业融合集群发展，打造一批新的增长引擎。同时要加强前沿技术、颠覆性技术等跟踪研究，组织实施未来产业孵化与加速计划，前瞻谋划布局未来产业。

（四）促进数字经济和实体经济深度融合。 数字化是产业体系转型升级大势所趋。我国数字经济发展方兴未艾、潜力巨大，要加快建设新型基础设施，着力打造具有国际竞争力的数字产业集群，用新一代信息技术为产业体系赋智赋能，催生更多新产业新业态新模式。加强数字技术和产品的研发、创新与产业化规模化应用，建立健全数据资源产权、交易流通、跨境传输和安全保护等制度规范，激活数据要素市场，推进数字产业化。大力提升农业数字化水平，加快发展工业互联网，持续推动服务业数字化转型，特别是要注重解决传统产业和中小企业"不愿转、不敢转、不会转"等难题，推进产业数字化。平台经济是数字经济的重要形态，要提升常态化监管水平，支持平台企业在创造就业、拓展消费、国际竞争中大显身手。

（五）构建优质高效的服务业新体系。 现代服务业在整个产业体系中的地位十分重要。要大力发展研发、设计、咨询、专利、品牌、流通、法律、金融等现代服务业，加快培育一批具有国际竞争力的服务业企业，扩大服务有效供给、提高服务效率品质、提升服务社会化专业化水平。加快发展生产性服务业，推动现代服务业同先进制造业、现代农业深度融合。以提升便利度和改善服务体验为导向，加快生活性服务业向高品质、多样化转型升级。物流等基础设施是产业体系运行的重要支撑保障，要加快构建现代物流体系，推动降低物流成本，增强应急物流能力，同时优化基础设施布局、结构、功能和系统集成，构建现代化基础设施体系。

我国建设现代化产业体系具有许多有利条件和积极因素，关键是要处理好政府和市场的关系，营造更加良好的发展环境，切实把各方面积极性调动起来。要加强规划引导，优化产业区域布局，推动重点产业在国内外有序转移。健全产业政策体系，优化实施方式、加大支持力度，更好发挥产业政策的战略引导作用。健全优质中小企业梯度培育体系，支持专精特新企业发展，鼓励产业链上中下游、大中小企业和各类所有制企业深度协同、融通创新、共生发展。建设高标准市场体系，构建全国统一大市场，推进高水平对外开放，积极与高标准国际经贸规则接轨，支持企业深度融入全球创新链产业链。坚持教育发展、科技创新、人才培养一体推进和创新链、产业链、人才链一体部署，完善产业技术创新体系，加快打造一支适应建设现代化产业体系需要的人才队伍。

（李攀辉）

69. 如何切实落实"两个毫不动摇"？

毫不动摇巩固和发展公有制经济，毫不动摇鼓励、支持、引导非公有制经济发展，是我国基本经济制度的重要内容。党的十八大以来，习近平总书记多次就坚持"两个毫不动摇"发表重要讲话，在去年 12 月召开的中央经济工作会议上又再次予以强调。党中央出台了一系列相关重要举措。我们要认真学习领会习近平总书记重要讲话精神和党中央决策部署，抓好贯彻落实。

党的二十大专门部署了深化国资国企改革，强调要加快国有经济布局优化和结构调整，推动国有资本和国有企业做强做优做大，提升企业核心竞争力；完善中国特色现代企业制度，弘扬企业家精神，加快建设世界一流企业。要以提高核心竞争力和增强核心功能为重点深化改革，谋划新一轮深化国有企业改革行动方案，推动国资国企发展迈向更高水平。

一是优化国有经济布局结构，增强服务国家发展战略的功能作用。我国经营性国有资产规模大，一些企业资产收益率不高、创新能力不足，同国有资本和国有企业做强做优做

大、发挥国有经济战略支撑作用的要求不相适应。要坚持有
所为有所不为，聚焦主责主业，遵循市场经济规律和企业发
展规律，推进战略性重组和专业化整合，提升产业链供应链
韧性和安全水平，推进新型工业化和现代化产业体系建设。

二是完善中国特色国有企业现代公司治理，真正按市场
化机制运营。要深化落实"两个一以贯之"，推动党的领导
融入公司治理各环节。分层分类、动态优化国有企业党委党
组前置研究讨论重大经营管理事项清单，提升外部董事素质
和履职能力，完善中国特色现代企业制度，持续深化三项制
度改革，提高现代化管理水平，加快建设世界一流企业。

三是健全有利于国有企业科技创新的体制机制，加快培
育创新型国有企业。要健全激励约束机制，完善人才培养体
系，共建良好创新生态。强化企业科技创新主体地位，增强
基础研究、自主创新能力，推动关键核心技术攻关，提高科
技研发投入产出效率，积极培育壮大战略性新兴产业，打造
一批创新型国有企业。

四是加强和完善国资监管，确保国有企业始终牢牢守住
不发生重大风险、实现安全发展的底线。要牢固树立底线思
维，层层压实国有资产保值增值责任，健全更加完善的国资
监管制度体系和全面风险管理体系，尽快化解存量风险，坚
决遏制增量风险。严格加强投资管理，杜绝偏离主业实业、
超越财务承受能力、盲目追逐热点投资等问题，从源头上遏

制和防范风险。

民营经济是我们党长期执政、团结带领全国人民实现"两个一百年"奋斗目标和中华民族伟大复兴中国梦的重要力量。下一步，要持续优化民营企业发展环境，从制度和法律上把对国企民企平等对待的要求落下来，从政策和舆论上鼓励支持民营经济和民营企业发展壮大，用真招实策稳定市场预期和提振市场信心。

一是营造稳定公平透明可预期的发展环境。要全面梳理修订涉企法律法规政策，持续破除影响平等准入的壁垒。全面落实公平竞争政策制度，坚持对各类经营主体一视同仁、平等对待。加快建设全国统一大市场，反对地方保护和行政垄断，为民营企业开辟更多空间。健全政府诚信履约机制。加强监管标准化规范化建设，提升监管制度和政策的稳定性、可预期性。

二是加强民营企业发展促进政策支持。在财政、金融、产业、科技等政策方面采取更加精准有效的措施，支持民营企业发展，支持中小微企业和个体工商户发展。健全融资风险市场化分担机制，完善信用评级和评价体系。健全防范和化解拖欠民营企业账款长效机制。支持有条件的民营企业参与国家重大科技项目攻关，推进科技成果转化。鼓励民营企业开展技术改造，加快数字化、绿色化发展。畅通人才向民营企业流动的渠道。鼓励和吸引民间资本更多参与国家重大工程项目建设、重点产业链供应链项目建设。支持平台企业在引领发展、创造就业、国际竞争中大显身手。

三是依法保护民营企业产权和企业家权益。健全平等保护的法治环境，防止和纠正利用行政或刑事手段干预经济纠纷，防止和纠正执法司法中的地方保护主义。健全产权执法司法保护制度，完善涉企产权案件申诉、复核、重审等保护机制，推动涉企冤错案件依法甄别纠正常态化机制化，畅通涉政府产权纠纷反映和处理渠道。保护民营企业和企业家合法财产。完善知识产权保护体系，加大侵权假冒行为惩戒力度。

四是促进民营经济健康发展和民营经济人士健康成长。引导民营企业家自觉践行新发展理念、主动融入新发展格局，坚定做强实体经济，自觉走高质量发展路子。支持民营企业完善法人治理结构，鼓励建立现代企业制度。弘扬企业家精神，加强民营经济代表人士队伍建设，完善民营经济人士教育培训体系。民营企业和民营企业家要依法合规经营，积极履行社会责任，积极构建和谐劳动关系，让企业发展成果更公平惠及全体员工，增强先富带后富、促进共同富裕的责任感和使命感，做爱国敬业、守法经营、创业创新、回报社会的典范。

五是营造关心支持民营经济发展良好氛围。要为民营企业解难题、办实事，推动完善政企沟通机制，搭建服务民营企业平台载体，把构建亲清政商关系落到实处。引导全社会客观正确全面认识民营企业和民营经济人士，坚决抵制质疑社会主义基本经济制度、否定和弱化民营经济的错误言论和做法。引导民营企业和民营企业家正确理解党中央方针政策，消除顾虑，放下包袱，大胆发展，实现民营经济健康发展、高质量发展。

（包益红）

70.吸引和利用外资方面如何加大力度?

利用外资是我国对外开放基本国策的重要内容。过去三年,新冠疫情对经济发展造成较大冲击,但我国利用外资继续稳健发展,2022年达1891亿美元的新高。我国拥有超大规模市场优势,产业基础和配套能力强,改革开放促进了营商环境的不断改善,各级政府对招商引资工作越来越重视,这些都是吸引外资的优势所在。同时要看到,当前各国之间的引资竞争更加激烈,一些国家单边主义、保护主义加剧,我国传统比较优势有所弱化,营商环境还有需要改进的地方,对吸引和利用外资带来较大挑战。为更大力度吸引和利用外资,必须进一步扩大市场准入,全面优化营商环境,持续加强对外资企业的服务,不断增强外资信心。

(一)加大现代服务业领域开放力度。2022年,我国服务业增加值占国内生产总值比重为52.8%,对经济增长贡献率达41.8%;服务业实际使用外资占比达72.7%,已成为吸引外资的主要领域。展望未来,服务业开放空间广阔、潜力巨大,也是我国对外开放的重点领域。着眼于高质量发展需要,必须合理减少准入限制,大力引进有利于产业升级和技术进步的生产性服务业，积极扩大电信、医疗、教育、健康养老等领域服务业开放。要发挥服务业扩大开放综合试点作用，支持试点省市根据发展定位和差异化试点任务，在产业开放发展、贸易投资自由化便利化、体制机制改革等领域先行先试、大胆探索，推动服务业高水平开放迈上新台阶。要推动出台自贸试验区跨境服务贸易负面清单，研究缩减海南自贸港跨境服务贸易负面清单。同时，要落实好《鼓励外商投资产业目录》明确的关税减免、土地优先供应等优惠政策，完善配套措施，引导外资更多投向现代服务等领域，投向中西部和东北地区。

（二）发挥好各类开放平台作用。目前我国共有 21 家自贸试验区、230 家国家级经开区、167 家海关特殊监管区、11 个服务业扩大开放综合试点省市，海南自贸港建设正在积极推进。要充分发挥各类开放平台的先行先试作用和制度集成创新优势，积极探索前沿领域对外开放，在吸引和利用外资中发挥更大作用。要锚定国内改革重点难点问题，进一步提升自贸试验区建设水平，梳理形成一批改革试点经验。要继续高标准推进海南自贸港建设，扎实开展全岛封关运作前压力测试，积极稳妥推动"一线放开、二线管住"进出口政策制度试点扩区。同时，要深化国家服务业扩大开放综合示范区建设，研究出台支持综合保税区发展改革的措施，完善国家级经开区创新提升的动态管理和激励机制，打造现代化产业体系建设引领区。

（三）**落实好外资企业国民待遇**。新版外商投资法及其实施条例，在法律法规层面正式确立了准入前国民待遇加负面清单管理制度，体现了新一轮高水平开放的要求。要持续用力，推动在负面清单以外领域取消针对外资的准入限制，实现市场准入内外资标准相一致。要严格落实"全国一张清单"管理模式，严禁各地区各部门自行发布具有市场准入性质的负面清单。健全公平竞争制度框架和政策实施机制，及时向社会公开涉企优惠政策目录清单，全面清理歧视外资企业的各类政策，对新出台的政策开展公平竞争审查。推进政府采购公开透明和市场化，研究通过制度保障在政府采购、政府补贴、招投标、资质许可、标准制定等方面做到对内外资一视同仁。健全统一市场监管规则，强化统一市场监管执法，杜绝各类歧视外资企业的市场监管行为。

（四）**稳步扩大制度型开放**。当前，以世贸组织为代表的多边贸易体制面临重大挑战，主要经济体纷纷转向高标准自贸安排，新一代国际经贸规则正加快形成。面对形势变化，我们必须扩大面向全球的高标准自由贸易区网络，稳步扩大制度型开放，积极参与新一轮国际经贸规则和标准制定。目前，我国已与全球 26 个国家和地区签署了 19 个自贸协定，与自贸伙伴的贸易额占到外贸总额的 35% 左右。特别是区域全面经济伙伴关系协定（RCEP）是我国迄今加入的规模最大、水平最高的自贸协定,对利用和吸引外资发挥了重要促进作用。我们还在积极推动加入全面与进步跨太平洋伙伴关系协定(CPTPP)和数字经济伙伴关系协定(DEPA)等高标准经贸协议。下一步要立足国情,积极探索符合国际惯例的经贸规则对接方式,主动对照相关规则、规制、管理、标准推进国内相关领域改革,为吸引和利用外资创造更好条件。

(五)**有针对性做好外资企业服务工作**。优质的政府服务是良好营商环境的重要内容。要把改进服务作为外资工作的重要抓手,持续提升政府服务效能,以实际行动增强外企信心。要发挥好重点外资项目工作专班的作用,加强与外资企业、外国商协会的常态化联系,畅通意见反馈渠道,及时协调解决企业生产经营中遇到的困难和问题。要完善全流程、直达式服务,组织开展投资项目对接,推动达成更多投资意向。要强化对重点外资项目和企业的"一对一"服务保障,积极推动外资标志性项目落地建设,注重吸引中小外资企业来华投资。同时,要组织更多政策宣讲会、政企对话会,有针对性地开展政策解读,及时回应外资企业关切,打消他们的各种疑虑。

(史德信)

313

71. 推动外贸稳规模优结构要做好哪些工作?

2022 年, 我国货物贸易进出口总额 42.1 万亿元, 在 2021 年增长 21.1% 的基础上又增长了 7.7%, 作为世界货物贸易第一大国的地位进一步巩固; 服务贸易进出口总额 6 万亿元, 同比增长 12.9%, 规模再创历史新高。受外需疲软、保护主义加剧、全球供应链重构等多种因素影响, 今年稳外贸面临着较大挑战。要按照党中央、国务院部署, 加力稳定对外贸易, 继续发挥出口对经济的支撑作用, 积极扩大优质产品和服务进口。

(一) **支持外贸企业获取订单、稳住出口市场。** 当前外贸企业面临的订单不足问题较为突出。针对出口订单不稳和流失倾向, 要积极采取措施帮助企业保订单、稳市场, 多元化开拓国际市场。对有订单在手的企业, 要在物流、融资、税费等方面加大支持保障, 确保生产经营稳定、产品及时运出、订单按期交付。对预期不稳定、有单不敢接的企业, 要有针对性加大出口信保等政策支持, 减少接单风险、增强企业信心。对订单不足、获取新订单有困难的企业, 要支持企业开展线上展示、推介、洽谈等活动, 鼓励地方赴境外办展参展,帮助企业获取新的客户和订单。

(二)着力扩大高质量、高技术、高附加值产品出口。质量、技术和附加值是出口竞争力的关键所在。近年来我国出口结构实现了新的提升,特别是新能源汽车、光伏产品、锂电池"新三样"成为出口亮点,2022 年新能源汽车出口量同比增长 1.2 倍。要持续加大政策引导,在稳定传统优势产品出口的同时,鼓励新能源汽车、光伏产品、锂电池等新的优势产品出口,推动大型成套设备出口。要加大对外贸转型升级基地的支持,培育外贸特色产业集群。要推动加工贸易产业链升级,提升加工贸易水平。要积极借鉴国际经验,支持出口企业从加工制造环节向研发设计、市场营销、品牌培育、售后服务等环节攀升,推动中国品牌走向世界。

(三)充分发挥外贸新业态、新模式的积极作用。以跨境电商、市场采购贸易等为代表的新业态新模式,是推动外贸发展的重要力量。2022 年我国增设 60 个跨境电商综试区、8 个市场采购贸易方式试点、29 个国家进口贸易促进创新示范区,出台支持海外仓发展的政策,对于激发外贸主体活力发挥了重要作用。要进一步完善相关政策措施,鼓励企业增强海外仓功能,向供应链上下游延伸服务,依托海外仓建立覆盖全球、布局合理、协同发展的仓储、物流、支付、数据等全球跨境电商基础设施网络,形成基于海外仓的整体物流解决方案,带动中国制造品牌拓展国际市场空间。同时,要继续支持市场采购贸易、外贸综合服务企业等健康发展，促进中小微企业"借船出海"，增强外贸发展活力。

（四）积极扩大先进技术、重要设备、能源资源等进口。我国部分农产品和能源、原材料进口依存度较高，一些先进技术设备依赖进口，优质消费品进口近年来也快速增长。保持进口稳定，扩大先进技术、重要设备、能源资源等进口，对国内保供、相关产业发展乃至不断满足人民日益增长的美好生活需要，都至关重要。要运用政府和市场两方面的力量，稳定与主要经贸伙伴的贸易往来，保障进口渠道可靠畅通。要积极推动进口多元化，既稳定已有进口渠道，又不断拓展新的进口来源，减少进口来源过度集中的风险。要继续办好进博会、广交会、消博会等重要展会，吸引更多跨国公司来华展示优质产品。要落实好各项进口税收优惠政策和通关便利化举措，促进跨境贸易和国际物流畅通。要支持企业通过长期商业合同、远期交易、期货期权等方式锁定未来进口价格，有效规避国际市场价格波动风险。

（五）推动服务贸易规模扩大和创新发展。服务贸易是对外贸易的重要组成部分。与货物贸易相比，我国服务贸易发展还有一定差距。要加大现代服务业领域开放力度，大力引进有利于产业升级和技术进步的生产性服务业，推动电信、医疗、教育、健康养老等领域服务业开放，为服务贸易发展创造积极条件。要发挥服务贸易创新发展试点、服务外包示范城市、特色服务出口基地等平台作用，巩固传统服务出口，扩大优势服务出口，加快服务外包转型升级。要用好服贸会等展会平台，扩大先进技术、优质服务进口。要积极创新监管模式、提升便利化水平，破除对保税维修、保税研发、数字贸易等新业态的不合理限制，推动形成服务贸易和货物贸易相互促进、共同发展的良好局面。

（六）扩大面向全球的自由贸易区网络。当前，以世贸组织为代表的多边贸易体制面临重大挑战，主要经济体纷纷转向高标准自贸安排，新一代国际经贸规则正在加快形成。我们要在坚定维护多边贸易体制的同时，扩大面向全球的高标准自由贸易区网络，为外贸稳定发展提供有力支撑。要深入参与世贸组织改革和关键议题的谈判，积极引领投资便利化谈判，建设性参与数字贸易国际规则制定。要继续高质量实施区域全面经济伙伴关系协定（RCEP），密切同域内国家的经贸合作，打造更加紧密的产业链和供应链。要积极推进加入全面与进步跨太平洋伙伴关系协定（CPTPP）和数字经济伙伴关系协定（DEPA），推动商签更多高标准自贸协定。

（史德信）

72. 如何有效防范化解重大经济金融风险?

实现今年经济社会发展目标任务,必须注重防范化解重大风险,以健康的肌体去应对未来的各类挑战。从当前形势看,我们需要重点关注并处置好房地产、中小金融机构和地方政府债务这三个领域的突出风险。

(一)在推进转型发展中化解房地产风险。房地产一头关系宏观经济稳定发展,一头关系千家万户的幸福生活,涉及面广、外溢效应大,对经济社会大局稳定十分重要。因此,防范化解房地产市场风险是当前防控风险的重中之重。对房地产问题,要标本兼治,一方面要处理好当下的风险问题,另一方面要推动加快转型发展,从根本上解决行业内在矛盾。

一要确保房地产市场平稳运行。我国房地产市场风险总体可控,但如果房地产市场调整过快过大,可能导致风险放大扩散,因此必须采取果断措施稳定市场。去年以来,我们采取了一系列保交楼、保民生、保稳定的政策措施,总体成效较为显著。从今年前两个月数据看,房地产市场逐步企稳向好。下一步,要继续贯彻落实好既定部署,扎实做好保交楼、保民生、保稳定各项工作，进一步完善因城施策调控措施，着力改善预期，扩大有效需求，鼓励地方政府和金融机构加大保障性租赁住房供给，探索长租房市场建设。

二要有效处置化解优质头部房企风险。过去两年，我们按照法治化市场化原则，稳妥处置有关高风险房企风险，减少了风险外溢。同时，相继出台了"金融16条"和《改善优质房企资产负债表计划行动方案》等一揽子政策措施，显著改善了房企融资环境，大型房企风险蔓延势头得到了有效遏制。下一步，要继续落实落细已推出的各项支持措施，保持流动性充足，满足房企合理融资需求，推动高风险企业和项目重组并购，改善头部房企资产负债状况，使其恢复自我造血功能，逐步稳妥化解经营风险。

三要加快推动房地产业转型发展。过去房地产行业普遍存在的"高负债、高杠杆、高周转"发展模式弊端明显、不可持续，必须加快探索新的房地产发展模式。要始终坚持房子是用来住的、不是用来炒的定位，深入研判房地产市场供求关系、城镇化格局和人口形势等重大趋势性、结构性变化，及其所带来的房地产需求变化，积极探索创新房地产供给模式和房地产企业运营模式，并逐步推动全行业向新发展模式平稳过渡。

（二）牢牢守住不发生系统性金融风险的底线。经过防范化解重大风险攻坚战的努力，防范化解金融风险取得了重要阶段性成果，金融风险整体收敛、总体可控，特别是源自金融体系自身的风险得到了有效化解。防控风险是金融工作的永恒主题，不可能一劳永逸。在当前形势下，还需持续巩固提升金融体系自身稳健性，防范其他领域风险向金融体系传导。

一是巩固和提升金融稳定基本面。2018 年以来，在党中央、国务院部署下，稳步推进风险处置化解。精准处置一些大型集团风险，稳妥处置 700 多家高风险中小金融机构。金融杠杆率明显下降，金融体系健康程度得到较大提升。下一步要在前期工作基础上，继续化存量、防增量。督促银行机构做实资产分类，继续加大不良资产处置力度，加快多渠道资本补充，持续拆解"类信贷"影子银行，有效应对信用风险集中反弹。

二是持续推动高风险中小银行风险处置。高风险中小银行数量、规模虽然不大，但区域较为集中，须防止风险集中暴露引发区域性金融风险。要压实各方责任，特别是金融机构股东的主体责任、金融管理部门的监管责任和地方政府的属地责任，坚持分类施策，最小化风险外溢和处置成本。要充分发挥存款保险基金、行业保障基金等市场化法治化风险处置平台作用。一体推进风险处置和依法打击风险背后的违法犯罪及腐败行为。督促其他中小银行以案为鉴，强化风险和内控管理，防止出现高风险机构"边清边冒"现象。

三是加快中小金融机构治理体制改革。解决中小金融机构问题既要化解风险、治病救人，也要通过深化改革、强身健体。要强化金融机构治理体系建设，推动党的领导与公司治理深度融合。优化中小银行股权结构，建立有效制衡的公司治理机制。发挥金融人才库作用，推动选优配强中小银行保险机构领导班子。稳步推进村镇银行改革重组。拓展中小银行常态化资本补充渠道。推进保险公司回归本源，坚决整治恶性竞争乱象。积极推动信托等非银机构转型发展，做优做强主营业务，强化风险管理和内部治理。

四是推进现代金融监管体系建设。要按照党的二十大报告要求，加强和完善现代金融监管，重点在理顺机制、消除盲区、补齐短板等几方面下功夫。要加强金融监管协调，建立健全金融稳定发展和统筹协调机制。健全"风险为本"的审慎监管框架，防范风险跨机构、跨市场、跨国境传染。强化功能监管和综合监管，对各类型金融产品实施穿透式监管。加强金融机构公司治理监管，加强股东资质穿透审核和股东行为监管。健全严厉打击金融犯罪的长效机制。坚持金融业务持牌经营原则，依法将各类金融活动全部纳入监管。强化金融稳定保障体系，加快制定出台金融稳定法。

（三）稳妥审慎防范处置地方政府债务风险。地方政府债务是长期以来市场和社会都较为关心的重大问题，对此要全面辩证看待。我国地方政府债务资金主要投向了对经济民生具有重大意义的项目，大多都有实物资产，很多都有现金流收入，这是支撑债务可持续的重要基础。但是，一些地区市县基层债务规模较大，风险隐患也不容忽视，在当前推动经济恢复发展的重要时期，需要统筹考量、稳慎处置。

一方面，要积极稳妥处置化解重点地区债务风险。坚持"开正门、堵旁门"，遏制增量、化解存量。完善常态化协同监管，逐步实现地方政府债务按统一规则合并监管，坚决禁止变相举债、虚假化债行为。加强地方政府融资平台公司治理，防范地方国有企事业单位"平台化"。同时，充分利用好当前利率水平较低的有利条件，减轻地方政府偿债负担。在风险处置过程中，要注重把握好力度和节奏，防止引发债市风险和地区中小金融机构风险，防范处置风险的风险。

另一方面，以深化改革从根本上解决地方政府债务问题。地方政府债务涉及财税体制、地方政府自身建设、政府债券体系等一系列深层次问题，必须锲而不舍地深化相关领域改革。要深化省以下财税体制改革，完善地方预算管理机制，探索盘活地方国有资产的有效方式，多渠道增加地方可用财力。推动形成政府和企业界限清晰，责任明朗，风险可控的良性机制，推进地方政府融资平台市场化转型发展，促进民间资本更多参与基础设施等领域投资。健全符合我国国情的政府债券体系，为地方政府合理融资提供透明规范、长期稳定的资金来源，更好推动地方经济社会建设。

（杨　祎）

73. 如何抓好粮食和重要农产品稳产保供?

保障粮食和重要农产品稳定安全供给,是建设农业强国的头等大事,也是经济社会发展稳大局、应变局、开新局的重要基础。习近平总书记在中央农村工作会议上对新时代新征程保障粮食和重要农产品稳定安全供给作出战略部署。今年初印发的中央一号文件对抓紧抓好粮食和重要农产品稳产保供进行了系统安排。归纳起来,主要有以下三个方面。

(一)抓紧抓好粮食和重要农产品生产。这是保障粮食和重要农产品稳定安全供给的现实所需。要突出重点、抓住关键,不折不扣完成好各项稳产增产目标任务。

一是坚决稳住粮食面积、努力提高单产,确保粮食产量保持在 1.3 万亿斤以上。稳定粮食生产,基础是稳住面积,潜力主要在提高单产。要强化激励约束机制稳面积,严格省级党委和政府耕地保护和粮食安全责任制考核,继续提高小麦最低收购价,合理确定稻谷最低收购价,稳定稻谷补贴,完善农资保供稳价应对机制,增加产粮大县奖励资金规模,健全主产区利益补偿机制,充分调动农民种粮和地方抓粮的积极性。要综合施策提单产，深入推进绿色高产行动，开展吨粮田创建，启动玉米单产提升工程，加强抗灾夺丰收措施落实，促进粮食大面积增产。

二是加力扩种大豆油料，巩固提升扩种成果。去年扩种大豆油料取得显著成效，今年夏季油菜面积也有明显增长，巩固提升扩种成果关键在于稳定大豆生产。要完善玉米大豆生产者补贴，实施好大豆完全成本保险和种植收入保险试点，支持东北、黄淮海地区开展粮豆轮作，通过加大政策支持力度稳住净作大豆面积。要扎实推进大豆玉米带状复合种植，稳步开发利用盐碱地种植大豆，通过积极挖掘扩种潜力尽量增加大豆面积。同时，要加强油菜综合性扶持措施统筹，促进花生持续稳定增长，启动实施加快油茶产业发展三年行动，支持木本油料等特色油料发展，多油并举加快扩大油料生产。

三是抓好"菜篮子"产品生产，保障市场供应和价格总体稳定。抓好农业稳产保供，还包括"菜篮子"产品等重要农产品。要落实生猪稳产保供省负总责，严格"菜篮子"市长负责制考核，大力推进畜牧渔业高质量发展，切实稳定生猪生产，提高蔬菜应急保供能力。要树立大食物观，加快构建粮经饲统筹、农林牧渔结合、植物动物微生物并举的多元化食物供给体系，多途径开辟食物来源，提高稳定安全供给能力。

（二）加强农业基础设施建设。这是提高粮食和重要农产品稳定安全供给能力、从根本上改变农业"靠天吃饭"局面的必由之路。要聚焦近年来暴露出的短板弱项，有针对性地加大建设力度，加快完善农业基础设施体系。

一是加强耕地保护和用途管控。我国人均耕地本就不足，近年来还在不断减少。要严格耕地占补平衡管理，实行部门联合开展补充耕地验收评定和"市县审核、省级复核、社会监督"机制，确保补充的耕地数量相等、质量相当、产能不降。要严格控制耕地转为其他农用地，探索建立耕地种植用途管控机制。

二是加强高标准农田建设。今年要完成好新建4500万亩和改造提升3500万亩年度任务，特别是补上土壤改良、农田灌排设施等短板，健全长效管护机制。要制定逐步把永久基本农田全部建成高标准农田的实施方案，持续加强黑土地保护和坡耕地综合治理，做好盐碱地等耕地后备资源综合开发利用试点。

三是加强水利基础设施建设。要扎实推进重大水利工程建设，加快大中型灌区建设和现代化改造，实施一批中小型水库及引调水、抗旱备用水源等工程建设。要加大农田水利设施建设力度，推进黄河流域农业深度节水控水，在干旱半干旱地区发展高效节水旱作农业，提高农业用水保证率和效率。

四是加强农业防灾减灾体系建设。我国农业自然灾害多发重发，减少灾害损失实际也是增产。要研究开展新一轮农业气候资源普查和农业气候区划工作，优化完善农业气象观测设施站网布局，加强旱涝灾害防御体系建设和农业生产防灾救灾保障，健全基层动植物疫病虫害监测预警网络，完善农业防灾减灾设施体系。

（三）强化农业科技和装备支撑。这是在资源环境约束不断趋紧情况下提高农业综合生产能力的主攻方向。要以实施新一轮千亿斤粮食产能提升行动为重要抓手，加快提升农业科技和装备支撑体系的整体效能。

一是扎实推动农业关键核心技术攻关。要以产业需求为导向，加强农业领域重大创新平台建设，构建梯次分明、分工协作、适度竞争的农业科技创新体系，完善农业科技领域基础研究稳定支持机制，加快推进引领性前沿技术攻关和突破。

二是深入实施种业振兴行动。要围绕推动种业振兴行动出成效目标，加快构建种质资源精准鉴定评价机制，全面实施生物育种重大项目，加快培育高产高油大豆、短生育期油菜、耐盐碱作物等新品种，有序扩大生物育种产业化试点范围。

三是加快先进农机装备研发推广。要聚焦促进农业稳产增产现实需要，完善农机购置与应用补贴政策，加快研发推广大型智能农机装备、丘陵山区适用小型机械和园艺机械，推进水肥一体化和农业废弃物利用装备建设。

（张顺喜）

74. 全面推进乡村振兴有哪些重点任务？

全面推进乡村振兴是新时代建设农业强国的重要任务。习近平总书记强调，要将人力投入、物力配置、财力保障都转移到乡村振兴上来，全面推进产业、人才、文化、生态、组织"五个振兴"。今年中央一号文件对全面推进乡村振兴重点工作进行了系统部署。十四届全国人大一次会议审议通过的《政府工作报告》对此作出安排。除抓好粮食和重要农产品稳产保供外，主要有以下四方面重点任务。

（一）巩固拓展脱贫攻坚成果。这是全面推进乡村振兴的底线任务。要继续压紧压实责任，把脱贫人口和脱贫地区的帮扶政策衔接好、措施落到位。一是坚决守住不发生规模性返贫底线。强化防止返贫动态监测机制执行，对有劳动能力的监测户及时落实开发式帮扶措施，对无劳动能力的监测户及时做好兜底保障等分层救助措施，确保监测户基本生活不出问题，确保"三保障"和饮水安全保障成果持续巩固提升。二是增强脱贫地区和脱贫群众内生发展动力。把增加脱贫群众收入作为根本要求，把促进脱贫县加快发展作为主攻方向，更加注重扶志扶智，大力支持脱贫地区产业发展和脱贫劳动力就业，实施防止返贫就业攻坚行动，在国家乡村振兴重点帮扶县实施一批补短板促振兴重点项目，更好发挥驻村干部、科技特派员产业帮扶作用，深入开展巩固易地搬迁脱贫成果专项行动和搬迁群众就业帮扶专项行动，不断缩小收入差距、发展差距。三是稳定完善帮扶政策。落实巩固拓展脱贫攻坚成果同乡村振兴有效衔接政策，保持脱贫地区信贷投放力度不减，扎实做好脱贫人口小额信贷工作，深入推进"万企兴万村"行动，持续做好中央单位定点帮扶、调整完善结对关系。

（二）推动乡村产业高质量发展。产业振兴是乡村振兴的重中之重。要落实产业帮扶政策，做好"土特产"文章，大力推动乡村产业全链条升级。一是做大做强农产品加工流通业。聚焦提高农产品加工深度，实施农产品加工业提升行动，支持发展农产品产地初加工，引导大型农业企业发展农产品精深加工，鼓励农产品加工企业向产地下沉、向园区集中。聚焦提高农产品流通效率，改造提升产地、集散地、销地批发市场，支持建设产地冷链集配中心，加快完善农产品流通骨干网络。二是加快发展现代乡村服务业。全面推进县域商业体系建设，加快完善县乡村电子商务和快递物流配送体系，积极发展乡村餐饮购物、文化体育、旅游休闲、养老托幼、信息中介等生活服务。三是培育乡村新产业新业态。大力发展共同配送、即时零售等新模式，促进乡村休闲旅游、民宿等提质升级，鼓励发展农产品电商直采、定制等新生产模式和预制菜等新兴产业。四是培育壮大县域富民产业。完善县乡村产业空间布局，提升县城产业承载和配套服务功能，依托县域资源优势实施"一县一业"强县富民工程，引导劳动密集型产业向中西部地区、向县域梯度转移。

（三）**拓宽农民增收致富渠道**。这是全面推进乡村振兴的应有之义。要千方百计拓宽农民增收致富渠道，确保农民收入持续增长。一是促进农民就业增收。强化各项稳岗纾困政策落实，加大对中小微企业稳岗倾斜力度，在政府投资重点工程和农业农村基础设施建设项目中推广以工代赈，优化农民工就业服务，维护好超龄农民工就业权益，加快完善灵活就业人员权益保障制度，努力稳定和扩大农民工就业。二是促进农业经营增效。深入开展新型农业经营主体提升行动，带动小农户合作经营、共同增收。实施农业社会化服务促进行动，促进农业节本增效、提质增效、营销增效。积极发展多种形式的农业适度规模经营，促进经营增效增收。三是赋予农民更加充分的财产权益。研究制定第二轮土地承包到期后再延长 30 年试点工作指导意见，稳慎推进农村宅基地制度改革试点，深化农村集体经营性建设用地入市试点，探索建立兼顾国家、农村集体经济组织和农民利益的土地增值收益有效调节机制，鼓励进城落户农民依法自愿有偿转让合法土地权益。

（四）扎实推进宜居宜业和美乡村建设。这是全面推进乡村振兴的内在要求和必要条件。要一体推进农业现代化和农村现代化，实现乡村由表及里、形神兼备的全面提升。一是深入实施乡村建设行动。瞄准"农村基本具备现代生活条件"的目标，保持战略定力、久久为功，扎实稳妥推进各项建设。加强村庄规划建设，推进农村人居环境整治提升，持续加强乡村基础设施建设，提升基本公共服务能力，推进县域内义务教育优质均衡发展，加强乡村两级医疗卫生、医疗保障服务能力建设。二是加强和改进乡村治理。围绕完善党组织领导的自治、法治、德治相结合的乡村治理体系，强化县乡村三级治理体系功能，健全党组织领导的村民自治机制，加强乡村法治教育和法律服务，全面提升乡村治理效能。三是加强农村精神文明建设。聚焦提升农民精气神、孕育农村社会好风尚，深入开展社会主义核心价值观宣传教育，深化农村群众性精神文明创建，深入实施农耕文化传承保护工程，持续推动家庭家教家风建设，扎实开展高价彩礼、大操大办等突出问题专项治理，让广大农民群众既富口袋又富脑袋。

（张顺喜）

75. 怎样深入推进生态环境综合治理？

2022 年各地区各部门坚定践行习近平生态文明思想，扎实推进美丽中国建设，生态环境质量改善目标顺利完成。当前和今后一个时期，生态文明建设仍处在压力叠加、负重前行的关键期。要深入推进环境污染防治，持续打好蓝天、碧水、净土保卫战。

（一）加强大气污染防治。近年来，我国大力调整能源结构、产业结构、交通运输结构，打出一套压减燃煤、调整产业、联防联控、依法治理的政策措施"组合拳"，推动大气环境质量持续向好，近三年全国重点城市 PM2.5 平均浓度降到世界卫生组织所确定的 35 微克 / 立方米第一阶段过渡值以下，成为全球大气质量改善速度最快的国家之一。但大气质量受气象条件影响很大，去年夏秋季臭氧污染问题凸显，部分地区优良天数比例有所下降。必须深化重点区域大气污染联防联控，加强重污染天气绩效分级和差异化管控，推动出台空气质量持续改善行动计划，让蓝天白云成为常态。因地制宜有序推进北方地区清洁取暖，稳妥推进重点区域平原地区散煤清零，确保群众清洁温暖过冬。传统工业仍是大气污染的重要来源，要高质量推进钢铁企业超低排放改造，有序推进水泥、焦化行业超低排放改造，持续推动锅炉、工业炉窑综合治理，开展重点行业 VOCs 深度治理。机动车仍是大气污染的主要来源，要一体化推进"车、油、路"机动车污染排放控制，加强柴油车、非道路移动机械及成品油全链条监管，在矿山、港口码头、大宗货物运输企业推动电动重卡等清洁运输方式广泛应用。着力推动天然气管网、电网、热力管网、铁路专用线、廊道等基础设施建设，推进京津冀及周边地区农业大气氨排放控制试点，做好消耗臭氧层物质和氢氟碳化物环境管理，切实提高多污染物协同控制水平。

（二）**推进水污染治理**。2022 年全国地表水优良水质断面比例达到了 87.9%，但黑臭水体从根本上消除难度较大，蓝藻水华、水生态失衡问题依然存在。要统筹水资源、水环境、水生态治理，推动重要江河湖库生态保护，强化长江流域磷污染综合治理，全面实施入黄支流消劣整治，深化长江经济带和沿黄省区工业园区水污染整治。扎实推进城市黑臭水体治理，组织开展 2023 年城市黑臭水体整治行动，完成800 余条较大面积农村黑臭水体整治，巩固提升饮用水安全保障水平。强化陆海统筹，深入推进重点海域综合治理攻坚战，扎实推进"一河一策"的沿海城市入海河流总氮治理与管控。研究出台入河和入海排污口监督管理办法及配套技术标准，规范排污口设置审批。因地制宜开展美丽海湾建设，稳步开展重点海湾专项清漂。加强海水养殖、海洋工程和海洋倾废、海洋垃圾监管，强化海洋突发环境事件应急准备与应急能力建设，全面实施第三次海洋污染基线调查，开展"碧海 2023"海洋生态环境保护专项执法行动，保护海洋生态环境。

（三）强化土壤污染防治。我国土壤环境质量总体保持稳定，但部分地区土壤污染持续累积，农业面源污染尚未得到有效遏制。今年要继续加强土壤污染源头防控，推进受污染耕地集中的县级行政区土壤重金属污染源应查尽查、分阶段治理，强化土壤污染源头管控重大工程项目实施成效。针对土壤污染重点监管单位，稳步推进隐患排查"回头看"，加强在产企业和关闭搬迁企业地块土壤污染管控，强化质量控制和监督管理。推进土壤污染防治先行区、地下水污染防治试验区建设。开展地下水污染防治重点区划定，继续开展重点污染源地下水污染状况调查评估，实施化工园区地下水污染风险管控工程与修复试点。深化农业面源污染治理与监督指导，强化农业面源污染调查和监测评估，完成 1.6 万个行政村环境整治。

（四）做好固体废物和新污染物治理。促进固体废物减量化、资源化、无害化，扎实推进 100 个左右地级及以上城市开展"无废城市"建设，依法有序将工业固废纳入排污许可。研究制定深化巩固禁止洋垃圾入境工作方案。实施新污染物治理行动方案，全面落实新化学物质环境管理登记制度。持续推动强化危险废物监管和利用处置能力改革。着力提升危险废物环境管理信息化水平。开展危险废物专项整治"回头看"巡查。有序推进尾矿库污染治理与隐患排查。加强重点行业重点区域重金属污染防控。

（五）持续强化生态保护和修复力度。我国生态系统稳定性正不断提升，但生态承载力和环境容量不足问题仍较为突出。要科学开展大规模国土绿化行动，制定实施国土绿化三年行动计划，完成年度1亿亩目标任务。要扎实推进以国家公园为主体的自然保护地体系建设，推动国家公园法出台，有序创立新的国家公园，稳妥推进自然保护地整合优化。加快实施山水林田湖草沙一体化保护和修复工程、历史遗留废弃矿山生态修复示范工程。全面加强野生动植物保护，抓好旗舰物种保护，组织落实新修订的《野生动物保护法》，推进国家植物园体系建设。充分发挥林长制引领作用，深化集体林权制度改革，加强草原森林湿地保护监管，探索"三权分置"实现形式和运行机制。大力推进森林可持续经营试点工作，加快构建以森林经营方案为核心的决策管理机制和政策保障体系。

（叶世超）

76. 积极稳妥推进碳达峰碳中和有哪些重点措施？

当前，我国能源结构偏煤、产业结构偏重、资源利用效率偏低的矛盾依然突出。推动经济社会发展绿色转型，协同推进降碳、减污、扩绿、增长，要保持战略定力，不能盲目追求"去煤化"，避免运动式"减碳"在短期内对经济和相关行业产生过大冲击。

（一）**着力调整优化能源结构**。在有效保障能源安全的前提下，我国能源低碳转型取得了积极进展。作为能源生产和消费大国，要立足我国能源资源禀赋，坚持先立后破、通盘谋划，推进新能源可靠替代过程中逐步有序减少传统能源。布局建设支撑性调节性电源，新增煤电装机 4600 万千瓦。加强风电太阳能发电建设，推动大型风电光伏基地第一批项目并网投产，开工建设第二批、第三批项目，积极推进光热 + 光伏（风电）项目，启动实施风电"千乡万村驭风行动"和光伏"千家万户沐光行动"，风电、太阳能发电装机规模力争分别达到 4.3 亿千瓦和 4.9 亿千瓦以上。统筹水电开发和生态保护，有序核准开工大渡河老鹰岩一级二级、雅砻江牙根一级、金沙江上游昌波、澜沧江如美等水电项目，

337

加快推进抽水蓄能开发建设，推动主要流域水风光一体化开发建设，水电装机规模力争达到 4.23 亿千瓦。积极安全有序发展核电，完善核电中长期发展规划，坚持安全第一、质量至上，稳步推进东部沿海地区核电项目核准建设，建成投产"国和一号"示范工程 1 号、高温堆示范工程、"华龙一号"示范工程防城港 3 号等机组。加强民生用能工程建设，统筹推进生物质能多元化利用，实施农网巩固提升工程，开展农村能源革命试点。

（二）**重点领域清洁转型**。不断优化产业结构是推动经济发展绿色转型的重要内容。目前，我国产业结构依然偏重，要坚持增量存量并重，推动产业绿色化低碳化。持续优化产业结构，大力发展战略性新兴产业，坚决遏制高耗能、高排放、低水平项目盲目发展。推动传统行业节能降碳，更新能效标杆水平和基准水平，支持企业节能降碳改造、工艺革新和数字化转型，依法依规退出落后产能。积极构建绿色低碳交通运输体系，推广节能低碳型交通工具，实施交通基础设施绿色化提升改造，发展公共交通，引导低碳出行。提升城乡建设绿色低碳发展水平，大力发展绿色建筑，推广新型绿色建造方式，提高绿色建材应用比例。

（三）**加强规制标准体系建设**。加快形成减污降碳的激励约束机制是实现"双碳"目标的基础。要创造条件加快能耗"双控"转向碳排放"双控"制度，重点控制化石能源，统筹建立碳达峰碳中和综合评价考核制度。完善碳排放统计核算制度,开展全国及省级地区能源活动碳排放核算,研究制定工业过程碳排放统计核算制度,推动制修订行业企业和重点产品碳排放核算标准。制定碳达峰碳中和标准体系建设指南,加强检验检测机构监管,规范"双碳"相关认证活动,探索开展碳标签认证。

(四)积极参与应对气候变化全球治理。气候变化是国际社会面临的共同挑战,要合作应对。我们要秉持人类命运共同体理念,积极参与国际气候谈判和规则制定,推动构建公平合理、合作共赢的全球环境治理体系。深入推进清洁能源国际合作,推动全球清洁能源合作伙伴关系建设,积极参与能源领域重要多边合作。开展绿色低碳领域务实合作和技术交流,深化绿色"一带一路"建设,提高境外项目环境与气候可持续性,支持发展中国家能源绿色低碳发展。

(叶世超)

77. 怎样更好保障基本民生？

保障基本民生、兜住民生底线是政府的重要职责。要坚持尽力而为、量力而行，采取更多惠民生、暖民心举措，着力解决群众急难愁盼问题，健全基本公共服务体系，进一步加大基本民生保障力度。

（一）着力加强住房保障体系建设。住有所居是重要民生目标，关系千家万户切身利益。党的十八大以来，我国住房保障能力持续增强，帮助越来越多的住房困难群众改善了居住条件，上亿多人喜圆安居梦。近年来，随着人口流动日益活跃，人口向经济发达地区和城市群集聚趋势明显，新市民、青年人"买不起房、租不好房"的问题比较突出，加之2000年前建成的大量老旧住房面积小、质量差、配套不齐全，居民住房改善性需求也比较旺盛。要坚持房子是用来住的、不是用来炒的定位，适应人民群众的新需求，大力加强住房保障体系建设，支持刚性和改善性住房需求。今年，要增加保障性租赁住房供给，加强土地、财税、金融等政策支持，积极引导企事业单位、园区企业、住房租赁企业等各类主体发展保障性租赁住房，加快解决城镇困难群众特别是新市民、青年人住房困难问题。进一步规范发展公租房，对城镇户籍低保、低收入住房困难家庭做到依申请应保尽保，对其他保障对象在合理轮候期内给予保障，鼓励有条件的地方将公租房保障范围扩大到城镇常住人口住房、收入困难家庭。因地制宜支持人口净流入的大城市结合实际发展共有产权住房，以面向城镇户籍人口为主，逐步扩大到城镇常住人口。同时，坚持因城施策，完善调控措施，更好满足刚性和改善性住房需求，有力有效防范化解房地产市场风险。

（二）持续强化养老和托幼服务。我国目前 60 岁以上老年人 2.8 亿，65 岁以上超过 2 亿，老龄化程度逐年提高。解决好人口老龄化问题，关系老年人的福祉，也关系青年人的预期。要落实积极应对人口老龄化国家战略，进一步健全养老保险体系，稳步推进基本养老保险全国统筹，加快健全企业年金、职业年金制度，规范发展第三支柱养老保险，更好保障老有所养。加强养老服务供给，大力发展居家社区养老服务，加大家庭养老赋能支持力度，保障好特殊困难老年人的关爱服务需求，协同推进长期护理保险制度建设，加强养老机构护理型床位改造提升，健全农村养老服务网络。着力提高服务质量，推进养老服务人才队伍建设，加强养老服务综合监管，探索建立养老服务应急救援体系，严肃查处侵害老年人合法权益行为。去年我国人口出现多年来首次负增长，社会各界对少子化现象予以高度关注。要深化人口监测和形势分析，加快建立生育支持政策体系，探索建立生育成本社会分担机制，解除育龄女性职业、育儿等方面的后顾之忧。同时，大力实施公办托育服务能力建设项目，开展普惠托育服务专项行动，推进优化生育政策落地落实，促进实现适度生育水平，推动人口长期均衡发展。

（三）扎实做好社会救助兜底保障工作。今年社会救助兜底保障仍将面临较大压力，必须进一步强化政策举措，下功夫兜住底、兜准底、兜好底。要根据实际需要适时扩围增效，加强对低保边缘人口、支出型困难人口的专项救助，做好对因疫因灾遇困群众的基本生活保障，确保不发生规模性返贫。要拓展运用全国低收入人口动态监测平台机制，提高主动发现能力，对存在返贫风险的脱贫群众，完善监测帮扶机制、及早落实帮扶措施。急难救助是社会救助工作的一个难点和重点，要结合实践强化创新，进一步完善临时救助制度，全面落实由急难发生地实施临时救助政策，加大基层临时救助备用金支持力度，有效解决城乡居民突发性、紧迫性、临时性基本生活困难。基层承担着大量社会救助工作，要加快实施基层社会救助能力提升工程，简化救助保障补贴申领程序，优化经办服务，积极利用信息化等手段，提高社会救助办理效率和便利度。同时，加强政府救助与慈善救助的衔接，推行"物质＋服务"的救助方式。

（四）切实保障妇女儿童和残疾人合法权益。党的二十大报告强调，坚持男女平等基本国策，保障妇女儿童合法权益。今年1月1日，新修订的《妇女权益保障法》正式实施。要全面贯彻落实男女平等基本国策，依法保障妇女儿童合法权益，不断增强广大妇女儿童的获得感幸福感安全感。一方面，要加快建立政府主导、各方协同、社会参与的保障妇女儿童权益工作机制，完善政府及有关部门的具体保障措施，确保广大妇女儿童平等参与社会生活、平等获得发展机遇、平等享有发展成果。另一方面，要进一步加大对侵害妇女儿童权益犯罪的打击力度，细化完善法律援助、救助帮扶等规范，形成保护妇女儿童权益的工作合力。残疾人的生活、康复、就业等，关乎千万家庭的生活质量和幸福指数。要始终坚持残疾人权益保障与社会发展相结合，强化残疾人社会救助保障，提高残疾人社会保险覆盖范围以及待遇水平，多渠道多形式促进残疾人就业创业，健全残疾人关爱服务体系，提升残疾人享有公共服务的公平性可及性。

（五）做好军人军属、退役军人和其他优抚对象优待抚恤工作。军人军属、退役军人和其他优抚对象为国防和军队建设作出了重要贡献，要按照体现尊崇、体现激励的政策导向，健全完善优待政策体系，营造爱国拥军、尊重优抚对象的浓厚社会氛围。以延安双拥运动80周年为契机，继续抓好已有优待政策的落实，完善荣誉激励、生活、养老、医疗、住房、教育、文化、交通等方面政策措施，创新优待方式和内容，不断提高优待服务管理水平。健全精准化、多层次、便捷可及的服务保障体系，加强抚恤优待工作，完善帮扶援助体系，做好军休服务管理，提高服务保障能力。

（秦青山）

78. 如何进一步发展社会事业？

新时代以来，我国社会事业取得长足进步，有效增进了人民福祉。新征程开局起步，要坚持问题导向和目标导向，加大力度、弥补短板，持续推进社会事业高质量发展。

（一）**推动建设高质量教育体系**。教育是民族振兴、社会进步的重要基石。新时代 10 年，我国教育普及水平实现历史性跨越，各级教育普及程度达到或超过中高收入国家平均水平，其中学前教育、义务教育普及程度达到世界高收入国家平均水平，高等教育进入世界公认的普及化阶段。迈上新征程，要紧紧围绕立德树人根本任务，以教育强国建设为目标，以全面提高人才自主培养质量为重点，推动教育高质量发展迈出新步伐。一是紧扣"优质均衡"办好义务教育。深化义务教育学区制管理和集团化改革，推进县域义务教育优质均衡发展先行创建，加快实现学校建设标准化、城乡教育一体化、师资配置均衡化、教育资源数字化、教育关爱制度化。研究完善振兴乡村教育的政策措施，健全控辍保学常态化机制，提升乡村学校办学水平。二是突出"多样化"发展高中教育。坚持从各地实际出发，积极探索建设科技高中、人文高中、体育高中、艺术高中和综合高中等特色学校，统筹做好化解大班额、加强中西部高中建设等重点工作，特别要采取改善办学条件、规范普通高中招生秩序、帮扶薄弱县中等针对性措施，推进县域普通高中发展提升。三是推动构建融通融合融汇的现代职业教育体系。以深化产教融合为重点、推动职普融通为关键、促进科教融汇为新方向，构建"一体两翼"工作格局推动职业教育提质升级，通过服务学生全面发展、服务经济社会发展引领职业教育人才培养，为各类人才搭建发展成长的有效通道。四是大力发展支撑引领国家战略实施的高等教育。在全面提高人才自主培养质量、造就拔尖创新人才和服务区域经济社会发展、优化布局结构上先行先试，进一步加强高校分类管理的顶层设计，加快探索高校分类评价改革。

（二）提升医疗卫生服务能力。人民健康是社会文明进步的重要基础。新冠疫情暴发以来，我国医疗卫生体系经受住了严峻考验，为保护人民群众生命安全和身体健康作出了突出贡献。要坚持把保障人民健康放在优先发展的战略位置，深入总结新冠疫情防控中的经验和教训，进一步加强医疗卫生服务体系建设，推动健康中国行动向纵深拓展。一是推动优质医疗资源扩容下沉和区域均衡布局。全面贯彻中办、国办印发的《关于进一步深化改革促进乡村医疗卫生体系健康发展的意见》，根据乡村形态变化和人口迁徙流动情况，因地制宜合理配置乡村两级医疗卫生资源，提升乡村医疗卫生机构单体规模和服务辐射能力，从注重机构全覆盖转向更加注重服务全覆盖。通过推广"县管乡用"、"乡聘村用"人才管理使用办法，落实乡村医生待遇保障和激励政策，重点支持建设一批能力较强、具有一定辐射和带动作用的中心乡镇卫生院。同时，推进国家医学中心、国家区域医疗中心布局，加强省级区域医疗中心和社区医院建设。二是加快建立健全强大公共卫生体系。改革和强化疾病预防控制体系，加快建设传染病监测预警与应急指挥信息平台，加强各级各类医疗机构公共卫生科室规范化建设，推动国家区域公共卫生中心建设，完善城乡三级医疗服务网络。适应新形势新要求，全面推进紧密型县域医共体建设，持续实施"千县工程"，推动建设整合型医疗卫生体系，更好满足应对公共卫生事件和群众的医疗服务需求。三是全面实施中医药振兴发展重大工程。重点建设以国家中医医学中心、区域中医医疗中心为龙头，各级各类中医医疗机构和其他医疗机构中医科室为骨干，基层医疗卫生机构为基础，融预防保健、疾病治疗和康复于一体的中医药服务体系。加强中医优势专科建设，实施好中医药健康促进行动，强化中医药传承创新，加快中医药开放发展，鼓励社会力量和医务人员开办中医医疗机构，同时严格监管，促进行业有序发展，维护人民群众健康安全。

（三）推进文化事业和文化产业繁荣发展。文化建设是培根铸魂、凝神聚力的重要事业。要繁荣发展文化事业和文化产业，坚持守正创新，坚持以社会主义核心价值观为引领，推出更多优质文化产品和文化服务，更好满足人民日益增长的精神文化需求。要大力提升文化事业发展水平。深入实施新时代系列文艺创作工程，引领广大文艺工作者深入生活、扎根人民，推出更加丰富、更有营养、人民喜闻乐见的优秀文艺作品。坚持政府主导、社会参与、重心下移、共建共享，统筹基础设施建设和服务效能提升，建设高水平图书馆，打造更多文化惠民品牌，提升公共文化服务数字化水平，推进城乡公共文化服务体系一体建设，努力提供更高质量的公共文化服务。加强文物保护利用，扎实做好非物质文化遗产系统性保护。要加快推动文化产业转型升级。以重大文化产业项目为抓手，顺应数字产业化和产业数字化发展趋势，推动5G、大数据、人工智能、虚拟现实、增强现实等技术在文化创作、生产、传播、消费等各环节应用，培育线上演播、数字艺术、沉浸式体验等新业态新模式。加力培育品牌文化产业园区，提升国家级文化产业园区建设水平，持续建设国家文化产业示范基地。丰富优质产品和服务供给，推进国家文化和旅游消费试点城市、示范城市及国家级夜间文旅消费集聚区建设，推出更多旅游演艺精品项目，加快推进旅游业振兴发展。

（秦青山）